PREPARACION PARA LA TRANSLACION

Como Cooperar con Dios En El Trabajo de Preparacion Para El Tiempo de Angustia y para Ser Trasladados Sin Ver La Muerte.

por Milton G. Crane M.D.

(Tercera Edición)

Traducido al Español
por Lisbeth Ordóñez de Carlos
Weimar, California

TEACH Services, Inc.
Brushton, New York 12916

© Derechos de propiedad literaria, 1988, 1992, 1995
Milton G. Crane, M.D.
Todos los derechos reservados
Biblioteca del Congreso Tarjeta del Catálogo No.
2010927130
ISBN-13 978-1-57258-638-3 Libro en rústica

Revisado 1995

Todas las citas y referencias
estan tomadas de la versión en Inglés

Publicado por
TEACH Services, Inc.
www.TEACHServices.com

CONTENIDO

Perdón Por Fe– Obediencia Por Fe 1
Aparte Esto Para un Uso Sagrado 7
El Camino Hacia Nuestra Herencia Revelado Mediante El Santuario 14
Como la Ley Ayuda a la Gracia 34
Poder De Pensar y de Hacer 38
El Registro de Su Vida 44
Una Mirada Especial al Registro 51
Culpa 57
Carácter 62
Imagenes en los Corredores De La Memoria 68
El Cambio Sutil de la Mente 74
Tentación Al Rededor—Nota de Respuesta por Dentro 81
Justicia 88
El Ministerio del Espíritu 96
La Perfección Contra la Maduración Y La Naturaleza De La Humanidad. 101
La Humanidad de Cristo y el
    perfeccionamiento de la Humanidad 107
Oro y Plata y Piedras Preciosas 122
Él Fue Rechazado 127
Lecciones Vitales de
    la Experiencia de 1888 132
El Propósito del Mensaje de la Salud 152
Como es Que el Colesterol y la "Grasa Libre" Causan
    las Enfermedades 158
Otros Medios por los Cuales la "Grasa Libre" Causa Enfermedad 161
Los Auténticos Remedios de Dios= El Secreto del Éxito 168
Los Beneficios de los Verdaderos Remedios de Dios 175
Desarrollo de la
    Decepción Omega 189
Las Incursiones del Panteísmo en la Actualidad 193
Algunas Teorías Y Manifestaciones Del Panteísmo 196
Conceptos Panteístas Entran Furtivamente a La Iglesia 214
Esos Cambios Dramáticos en Europa - el Panteísmo Componente 220
Noticias del Oriente y del Norte 232
Los Movimientos Finales Serán Rápidos 240
Secuencia de los Primeros Frutos de Dios 248
Conclusión y Llamamiento 253
Reconocimientos 257

AL LECTOR

Este libro se refiere **a su** preparación para la translación. Es acerca de **sus** planes para vivir sin un mediador después de que se cierre el período de prueba. Es con respecto a tener victoria sobre la tentación **ahora** en anticipación a esos acontecimientos. Es acerca de los planes de Dios para la renovación de **su** mente mediante el ministerio de Jesús.

Todo lo que es discutido aquí se refiere a los acontecimientos futuros. ¿Pueden algunos decir, por qué preocuparse tanto acerca de la comprensión de acontecimientos futuros? Una respuesta a ésto puede encontrarse en la página 594 del libro *El Conflicto de los Siglos* de Elena G. de White. "Los acontecimientos relacionados con el cierre del período de prueba y el trabajo de preparación para el tiempo de angustia son claramente presentados. Pero las multitudes tienen tan poco entendimiento de estas verdades importantes como si nunca hubieran sido reveladas." En esa página, el autor de esas palabras también indicó que esas verdades nos han sido reveladas claramente cuando Jesús predijo a Sus discípulos los acontecimientos relacionados con Su muerte y resurección. ¿Por qué los discípulos no estaban esperando en el sepulcro en ese memorable primer día en la mañana? Sus ideas preconcebidas y su interés en cuanto a quién debía ser el hombre más importante, interferían con su habilidad de oír y creer lo que Él dijo de Su tiempo de angustia y resurección. Pero los Fariseos recordaron e hicieron planes para cuidar de la situación justamente en caso de que Él se levantara.

Nosotros hemos sido informados de que la última generación justa pasará un cierto período de tiempo en la tierra sin un mediador después de que se cierre el período de prueba. Después de que Jesús lanza Su incensario, ¿habrá perdón de los pecados disponible para cualquiera después de ello? ¿Pueden los justos ir al Padre y pedir entonces supresión de la culpa de un pecado reconocido o no reconocido? Si no pueden, entonces vivirán sin cometer un pecado reconocido o no reconocido. ¿Tiene realmente la gente de Dios suficiente fe en el mantenimiento del poder de Dios para creer que ellos, con la ayuda de Dios, pueden vivir sin pecar por un período de tiempo en esta tierra? Jesús hizo esta pregunta: "Pero cuando venga el Hijo del Hombre, ¿hallará fe en la tierra?" (Lucas 18:8). Un conocimiento de **cómo** cooperar con Dios para la pureza de corazón y **cómo** desarrollar un carácter justo, son preguntas que no deben ser pospuestas para algún tiempo futuro sin correr el riesgo de ser contado con las cinco vírgenes insensatas de Mateo 25.

Mis razones para escribir ésto son cuádruples. Primero, yo deseo informar a otros, de la mejor manera en que pueda expresarme, acerca de mis pensamientos y la comprensión que he obtenido mediante un estudio lleno de oración. Segundo, el escribir estas consideraciones en papel me ayuda a consolidar y clarificar los conceptos en mi propia mente. Tercero, algunos de mis lectores pueden mencionar dónde difieren conmigo, si difieren. Razonando juntos sobre las Escrituras, ambos podemos obtener suficiente conocimiento, mediante los profetas (EW 71). Cuarto, yo encuentro que después de que he tratado de darle a otros lo que he aprendido, entonces yo, a la vez, recibo más entendimiento.

Nosotros no tenemos que entender toda la verdad para ser salvos o, respecto a eso, ser testigos eficaces. Donde no estemos de acuerdo, discutamos, estudiemos, y oremos para una mayor comprensión.

La verdad, como una joya, tiene muchas facetas. Las piedras preciosas de la verdad deben ser identificadas y pulidas para revelar su lustre en el mundo de los engaños. Las verdades de la Escritura pueden también relacionarse con las partes de un rompecabezas. Hay algunas declaraciones de Inspiración que son un poco confusas. En algunas ocasiones puede no ser fácilmente aparente cómo unas declaraciones caben en el cuadro completo. A medida que tratamos de encontrar su lugar, posiblemente tendremos que poner algunas a un lado hasta que más piezas estén en su sitio, y la relación de las partes se haga evidente. Por supuesto, nosotros deberíamos protegernos contra los recortes o la dsitorsión de un concepto en orden de hacerlo caber en un lugar preconcebido. Cuando hacemos ésto, eventualmente necesitaremos reformar otras verdades para completar el cuadro; pero el resultado final no aparece completamente correcto.

Si el lector aceptara dos premisas principales que son presentadas en estos capítulos, quizás sería seguro esperar una comprensión adicional en otros aspectos. Podría parecerme que para estar preparado para el juicio investigativo y los problemas que siguen, tenemos que encontrarnos haciendo dos cosas:

1) Examinando nuestras almas y orando por la pureza del corazón (vea PK 59 l). Tenemos que encontrarnos examinándonos nosotros mismos para ver que tenemos tal odio al pecado y un amor hacia Dios y Sus caminos que queremos ser Sus siervos en todas las cosas, todo el tiempo, por siempre. Además, tenemos que arrepentirnos de todos nuestros pecados.

2) Esforzándonos para estar bajo el control del Espíritu Santo todo el tiempo para que podamos vencer las tentaciones y las pruebas, y realizar nuestras oportunidades de servir a Dios. En otras palabras, debemos desarrollar el hábito de invocar a Dios en el nombre de Cristo pidiendo el deseo y el poder de ser obedientes momento a momento, en tiempo de necesidad. En este sentido tenemos una religión de experiencia, un establecimiento en la verdad. **Sabemos por experiencia que con Dios trabajando en nosotros para desear y hacer, podemos superar siempre cada tentación, y sabemos que si tratamos por nuestro propio poder fallaremos.** Entonces, en el tiempo de angustia, nosotros solamente seguimos manteneniendo el corazón perfecto hacia Dios y continuamos pidiendo el poder Divino para apoyar a Dios "aunque los cielos se caigan."

Una nota acerca de las referencias:– En algunas ocasiones los textos que son dados se refieren a citas o a conceptos que yo he parafraseado. En otras ocasiones, una o más referencias son dadas para verificar una conclusión basada en una comparación de varias referencias. En otras palabras, en algunas circunstancias podemos llegar a conclusiones mediante el razonamiento santificado estudiando una combinación de textos. Hay muchos lugares en los que varias referencias adicionales pudieron haber sido agregadas, pero fueron omitidas para ser breves. Se espera que el lector sea estimulado por este libro para un estudio y meditación adicional.

Aunque las referencias en este libro son predominantemente de los escritos de Elena G. de White, ellas son consistentes con la enseñanza Bíblica. Este estudio es principalmente designado para estudiantes de la Biblia, Adventistas Del Séptimo Día. Ciertos temas necesitan ser explorados en profundidad. Los escritos del Espíritu de profecía, la "luz menor," me dan una comprensión más clara de las Escrituras, la "luz más grande," puesto que muchas palabras claves se relacionan con la mente tales como costumbres, carácter, tendencias, etc. no aparecen directamente en la Biblia. Mediante la ayuda del mensajero del Señor nosotros podemos entender mejor el sentido de los símbolos, parábolas, e ilustraciones en éstos y otros tópicos en las Escrituras.

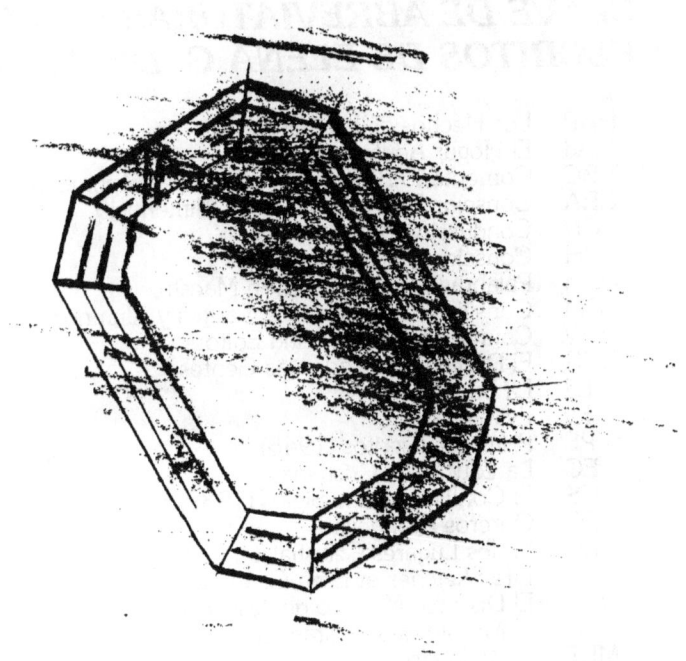

La verdad, como una joya, tiene muchas facetas

CLAVE DE ABREVIATURAS DE LOS ESCRITOS DE ELENA G. DE WHITE

HAP	Los Hechos de los Apóstoles
HAd	El Hogar Adventista
1-7 BC	Comentario Bíblico Adventista del Séptimo Diá
CRA	Consejos Sobre el Regimen Alimenticio
CN	Conducción del Niño
CH	Consejos Sobre la Salud
PVGM	Palabras de Vida del Gran Maestro
CM	Consejos Para Maestros, Padres y Alumnos
CW	Counsels to Writers and Editors
DTG	El Deseado de Todas las Gentes
Ed	La Educación
Ev	Evangelismo
PE	Primeros Escritos (1945)
EC	La Educación Cristiana
CS	El Conflicto de los Siglos (1939)
OE	Obreros Evangélicos
LC	En los Lugares Celestiales
LS	Life Sketches of Ellen G. White
DMJ	El Discurso Maestro de Jesucristo (1956)
MC	El Ministerio de Curación
MLT	Mi Vida Hoy
MM	Medical Ministry
MS	Manuscrito
MJ	Mensajes Para los Jóvenes
NEV	Nuestra Elevada Vocación
PR	Profetas y Reyes
PP	Patriarcas y Profetas
RH	La Revista y el Heraldo
CC	El Camino a Cristo(1956)
HH	Hijos e Hijas de Dios
1-4 SG	Spiritual Gifts, Volúmenes 1 al 4
ECFP	La Edificación del Carácter y la Formación de la Personalidad
1-3 SM	Mensajes Selectos
SOC	The Sufferings of Christ
1-5 TS	Testimonios Selectos
SR	La Historia de la Redención
ST	El Centinela
1-9 T	Testimonios, Volúmenes 1 al 9
Te	La Temperancia
TM	Testimonios para los Ministros

Nota: Las referencias a los escritos de la sra. Elena G. de White encontradas en este libro, están en Inglés, ya que una traducción oficial y numeración de páginas en Español no estan disponibles al autor.

KEY TO ABBREVIATIONS TO WRITINGS OF ELLEN G. WHITE

AA	Th Acts of the Apostles
AH	The Adventist Home
1–7BC	The Seventh-day Adventist Bible Commentary, Vols. 1–7
CDF	Counsels on Diet and Foods
CG	Child Guidance
CH	Counsels on Health
COL	Christ's Object Lessons
CPT	Counsels to Parents, Teachers, and Students
CW	Counsels to Writers and Editors
DA	The Desire of Ages
Ed	Education
Ev	Evangelism
EW	Early Writings (1945)
FCE	Fundamentals of Christian Education
GC	Great Controversy (1939)
GW	Gospel Workers
HP	In Heavenly Places
LS	Life Sketches of Ellen G. White
MB	Thoughts from the Mount of Blessing (1956)
MH	The Ministry of Healing
MLT	My Life Today
MM	Medical Ministry
MS	Manuscript
MYP	Messages to Young People
OHC	Our High Calling
PK	Prophets and Kings
PP	Patriarchs and Prophets
RH	Review and Herald
SC	Steps to Christ (1956)
SD	Sons and Daughters of God
1–4SG	Spiritual Gifts, Volumes 1 to 4
SL	The Sanctified Life
1–3SM	Selected Messages, Books 1 to 3
SOC	The Sufferings of Christ
SpT	Special Testimonies
SR	The Story of Redemption
ST	The Signs of the Times
1–9T	Testimonies, Volumes 1 to 9
Te	Temperance
TM	Testimonies to Ministers and Gospel Workers

Capítulo 1

PERDON POR FE- OBEDIENCIA POR FE

En años recientes ha habido un interés renovado en los eventos que sucedieron en nuestra iglesia alrededor de 1888 tal como fueron representados en los escritos de Elena G. de White, y los ministros A. T. Jones y E. J. Waggoner. No es mi intención en esta presentación investigar este tema, excepto por un aspecto. Deseo discutir la relación entre fe y obras, o la aplicación de la **atribuída** e **impartida** justicia de Cristo.

En 1882, Dios inspiró a Elena G. de White para hacer un énfasis renovado en las enseñanzas de justificación por fe (5 T 84, 217–235; 1 SM 350). Sus mensajes eran aún más imperativos en 1887 (vea A.G Daniells, *Christ Our Righteousness*, R& H Publishing CO, p. 28–34).

Los ancianos Waggoner y Jones también dieron este mensaje:

"Justificación mediante fe en la Garantía; ésto invitó a la gente a recibir la justicia de Cristo, la cual es manifestada en obediencia a todos los mandamientos de Dios" (TM 92).

Algunos podrán decir que el mensaje traído en ese tiempo no fue rechazado. La respuesta a ésto, sin embargo, es muy sencilla para ser incorrecta. Algunos aceptaron el mensaje correctamente, pero **demasiados** rechazaron el mensaje para que Dios hiciera lo que Él deseaba hacer (TM 89–98; 1 SM 234–5). Se presentan dos citas aquí en esta conexión.

"Algunos de nuestros hermanos no están recibiendo el mensaje de Dios sobre este tema [justificación por fe]. Ellos parecen estar inquietos porque ninguno de nuestros ministros se apartará de sus antiguas maneras de enseñar las buenas doctrinas viejas" (RH 04-01-90).

"Por casi dos años hemos estado recomendando a la gente acercarse y aceptar la luz y la verdad respecto a la justicia de Cristo, y ellos no saben si venir y sujetarse a esta verdad preciosa o no" (RH 03-11-90).

Quizás el rechazo de esta verdad en ese tiempo fue comparable a la situación cuando los hijos de Israel debieron ir al Canaán la primera vez. Cuando Dios deseó llevarlos al país de la promesa, **ellos** decidieron enviar espías para ver si **Él** podía hacer ésto (PP 387; GC 457). A causa del informe de los diez, **muchos de ellos** perdieron la fe y murmuraron. Dios cambió Sus planes. Entonces, en rebelión, ellos intentaron ir al Canaán por su propio juicio y fuerza pero fallaron.

Dios no podía conducirlos a ese Canaán hasta que Él tuviera un **pueblo**, no solamente unos cuantos, que (a) creyeran que **ellos eran incapaces de** entrar **por su propia fuerza solamente** y (b) creyeran que ellos podrían vencer cada enemigo si dependían de los planes de Dios y le pedían a Él poder en la lucha.

Dios no planeó que el antiguo Israel errara por el desierto durante cuarenta años. Ni tenía el propósito de que el moderno Israel estuviera en este mundo por tanto tiempo después de 1844 (1 SM 68–69). En esa conexión cuatro cosas, — incredulidad, mundanalidad, falta de consagración, y conflicto entre Su profesado pueblo, son enumeradas como causas para la demora.

Nosotros somos dirigidos a los mensajes de los tres ángeles de Apocalipsis 14 y al servicio del santuario para entender cómo eran Sus seguidores en 1844 (1 SM 67; GC 424–5). Podríamos hacer bien al evaluar la situación y tratar de determinar humildemente, sin prejuicio, bajo la orientación del Espíritu Santo, precisamante lo que Dios quería que Su pueblo entendiera en 1844 y 1888, ya que ésto tiene que haber sido la más significativa verdad para el fin del trabajo en la tierra.

Una carta de Elena G. de White al pastor A. T. Jones fechada en 1893 introduce una faceta de la verdad que gira alrededor de la justificación por fe que necesita consideración (1 SM 377–82). Ésta tiene que ver con la relación entre fe y obras, un tópico de vital importancia. En esa carta, ella previno al pastor Jones contra la presentación del tema de la fe y la imputada justicia de Cristo de tal manera que sus oyentes pensarían que, "las obras equivalían a nada, que no había condiciones." Ella advertía que había condiciones y que los trabajos cooperativos (el hombre trabajando mientras depende del poder de Cristo) equivalen a mucho en los ojos de Dios.

Ella inclusive dijo: "Usted mira en realidad estos temas como yo lo hago, sin embargo usted hace que estos temas, por sus expresiones, confundan las mentes" (1 SM 378).

Parece, según la declaración precedente, que el mensaje completo de la justicia por fe abarcaba más que la justificación (perdón) por fe, y que la relación de obras a fe necesitaba ser presentada claramente.

Nuestro enemigo quiere desesperadamente confundir las doctrinas de la Biblia. Tiene un odio perdurable por Cristo desde la primera vez que él se rebeló con orgullo y celos. Él se volvió contra la autoridad de **Cristo** inicialmente (PP 40). Él dice que el hombre no puede guardar la ley de Dios (DA 761). En su manera de pensar, la ley de Dios es defectuosa y necesita ser cambiada (PP 69). Es él quien originó los fundamentos del existencialismo y la "nueva moralidad." Desde temprano en la rebelión, su filosofía ha sido "ama" a Dios y haz lo que te plazca (GC 495, 499, 555). Él ha originado muchas ideas que pueden ser usadas para encontrar excusas para desobedecer. Nosotos vemos ejemplos de ésto en las cosas comunes de la vida, así como en el reino espiritual.

En la pequeña ciudad Adventista donde una vez viví había leyes de tráfico. Había la común velocidad límite de 35 millas por hora y el requisito de que los vehículos pararan cuando los peatones estaban en el paso peatonal. Si usted fuera a preguntar a los ciudadanos de ese pueblo, conductores y no conductores, ambos muy probablemente admiten que ésas eran leyes buenas para la concurrida carretera. Y sin embargo, cuando anduve en el pueblo y crucé el área central, estaba temeroso por mi seguridad de vez en cuando, más temeroso que en las grandes ciudades cercanas donde el tráfico era mejor vigilado. Airarme en "justa" indignación con el conductor que por poco me golpea no pareció ayudar. El chofer parecía sentir que había cumplido con su obligación no habiéndome golpeado.

¿Es posible que los Adventistas sean más concienzudos y más expertos conductores a causa de una vida saludable? ¿Nos ha dado nuestra opulencia automóviles mejores con mejores mecanismos de freno que a esos de los otros conductores? Quizás tenemos miedo de ser llamados "legalistas" si cumplimos exactamente con la ley. No, yo no creo que ésas sean razones conscientes. Hemos sido sutilmente influenciados por el mundo a una nueva manera de ver la ley. He aquí algunas de ellas.

Si una ley es muy estricta, quizás fue diseñada por aquellos inferiores a usted en habilidades para conducir. Usted es la excepción y por lo tanto no necesita guardar esa ley. Ahora está bien ejecutar una acción contraria a ley mientras nadie sea lastimado. Está bien ir contra las reglas si puede arreglárselas sin ser sorprendido. Para algunos el concepto de "guardar" la ley funciona algo así como ésto:– Una vez que usted admite que la ley es buena, usted puede conducir su carro a su velocidad preferida y acercarse a un peatón a pocas pulgadas, y todavía es inocente. ¡Después de todo, es el "espíritu" de la ley el que cuenta (cf DA 309.6)!

Nuestro enemigo es especialmente activo falseando la perspectiva de los miembros de la iglesia. Satanás profesa la creencia en la cruz. Después de todo, el Calvario es historia. Los símbolos de éste adornan a las iglesias apóstatas y verdaderas de la misma manera. Satanás desea unirse a las iglesias Cristianas. Él tiene su confesionario sacerdotal en algunas iglesias. Elena G. de White en una visión vió una representación de Satanás esforzándose por continuar el trabajo de Cristo en el primer cuarto del santuario divino después de que los servicios habían sido pasados al segundo cuarto en 1844 (EW 55, 261). Satanás ahora admite que Dios puede perdonar. Él ofrece incluso poder de "victoria" (EW 56). Pero cuando se trata de la obediencia verdadera a Dios, él traza allí la línea.

"Obediencia o desobediencia es la pregunta a ser decidida por el mundo entero." (DA 763).

Las enseñanzas del Protestantismo apóstata separan la obediencia del amor. La obediencia a los diez mandamientos es hecha parte del Antiguo Pacto y es clavada en la cruz. El amor es identificado con el Nuevo Pacto y es mantenido. El Cristiano que acepta esta filosofía se mira ahora a sí mismo en vez de fijarse en la ley de Dios para una guía en la correcta actuación. Ellos dicen, "Si usted ama a Dios, **naturalmente** hará lo que Él quiere que usted haga." Pero éste es un negocio peligroso. Mis tendencias **naturales** son erróneas. Lo que yo hago parece correcto a mis propios ojos. El amor sin comunicación es ciego. Se requiere un cuidadoso estudio, lleno de oración, de la palabra de Dios para saber lo que Él quiere.

Ésto puede ser ilustrado mediante un incidente de nuestra familia. En la mañana después de nuestra boda, mi esposa se levantó temprano a preparar un desayuno especial para su esposo. En el proceso, ella tostó el pan un poco demás. Puesto que yo deseaba ser un esposo cariñoso y respetuoso, yo la alabé por el maravilloso desayuno. Por muchos meses después, yo siempre tuve una tostada casi negra al desayuno. Un día, una joven pareja, amigos cercanos de nosotros, vinieron a pasar la noche con nosotros. A la mañana siguiente yo escuché a mi esposa diciéndole a su amiga que le estaba ayudando en la cocina: "Asegúrate de tostar bien algunas de las rebanadas. A Milton le gusta su tostada obscura." Entonces comprendí porqué mi tostada era siempre negra cuando la de ella era de un color más claro. Todos esos meses había comido tostada negra por no herir sus sentimientos, y ella se había asegurado de hacerlas de esa manera porque me amaba. Ella nunca me había preguntado cuál era mi preferencia. Para entonces la luna de miel se había terminado, y nosotros sabíamos cómo comunicarnos sin correr el riesgo de ofendernos el uno al otro. Vale la pena preguntarle a nuestro ser amado qué desea.

Por medio de varias actitudes racionalizadas nosotros, como personas, hemos estado desviándonos de la obediencia estricta. Las sutiles tácticas del criticismo mediante falsa clasificación ha sido usada contra nosotros. A causa de nuestro deseo de hacer la voluntad de Dios cuidadosamente, hemos sido acusados de ser "legalistas." Algunos de nuestros amigos protestantes nos han tildado de ese modo por años. Para evitar esta calificación nosotros tendemos a huir de la enseñanza de la obediencia por la fe. Nosotros nos hacemos enfáticamente claros de que creemos en la "justificación solamente por fe," pero nuestra voz se hace débil cuando llegamos al tópico de obras para Dios.

¿Deben ser hechas las obras sin fe? ¿Ha dicho Dios: "Amigo, usted está ahora perdonado; vaya [en su fuerza propia] y no peque más"?

¿No es el carácter de la Iglesia Remanente definir la diferencia entre **legalismo** y **obediencia amorosa**, y colocar la segunda en el legítimo lugar de la justificación por fe en acción?

Dios dice que el hombre, con la ayuda de Cristo, puede dar obediencia amorosa (MH 180). Dios planea una última demostración del poder de Su mantenimiento redentor. Él desea un grupo del cual pueda decir: "Aquí está la paciencia de los santos, los que guardan los mandamientos de Dios, y la fe de Jesús" (Apocalipsis 14:12). Él planea que la última generación vivirá en la tierra por un lapso de tiempo después de que se cierre el período de prueba, sin pecar, preparada por la mediación diaria de Jesús y Su expiación final (EW 253, 251, 280), y mantenida como Jesús fue mantenido por la gracia capacitadora de Dios (AA 56; GC 641).

Jesús llevó a cabo Su parte en el plan de salvación "al pie de la letra y en el espíritu de la ley" (RH 07-28-74). ¿Deberíamos hacer nosotros menos en nuestro papel, en la esfera de nuestra influencia, aquí **en la fuerza del Señor**? ¿No es nuestra obligación como los embajadores de Dios presentar tanto **el perdón** por la fe — **un regalo** — así como **la obediencia** por la fe en el poder de Dios — **un regalo** — para que el mundo pueda sencillamente ver el plan de Dios? Cristo es la fuente de la justicia impartida e imputada, y nosotros necesitamos ambas para la salvación.

Las leyes de Dios no son mandamientos restrictivos, sino promesas positivas. Cristo nos invita a descubrir Sus promesas, a reclamarlas mediante la oración, a creer que las recibimos porque "fiel es el que prometió," y luego agradecerle (Mateo 7:7-11; Hebreos 10:23). La misma ley que dice: "No hurtarás," también dice: usted puede poseer y controlar propiedad bajo el control de Dios. La misma ley que dice: "No cometerás adulterio" también dice: usted puede elegir un compañero, instalar una casa, y nadie tiene el derecho de entrometerse en su relación marital. Cuando Dios dice: "El desánimo es pecador e irracional" (PK 164), Él nos dice que tenemos el derecho de pedirle la liberación de la "capa de desánimo." "Todo el poder, toda la sabiduría, están a nuestra disposición. Solamente tenemos que pedir" (MH 514). Cuando pedimos con fe de acuerdo a sus promesas, Él imparte el Espíritu Santo, el fruto del cual es alegría (Gálatas 5:22). La tristeza se aleja de nosotros.

La ley contiene las promesas que podemos reclamar de nuestro Padre en el nombre del amoroso Legislador (Deuteronomio 33:2, 3). "El gran pecado de los Judíos fue su rechazo a Cristo; el gran pecado del mundo Cristiano será su rechazo a la ley de Dios, la fundación de Su gobierno en el cielo y la tierra" (GC 22).

Los Judíos soportaron grandes dolores por cumplir la ley, pero rechazaron al Salvador. Muchos cristianos declarados "aceptan a Cristo"; pero cuando usted menciona la ley, hay repentinamente un gran silencio. La ley fue suprimida, así dicen ellos, en la cruz.

No es Dios el que menosprecia las obras de la justicia (1 SM 381). "Él [Satanás] busca constantemente la ocasión contra los que obedecen a Dios. Él busca aún sus mejores y más aceptables servicios para hacerlos aparecer corruptos. Mediante estratagemas innumerables, las más sutiles y más crueles, él intenta asegurar su condenación" (5 T 471). ¿No deberíamos contrarrestar estas actividades estimulando a nuestros compañeros cristianos en sus buenas obras? "Y que los tengáis [a los que trabajan entre vosotros] en mucha estima y amor por causa de su obra" (1 Tesalonicenses. 5:13).

"En tanto como lo haya hecho...."
Jesús

Capítulo 2

APARTE ESTO PARA UN USO SAGRADO

En el capítulo anterior hemos considerado la importancia de las obras. Pero antes de poder obrar justamente, ciertos cambios preliminares tienen que realizarse en nosotros. La rendición completa, la consagración total de nuestro cuerpo, mente, y alma tienen que ser hechas a nuestro Gobernante y al gobierno del cielo. La rendición completa resulta en perdón.

El término "rendición" es usado porque somos rebeldes, pero hay una connotación a esa palabra que no es aplicable en el sentido Cristiano. En unas mentes la rendición puede representar un desesperado individuo abatido que camina con lúgubre y forzado paso. El cuadro mental es de una pobre alma, casi exhausta, vestida en andrajoso sobrantes de su anterior uniforme, alojada en un campo de concentración, esperando liberación de su gobernante anterior.

Cuando nos entregamos a Cristo y nos consagramos a Su servicio, nosotros renunciamos a la vieja manera de ser (DA 172.4). Nosotros **abandonamos**, si le parece, los caminos viejos y juramos lealtad al gobierno de Dios. Cristo da al "prisionero" de Su amor un nuevo uniforme, Su manto de justicia. Él es hecho entonces un embajador del más grande Gobernante en el Universo.

Cuando el hijo pródigo estuvo al alcance del padre, él cubrió al hijo con su propio traje, el atribuído manto de la justicia. Pero el padre hace otra cosa. Dice: "Sacad el mejor vestido, y vestidle; y poned un anillo en su mano..." (Lucas 15:22; COL 203–4). En otras palabras, después del **atribuído** traje protector, el Padre **imparte** un traje que es tejido en el

7

telar de cielo. Éste es el manto del hijo que usa porque viene a través de los esfuerzos combinados, la opción del hijo y el poder del Padre, que produce obediencia (Ed 249.5). Vestido con este traje, el hijo escoge entonces dejar que el Padre trabaje en Él con un nuevo propósito. Ya Él no trabaja más por la esperanza de una recompensa o para asegurar su herencia. Éstos son regalos, no algo para ser ganado.

El término "santificación" parece ser usado en más de un sentido por los profetas bajo inspiración. La palabra personifica una joya de verdad con varias facetas. Las facetas de la verdad pueden ser encontradas y pulidas mediante la búsqueda de definiciones de las palabras específicas o términos en la Biblia y el Espíritu de Profecía. Siempre que usted lea afirmaciones como: "La santificación es el trabajo de toda una vida" (1 SM 317), usted puede saber que esa palabra está siendo definida allí.

La anterior definición de santificación es quizás la más ampliamente recordada por los Adventistas Del Séptimo Día. Muchos creen que esa definición parece sostener el concepto de que una persona debe luchar diligentemente día a día, año por año, trabajando para conseguir la santificación; y por último, al final, él la consigue. Examinemos este concepto a la luz de otras declaraciones que definen la santificación.

En Levítico 20:7, 8 nosotros leemos acerca de una doble función que se necesita para la santificación de un objeto o una persona. "Santificáos, pues, y sed santos.... Yo Jehová que os santifico."

Estos dos versículos nos dicen que la santificación es algo que una persona hace y Dios hace. El deber del hombre es reservarse para un santo uso como los artículos del santuario eran reservados para santo uso. Cuando él hace ésto, siguiendo la orden de Dios, el Señor también reserva a la persona para santo uso. La persona es entonces santificada. La promesa del Señor puede entonces ser cumplida. "Y guardad mis estatutos y ponedlos por obra" (Levítico 20:8). En su trabajo común, así como en sus actividades espirituales, el hombre está al servicio de Dios en todo momento, tal como Jesús lo estuvo (DA 74.9; 2 SM 163.9). En cambio, una persona que no está apartada para el uso santo (no santificada) puede ser buena y bondadosa, pero no está al servicio del Rey (GC 509.5; MB 94.6).

Fuera de nuestra cocina hay una vasija para la comida del perro y el gato. Está hecha de fuerte acero inoxidable. Ésta podría servir para un propósito mejor, pero bajo las circunstancias presentes no es apropiada para el uso humano. Si a ésta se le va a dar un mejor uso, tiene que limpiarse y reservarse para nuevas funciones. Tiene que ser enjabonada, estregada, esterilizada por dentro y por fuera, y reservada para el nuevo uso. Después de que ésto es hecho, será apropiada para el uso de la familia.

Por supuesto, en algún momento alguien puede cogerla y usarla de nuevo para alimentar a los animales. Si ésto sucediera, no sería apropiada para el uso humano hasta que fuera limpiada nuevamente.

El apóstol Pablo escribe acerca de la vasija "en una casa grande" que puede ser limpiada y "santificada, útil al Señor (2 Timoteo 2:20,21).

Cuando nos dedicamos completamente a Cristo y somos apartados para el servicio del cielo, nosotros somos santificados. Cuando las tentaciones vienen dentro del viejo hombre de pecado o del diablo desde afuera, nosotros podemos decir: "Por la gracia de Dios soy apartado para santo uso. ¿Cómo puedo entregarme a ese pecado y deshonrar a mi Maestro? Dame Señor la fuerza, y venceré." Dios nos mantendrá esta actitud de santificación todo el tiempo (Ev 702).

El ser apartados para el uso santo es un trabajo diario (SL 92.5). No somos salvos de una vez, o siempre salvos. Esta relación tiene que ser diligentemente buscada mientras dure esta vida (SL 10.5). Si nos damos por vencidos, tenemos que ser recuperados por el Señor.

Nosotros dependemos de esta promesa. "Cuando nos rendimos enteramente [física, mental, y moralmente] a Dios, y creemos por completo, la sangre de Cristo limpia de todo pecado. La conciencia puede ser librada de la condenación. Por fe en Su sangre, todo puede ser hecho perfecto en Cristo Jesús. Gracias a Dios nosotros no tratamos con imposibles. Nosotros podemos reclamar santificación" (2 SM 32.9).

Pero la definición de santificación no acaba allí. Hay otra faceta. Somos informados de que, "El trabajo de santificación es progresivo" y que la santificación no es un trabajo instantáneo (GC 470.2; SL 10.5). No es suficiente con "solamente creer" (GC 471.8). Las agencias de Dios tienen que sumarse a las cualidades cristianas con nuestra cooperación sincera (SL 90.7 a 93.7).

Regresando a la analogía de la "vasija" que fue limpiada y reservada para uso santo, nosotros veremos que no es suficiente para Jesús hacer ésto y ponernos en un estante como una decoración. Él nos usa. Nos pone a Su servicio por Su gracia.

La rendición completa con arrepentimiento, y dedicación de nosotros mismos a Dios es el primer paso (1 SM 366.4). Cuando hago ésto con toda sinceridad, soy perdonado perfectamente. Él escribe Su ley en mi corazón, y yo quiero hacer Su voluntad. Él procede a poner Su ley en mi mente y me ayuda a guardarla mientras estudio y medito sobre Su palabra guiado por el Espíritu Santo.

Aún con esta provisión todavía tengo dos problemas importantes. Mi corazón tiene que mantenerse perfecto hacia Dios (COL 50.9; DA 324), y necesito que me sean revelados mis malos hábitos y mi errónea información acerca de Dios. Los verdaderos motivos ocultos de mi corazón tienen que serme revelados. Dios ha prometido decirme "tanto como pueda recordar y realizar" con Su ayuda mientras caminemos juntos. (DA 313).

Aunque sea convertido y apartado para uso santo, hay cosas que pienso y hago que no son correctas a la vista de Dios. Sea que las reconozca o no, necesitan ser perdonadas. Además, el motivo de amor puede no ser siempre supremo con mis acciones (1 SM 366-7; SC 34). La frase "Por favor Sea Paciente, Dios No Ha Terminado Conmigo Todavía," describe mi condición.

El Salmista dice, "Tu camino, O Dios, está en el santuario" (Salmos 77:13). En el servicio diario del santuario en el atrio, fueron hechos cuatro tipos fundamentales de sacrificios: la ofrenda por el pecado, la ofrenda del holocausto para la consagración, la ofrenda de (carne) cereales, y la ofrenda de gratitud.

Para la ofrenda por el pecado, el pecador traía un cordero y confesaba su pecado con sus manos sobre la cabeza de la ofrenda. El sacerdote apuntaba la cabeza del cordero hacia el tabernáculo. El pecador degollaba el cordero. El sacerdote recogía la sangre en un tazón y rociaba un poco alrededor del altar del incienso. En algunas ocasiones colocaba un poco de la sangre en los cuernos del altar del incienso o en los cuernos del altar del holocausto. La aspersión en el lugar santo representaba que la culpa de pecado había sido trasladada al santuario. La sangre en los cuernos de los altares debía recordar al pecador que el pecado costaba la vida del Salvador y que había poder disponible para alejar a alguien del pecado. El cuerpo de ese cordero era llevado al campamento y quemado.

Para el holocausto de consagración, el cordero era traído por quien lo ofrecía. Con sus manos sobre el cordero, él confesaba que era un pecador. El sacerdote apuntaba la cabeza del cordero hacia el tabernáculo. El pecador degollaba el cordero; el sacerdote recogía la sangre en un tazón y la vaciaba al pie del altar del holocausto. El cuerpo del cordero era despellejado, cortado en pedazos, lavado en la fuente, y acomodado para parecerse el animal en el altar de la ofrenda del holocausto, y luego quemado. Era en este servicio que la persona era representada como abandonando sus caminos viejos y poniendo todo de él mismo en el altar después de haber sido lavado por el "agua de la vida" (Tito 3:5; Juan 4:14).

Éste es el aspecto de la santificación en el cual uno se aparta a sí mismo para el santo uso y Dios reserva a la persona para el santo uso. Pero la santificación también incluye el trabajo de nuestro Salvador en nosotros tal como es descrito por el servicio diario en el altar del incienso, el cual resulta en la obediencia mediante la fe en la reforma de la salud, renovación mental, y dominio espiritual (SL 7, 10, 25; GC 469-73).

En el servicio del santuario, dos veces diariamente, en la mañana y al atardecer, un cordero era ofrecido y mantenido ardiendo continuamente (Éxodo 29:38-42; PP 352; Levítico 6:12, 13). El incienso dos veces diariamente y la presencia continua del pan de la proposición e incienso ardiente significaban el ministerio de Cristo para el perdón de nuestros pecados (PP 352-3). Este servicio diario, o la "continua" expiación, atiende a la necesidad del perdón, por los méritos de Cristo, de los pecados desconocidos, los pecados de ignorancia, para los que están "en Cristo Jesús" (Romanos 8:1).

Cuando la persona era condenada por un pecado de ignorancia, y éste llegaba a ser reconocido, entonces una ofrenda separada, una "ofrenda por el pecado de ignorancia" era hecha (Levítico 4:1-35).

La deliberada transgresión de un pecado colocaba al pecador fuera de esta relación. Él estaba "fuera de la ciudad de refugio." Para restablecer esta relación, una "ofrenda expiatoria" era necesaria (Levítico 6:1-7). Más allá de éso, había pecados "arbitrarios," pecados de soberbia para los que no había sacrificio (Números 15:30; DA 322; PP 405).

Así, el servicio del santuario nos enseña que Cristo mediante Su vida de obediencia ha obtenido el derecho de ofrecer el incienso de Su vida y mediante Su muerte ofrece Su sangre (1) para el continuo perdón de los pecados de los cuales no somos conscientes, (2) para perdón especial cuando finalmente somos culpados de estos pecados de ignorancia, y (3) para el perdón de los pecados reconocidos (DA 762; 1 SM 337, 367; PP 353). Ésto es elocuentemente expresado en el siguiente párrafo.

"Los servicios religiosos, las oraciones, la alabanza, la penitente confesión del pecado ascienden de los creyentes verdaderos como incienso al santuario celestial, pero pasando por los canales corrompidos de la humanidad, ellos están tan profanados que a no ser que sean purificados por sangre, nunca pueden ser valiosos para Dios. Ellos no ascienden en inmaculada pureza, y a menos que el Intercesor, que está a la mano derecha de Dios, presente y purifique todo por Su justicia, no es aceptable a Dios. Todo incienso de los tabernáculos terrenales tiene que ser humedecido con las gotas purificadoras de la sangre de Cristo. Él sostiene ante el Padre el incensario de Sus méritos propios, en el que no hay mancha de corrupción terrenal. Él recoge en este incensario las oraciones, la alabanza, y la confesión de Su pueblo, y con éstos Él pone Su propia justicia inmaculada. Luego, perfumado con los méritos de la propiciación de Cristo, el incienso sube ante Dios completamente aceptable. Entonces misericordiosas respuestas son devueltas" (1 SM 344).

Hay algunos, sin embargo, que desean atribuirse justicia **impartida**. Ellos quieren tomar la obediencia de Cristo y substituirla por la nuestra, de tal modo que no sea requerida la obediencia por fe en el poder de Dios. Son hechas declaraciones tales como ésta: "La perfección que es requerida de nosotros para atravesar el tiempo de aflicción **no** es la perfección de carácter sino una perfección de arrepentimiento." **Pero tal concepto nos preparará solamente para estar en el "grupo de las vírgenes necias".**

El arrepentimiento perfecto es necesario, pero el plan de Dios de salvación promete más a Su pueblo para el gran tiempo de aflicción. Elena G. de White nos previene de éso de la siguiente manera: "El opuesto [del concepto de creer y guardar la ley por nuestra propia cuenta] y no menos peligroso error es que esa creencia en Cristo libera al hombre de guardar la ley de Dios; que ya que solamente por la fe nos hacemos partícipes de la gracia de Cristo, nuestros trabajos nada tienen que ver con nuestra redención" (SC 60).

La obediencia verdadera llega a ser el fruto de la fe (SC 61). Éste es el regalo de la obediencia mediante el poder del Espíritu Santo. Satanás se niega a admitir que tal obediencia es posiblemente previa a la segunda venida de Cristo. Él no quiere que nosotros estemos listos para el cierre del período de prueba (Vea GC 489).

Los servicios diarios en el lugar santo nos enseñan la segunda fase de la santificación. En el altar del incienso, Cristo ofrece nuestras oraciones al Padre quien entonces concede el conocimiento de Su voluntad, el deseo de Su "voluntad," y el poder de realizar cada pensamiento, palabra, y acción de acuerdo a Su "voluntad." Éstos, repetidos, forman el carácter perfecto, nuestro más valioso tesoro del cielo.

La rendición nos prepara para recibir el ministerio de Cristo. La cruz de Cristo ha suministrado la justificación y todos los otros beneficios del sacrificio expiatorio como un regalo, y ha dado las condiciones mediante las cuales Jesús puede conducirnos en nuestro caminar Cristiano de tal modo que Él nos aparta de nuestros malos caminos (DA 311; 1 SM 312-3). Además de ésto, Él puede impartirnos poder para desarrollar un carácter justo en nosotros (7 BC 943; AA 531). "En orden de que el hombre conserve la justificación, tiene que haber continua obediencia, por medio de una fe activa y viva que trabaje por amor y purifique el alma" (1 SM 366).

La gran doctrina del día de la expiación nos enseña que este ministerio de justificación continúa hasta el sellamiento, hasta esa "expiación final," hasta que Cristo lance Su incensario y termine Su trabajo sacerdotal. Cuando el juicio investigativo esté terminado y se cierre el período de prueba, no más pecados reconocidos o inconscientes pueden ser perdonados para alguien por siempre jamás(7 BC 989; GC 613-4; 2 T 355, 691). Sin embargo el poder impartido por la obediencia está todavía disponible. El pueblo de Dios es alejado del pecado completamente como Cristo fue alejado del pecado, por la capacitadora gracia de Dios. (GC 612; 641; AA 56, 531).

"En todo [el servicio del tabernáculo] Dios quería que Sus personas leyeran Su propósito para el alma humana" (Ed 36).

"Aquel templo, eregido para morada de la presencia divina, estaba destinado a ser una lección objetiva para Israel y para el mundo.... Dios quería que el templo de Jerusalén fuese un testimonio continuo del alto destino ofrecido a cada alma. Pero los Judíos no entendieron el significado del edificio que ellos consideraron con tanto orgullo.... Al limpiar el templo de los compradores y vendedores del mundo, Jesús anunció Su misión de limpiar el corazón de la contaminación del pecado,– de los deseos terrenales, las sensualidades egoístas, las costumbres malas, que corrompen el alma" (DA 161).

Examinemos más profundamente en el próximo capítulo lo que nuestro Sumo Sacerdote hace en el santuario celestial para preparar a Su pueblo para sostenerse, mediante Su poder, sin un mediador después de que el período de prueba se cierre.

Capítulo 3

EL CAMINO HACIA NUESTRA HERENCIA REVELADO MEDIANTE EL SANTUARIO

La Necesidad de la Definición de la Palabra: ¿Por qué estableció Dios el sistema de sacrificios? ¿Por qué atravesar por todo ese problema, matanza de animales, gasto y esfuerzo? La respuesta viene del sentido simbólico de las palabras y de su manipulación por los enemigos de la verdad.

Hace varios años tuve la suerte de escuchar un traductor Wycliffe relatar experiencias sobre la traducción de la Biblia en Centro América. A uno de sus colegas se le había dado la responsabilidad de traducir el Nuevo Testamento en la lengua de una tribu indígena. Había un grave obstáculo; la tribu no tenía una palabra para definir el amor.

¿Cómo traduce alguien a Juan 3:16 y versos similares en tal lengua? El traductor pudo haber abandonado ésto y pedir una misión nueva, pero ése no era su estilo. Vea usted, él enfrentó el mismo problema que Dios ha tenido desde el principio del pecado en esta tierra.

Cuando Eva y Adán pecaron, Cristo "ofreció" tomar su "culpa" y "castigo." Ésto fue todo nuevo para ellos. El cielo y la tierra necesitaron un nuevo conjunto de palabras. los nuevos conceptos tienen que ser explicados.

El traductor Wycliffe empezó su tarea. Por meses él vivió con la tribu, familiarizándose con ellos. Con cada acción útil, cada acto sonriente de servicio, él estaba tejiendo un sentimiento de amor en los corazones de los nativos a su servicio. Luego él les preguntó, "¿Saben lo que yo he hecho por ustedes?." Ellos no tenían palabra para describir lo que él había hecho. Oh, ellos conocían las acciones, la arrastrada de la madera, el transporte del agua, y el consolar el semblante febril del enfermo, etc. Lo que a ellos les faltaba era una palabra para expresar **porqué** él había hecho todo éso por ellos. El había dado todo, pero no había tomado nada. Juntos, ellos inventaron una nueva palabra. Esa palabra llegó a ser el símbolo para *ágape*, el amor que nada espera en recompensa.

Antes de que "Aquel Verbo fue hecho carne y habitó entre nosotros," Dios necesitó definir los atributos de Su carácter. Él escogió el sistema sacrificatorio para empezar a definir los conceptos del plan de salvación y enseñar que Él es similar. El altar de las piedras sin tallar, el cordero, la leña, y el fuego llegaron a ser los instrumentos materiales para enseñar cosas espirituales.

Pero el plan de salvación exigía un vocabulario mucho más extenso que pudiera ser definido por un cordero y un altar. La humanidad tiene que entender ideas más profundas dentro del plan de redención, de otra manera, ¿cómo podrían ellos seguir inteligentemente la naturaleza del trabajo tanto ministerial como sacrificatorio de Cristo? El servicio del santuario con sus complejas especificaciones y detalles fue, por lo tanto, establecido en Israel. Después de que Cristo vino y murió, la sangre de animales y los sacerdotes terrenales habían cumplido su propósito. Esas ceremonias habían definido Su misión lo suficientemente bien y podían ser dejadas a un lado. Aquel Verbo fue hecho carne, y habitó entre nosotros (Juan 1:14). Agape había sido definido. El amor abnegado y la justicia misericordiosa habían sido explicados para que todos entendieran.

¿Fue la sangre de ovejas y becerros y el ministerio sacerdotal en el tabernáculo solamente para ésos antes de Cristo?

Las palabras cambian en su significado. Las definiciones pueden ser falsificadas por los hombres y por nuestro enemigo, el diablo. Para ejemplo la palabra "gay" (alegre) ha sido arruinada por su aplicación a lo homosexual. Sí, las palabras pueden variar, pero los complejos servicios del santuario definen todavía el efecto del pecado en la persona y presentan lo que Jesús tiene que hacer así como lo que nosotros tenemos que hacer para ser limpiados del pecado.

Cuando yo era un niño, las historias de la Biblia volvieron a la vida en la caja de arena de nuestra pequeña Escuela Sabática. Ésto era lo más destacado de la Escuela Sabática. El santuario es la gigante caja de arena de Dios, por decirlo así, para contar la historia de la redención. ¡Nunca podremos cansarnos de las lecciones que éste enseña!

Hay lecciones múltiples que podemos ver y varios enfoques que pueden ser hechos del santuario, sin que sea el tema central que Dios desea enseñarnos en el santuario. Simplifiquemos las ceremonias. Comparémoslas con la historia del evangelio de salvación. Repasémoslo para comprender lo que Dios hará a través de Cristo y lo que nosotros tenemos que hacer para librarnos del dominio del pecado en nuestras vidas, y de los efectos del pecado en nuestro pasado. Acerquémonos a Dios en el santuario como un pecador tenía que hacerlo día a día en el antiguo Israel. Permitámosle a la imaginación, entonces, regresar al desierto treinta y cuatro siglos atrás.

El Campamento de Israel y el Atrio: En nuestra imaginación nos encontramos en el campamento de Israel. Nosotros percibimos un aroma de perfumado incienso. Mientras buscamos la fuente, nuestra atención se dirige a un recinto de lino blanco. No podemos ver sobre la cortina de nueve piés de alto, pero podemos ver la parte de arriba de una tienda negra en la mitad occidental del atrio. Mientras nos acercamos, olemos también otra fragancia, ésa de sangre y de carne quemada.

La gente de Dios debe ser una parte de ese dulce incienso de buenas acciones diseñadas para atraer a los pecadores hacia Dios. Las acciones buenas de los santos deben atraer a sus vecinos y asociados. Ellos no se atribuyen mérito sino que dan gloria a Dios, porque es Él quien está trabajando en ellos y a través de ellos. Como leemos, "Mas a Dios gracias, el cual nos lleva siempre en triunfo en Cristo Jesús, y por medio de nosotros manifiesta en todo lugar el olor de su conocimiento. Porque para Dios somos grato olor de Cristo en los que se salvan, y en los que se pierden..." (2 Corintios 2:14, 15 R.S.V.).

Sin embargo, demasiados en el mundo perciben primero el olor de la sangre y del sacrificio, y éstos llegan a ser una ofensa. El miedo al sacrificio vence su deseo de venir a Dios. Ellos no ven nada hermoso mientras están fuera del atrio. Como leemos, "... a éstos ciertamente olor de muerte para muerte, y a aquéllos olor de vida para vida" (2 Corintios 2:16 R.S.V.).

Los Velos: Mientras miramos al atrio, vemos una entrada en el extremo este del atrio hecha de lino blanco entretejido con hilos azul, púrpura, y carmesí y con bordado de oro. Mide 5 por 20 codos. Otros dos velos del mismo material sirven como cortinas para la entrada en los dos cuartos del santuario. Miden 10 por 10 codos. Así, todos tres son 100 codos cuadrados. Uno abre el camino al atrio, el siguiente abre el camino al primer cuarto, y el tercero abre el camino al lugar más sagrado, el segundo cuarto del santuario.

En Hebreos 10:20 leemos que el velo representa la carne de Jesús, Su naturaleza humana. Jesús dijo: "Yo soy la puerta" (Juan 10:9). "Yo soy el buen pastor" (Juan 10:11). En tiempos antiguos el pastor se acostaba durante la noche a la entrada del redil y dormía allí. Ningún depredador podía entrar, ni ninguna oveja podía dejar el rebaño sin encontrarse con el pastor primero. Jesús dijo: "yo soy el camino, la verdad, y la vida: nadie viene al Padre, sino por mí" (Juan 14:6).

Nuestra comprensión de la naturaleza humana de Cristo nos es muy importante. Estudiaremos ésto más adelante en un capítulo subsiguiente, pero por ahora démonos cuenta de que nuestra fe tiene que estar en un Salvador que tomó sobre Su inmaculada naturaleza, nuestra pecaminosa naturaleza física con las enfermedades, tendencias, condiciones, y debilidades de la degenerada carne pecadora con la posibilidad de producir tentación. Él **no** estaba exento de nuestras tendencias y pasiones naturales; al menos Él no tenía tendencias malas o pasiones dentro de Él porque ni una sola vez participó de nuestro pecado. Él estuvo perfectamente alejado del pecado mediante el Espíritu Santo del Padre tal como usted y yo podemos ser alejados. DA 49, 117; YI 10-26-99; YI 04-25-01; RH 02-18-90; 5 BC 1128). A menos que creamos en el Cristo que vino en **esa** carne, no podemos llegar a Dios a través del velo que Dios ha preparado para que nosotros obtengamos la entrada en Su presencia mediante la fe.

Inclusive antes de que nosotros hayamos recibido algún beneficio de perdón o poder fortalecedor, tenemos a tal Sumo Sacerdote que nos invita "venid a mí" tal como somos (Hebreos 8:1 y 4:15). Él nos recibirá y nos adoptará en Su familia (Efesios 1:4, 5; Juan 1:12, 13).

En el Atrio Ante el Tabernáculo: Cuando entramos al atrio, vemos un altar de bronce, la fuente, y un poste al cual el cordero del sacrificio ha sido atado. Tal como estudiamos en Éxodo, Levítico, y Números, nosotros encontramos un confuso orden de ceremonias y sacrificios en el altar. Sin embargo, pueden ser clasificadas en cuatro categorías fundamentales, — ofrendas por el pecado, los holocaustos, las ofrendas, y las ofrendas de gratitud o "paz" (vea Levítico 7:37).

El Lavado en la Fuente: Antes de que podamos realizar los servicios en el atrio, tenemos que lavarnos en la fuente (Éxodo 30:18–21). Necesitamos ser purificados mediante el lavamiento de la regeneración por la Palabra (Tito 3:5; Efesios 5:26).

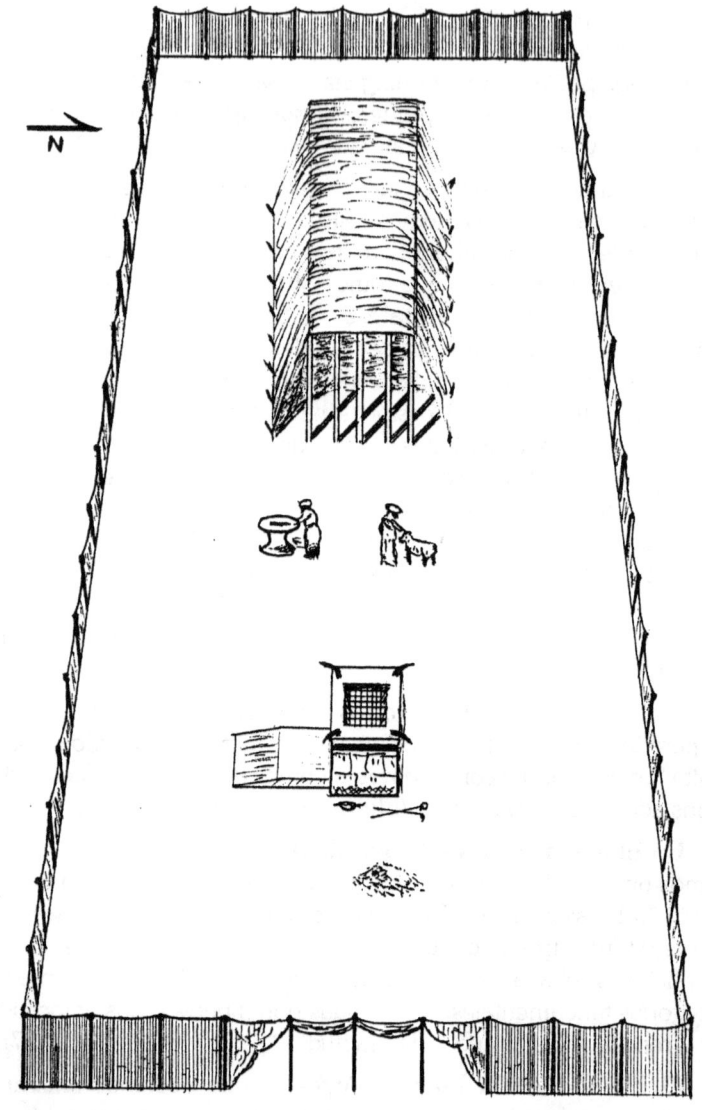

Ofrendas por el Pecado: Primero, hay ofrendas por el pecado, para quitar la culpa del pecador y purificar el corazón. Cuando pecamos, nosotros tenemos culpabilidad del pecado, un registro mental de amor por ese pecado en el corazón, y el conocimiento de éste registrado en la mente. En un estudio de Éxodo 29:38-42 y los primeros nueve capítulos de Levítico, aprendemos las cuatro clasificaciones de pecados,–

(a) **Pecados inconscientes**, pecados de los que somos culpables, pero no somos conscientes de que ellos son erróneos a la vista de Dios (Levítico 5:17).

(b) "**Pecados por ignorancia**," pecados de los que nosotros no hemos tenido conocimiento, pero cuando Dios nos prueba que ellos son malos, nosotros nos apartamos de ellos (Levítico 4).

(c) **Culpas reconocidas** (Levítico 6 y 7).

(d) "**Pecados soberbios**," pecados arbitrarios cometidos en declarada rebelión contra Dios (Números 15:30).

La primera clasificación del pecado es **pecados inconscientes**, pecados que aún no han sido traídos al conocimiento del pecador. Él no se siente culpable; pero, sea que esté enterado o no, a los ojos de Dios, él es culpable del pecado (Levítico 5:17).

Dios no nos revela todo lo que El podría. Él nos revela tanto como nosotros podemos recordar y realizar (DA 313). Dios espera que nosotros sigamos la dirección del Espíritu Santo, y que desistamos de cada ídolo, tal como Él nos los revela mientras viajamos por el sendero de la vida (Gálatas 5:16-18; Oseas 4:17). Nosotros debemos suplicar por la pureza de corazón así como por la sabiduría para conocer la voluntad de Dios (PK 591; GC 597-8). Mientras la persona convertida confía en los méritos del "diario sacrificio" del continuamente cordero ardiente, el Señor imputa la culpa de estos pecados inconscientes al santuario (Éxodo 29:38-46; 2 Corintios 5:17-19).

La segunda clasificación de pecado es el "**pecado por ignorancia**" (Levítico 4:1-35).

Éstos son pecados que una persona comete, pero en ese momento no es consciente de que son malos. Pero, cuando finalmente es culpado de que ellos son malos, en ese momento ellos son llamados "pecados por ignorancia," y él tiene que traer una ofrenda especial para admitir que son pecados.

La tercera clasificación es el pecado reconocido (Levítico 6:1-7).

"Y al que sabe hacer lo bueno, y no lo hace, le es pecado" (Santiago 4:17).

Todas las tres clases de pecados tienen que ser resultas antes de que nosotros podamos entrar en el lugar santo.

Una acción justa consiste en hacer lo que Dios quiere que nosotros hagamos, tal como Él quiere que sea hecho, de un motivo de amor, por el poder del Espíritu Santo a través de una relación de fe con Dios mediante Cristo. Basicamente, todo pecado es transgresión de la ley que especifica la acción y/o la transgresión de la ley de amor que especifica el motivo detrás de la acción (1 Juan 3:4; Lucas 11:42; Romanos 13:10). Nosotros podemos pecar teniendo el motivo equivocado o desobedeciendo la voluntad de Dios en relación al acto o por ambos, una acción equivocada y un motivo equivocado. Éstos nos separan de Dios (Isaías 59:2).

Tanto el motivo propio como el conocimiento de obrar correctamente son prometidos en el pacto eterno (Hebreos 8:10–12 LB). Para ser libres de culpa, colocamos nuestras manos en la cabeza de la ofrenda por el pecado y confesamos todos nuestros pecados, los reconocidos, y admitimos que tenemos pecados inconscientes. Y mientras el sacerdote apunta el cuello del cordero hacia el lugar más Sagrado, nosotros degollamos el cordero. El sacerdote recoge la sangre en una vasija, la coge, y rocía la sangre alrededor del altar del incienso dentro del Lugar Santo. Por algunos pecados, la sangre es puesta sobre los cuernos del altar del incienso y por otros, sobre los cuernos del altar del holocausto (Levítico 4:7, 18, 25, 30). La grasa del cordero era quemada en el altar del holocausto, y el cuerpo era quemado fuera del campamento.

Todo ésto tiene significados específicos. El Cordero de Dios, toma mi culpa sobre Él, muere en mi lugar, y con Su sangre coloca mi culpa en el santuario en el cielo. El registro de pecado en mi corazón es cubierto por la sangre hasta la "expiación final" del servicio anual. La culpabilidad del pecado es sostenida en el santuario hasta la expiación final. **La culpabilidad es transferida, pero no es cancelada ni desatada** (GC 418–21). Como parte de la purificación de los santos y del santuario en el cielo en la expiación final, Él borra los registros de todos los pecados de mi corazón, y la culpa es transferida a Satanás.

El Holocausto: también tenemos acceso al "Holocausto de consagración." Para ésto, también hacemos la misma confesión de pecados sobre la cabeza del sacrificio y entonces le quitamos su vida. El animal es desgollado y el cuerpo cortado en pedazos. Éstos son lavados en la fuente, acomodados sobre el altar del holocausto, y quemados (Levítico 1).

¿Qué significa ésto? Esta ceremonia significa que tenemos que apartarnos (santificarnos nosotros mismos) para uso sagrado. Como está escrito en Romanos 12:1: "Así que, hermanos, os ruego por las misericordias de Dios, que presentéis vuestros cuerpos en sacrificio vivo, santo, agradable a Dios...." Después de que nuestra culpa ha sido removida y nuestros registros de pecado han sido cubiertos, nuestros viejos estilos de vida deben ser desechados, "crucificados juntamente con Cristo," y guardados en una tumba (Romanos 6:6). Mis apetitos impíos, pasiones, y deseos deben ser muertos y enterrados (Gálatas 5:24).

Nuestros templos del cuerpo deben ser apartados para los caminos buenos de Dios y "muertos al pecado" (Romanos 6:11). Ni tabaco, ni alcohol, ni drogas venenosas, ni comidas dañinas deberían entrar en el templo del cuerpo. ¿Y qué tal del templo mental de alma? Nosotros no deberíamos permitir por más tiempo que algo como novelas de baja calidad u obscena televisión entre en nuestras mentes por los sentidos o las imaginaciones y lo profanen (Isaías 33:14,15; Salmos 119:37). Queremos que la mente sea transformada por el ministerio renovador de Cristo (Romanos 12:2).

El concepto de santificación tiene una doble aplicación. Una vez más miremos el sencillo ejemplo de la vasija de acero inoxidable para alimentar el perro en nuestra puerta de atrás. Éste fue una vez un buen utensilio de cocina. Antes de que pueda ser usada otra vez en "la casa del amo," necesita ser completamente lavada con jabón y agua, y esterilizada en el fuego. Pero a menos que sea apartada ("santificada") para uso humano, se haría de nuevo inadecuada para el uso en la cocina. Además, aunque ésta debiera ser traída a la casa del amo y puesta en un estante, no sería un utensilio productivo. El amo de la casa tiene que usarla. Ese uso llega a ser una parte, y completa la "santificación" de la vasija. En el servicio del santuario, la purificación es representada por la ofrenda por el pecado y el lavado en la fuente, mientras la santificación incluye la consagración en el altar del holocausto y la utilización de la vasija para el servicio representado por el trabajo de Cristo en el altar del incienso.

La Ofrenda (Carne) Luego, una ofrenda debe ser hecha. Para ésto nosotros tomamos harina con aceite, incienso, y sal y los presentamos al sacerdote. Una parte de ésto es quemada en el altar del holocausto (Levítico 2). Esta ofrenda siempre acompañaba al holocausto (Números 15:4).

¿Cuál es el significado de esta ofrenda? Todos mis bienes terrenales son reservados para santo uso. Ponemos nuestras carteras en el altar. Nosotros mismos nos consideramos solamente administradores de los fondos de Dios en esta vida. Si colocamos todo en el altar, Él ha prometido revelarnos qué y cuándo nosotros deberíamos usarlo para la causa de Dios (EW 57).

La Ofrenda de Paz: Nosotros presentamos luego una ofrenda de paz por la cual mostramos gratitud por haber sido purificados por la sangre de la ofrenda del pecado, por el agua o la vida, y por el fuego del holocausto (1 Juan 5:6; Juan 13:10; Salmos 107:22; 66:10–16). Después de éso, por las virtudes de Jesús, nosotros somos invitados a entrar por fe a través del velo y venir a Dios en el Lugar Sagrado. Si debemos ser oídos, no nos atrevemos a omitir la ofrenda de gratitud y alabanza (5 T 317).

Lavamiento en la Fuente: Antes de que podamos entrar al lugar sagrado para la comunión, tenemos que ser lavados en la fuente (Éxodo 30:18–21). El "agua de la vida," la alegría y esperanza del evangelio, tiene que ser asignada a nosotros por el Sacerdote (MH 157).

Comunión en el Lugar Sagrado: Cuando entramos al santuario, vemos a nuestra izquierda un candelero con siete brazos y a la derecha una mesa con las dos pilas del "pan de la presencia," un frasco de jugo de uvas, y unos platos (Éxodo 25:23–9; vea Números 15:8–10 y Levítico 7). ¿Qué representan estos símbolos, y qué parte del santuario ilustran y definen?

Agradezco a mi amigo árabe, Pastor Salim Elías, por las ideas en estas costumbres relacionadas con el servicio en el lugar sagrado. Los antepasados del Pastor Elías fueron anfitriones de Pablo cuando él pasó esos meses en el desierto (vea Gálatas 1:17, 18). De estas costumbres podemos ver un significado más profundo en el servicio de la Pascua y la Cena del Señor.

Si un nativo árabe o israelita lo invita a comer con él, ésto significa que quiere ser su amigo. Si usted acepta, ésto significa que usted quiere ser su amigo. Si, para la comida, él toma uno de los panes pequeños, lo parte, le da un poco, y ambos comen de él, éso significa que ahora ustedes son "uno" porque usted ha participado del mismo alimento. Si, después del pan, él le da jugo de uvas sin fermentar, ésto significa que ustedes están en paz el uno con el otro. Más que ésto, el anfitrión se ha comprometido con él mismo y con todos a que él tiene que defenderlo a usted contra sus enemigos. En cambio, el servir vino fermentado significaba guerra el uno con el otro.

Mientras vemos el mobiliario en el lugar sagrado, vemos algunos símbolos que parecen funcionar como una unidad para una comida, "un servicio de comunión," tal como era. ¿Quién estará en el banquete? El Espíritu Santo, representado por el candelero de oro, junto con el Padre y el Hijo, representados por las dos pilas de pan, nos invitan a comer a su mesa para familiarizarnos con Ellos. A través de ésta custumbre, es como si Dios dijera: "Nosotros, las tres Personas en la Divinidad, queremos ser sus Amigos. Usted vendrá y tendrá comunión con Nosotros. Estudie las Escrituras a la luz del Espíritu Santo como si estuviera allí en el lugar sagrado."

El aceite en la lámpara representa el trabajo del Espíritu Santo para iluminar nuestro pensamiento y darnos comprensión espiritual (Zacarías 4:1-6). Jesús dijo: "Yo soy el pan de vida" (Juan 6:35). Estudiando la vida de Jesús, nosotros sabremos cómo son los miembros de la Divinidad. "No solo de pan vivirá el hombre, sino de toda palabra que sale de la boca de Dios" (Mateo 4:4). Entre más estudiamos, más vemos la bondad amorosa, la suavidad, la modestia, la misericordia de Dios. Mientras más nos comuniquemos con el Padre y el Hijo a la luz del Espíritu Santo, más grande será nuestra admiración y amor por Ellos. Ellos vendrán a nuestros corazones, y nosotros estaremos en paz con Ellos. Dios pone todos los recursos del cielo en las manos de Cristo para salvarnos de nuestros enemigos (DA 57; Isaías 49:25).

Ésta es la invitación de Jesús. "He aquí, yo estoy a la puerta y llamo; si alguno oye mi voz y abre la puerta, entraré a él y cenaré con él, y él conmigo" (Apocalipsis 3:20). Jesús golpea a la puerta de nuestros corazones. Él quiere ser nuestro amigo y comer con nosotros. Nosotros deberíamos dejarlo entrar inmediatamente. Dejémosle bajar a los corredores del corazón con el ojo de la mente a la luz del Espíritu Santo. Mientras andemos con Él, nos revelará algunas imágenes en los corredores de la memoria que nosotros desearíamos esconder de Él. Él dice: "Qué haremos con éstas"? Si queremos las imágens más que a Jesús, Él tendrá que dejarlas allí. Si somos sensatos, Le pediremos que remueva la culpa, que cubra las imágenes con Su manto de justicia, y que nos prepare para borrarlas en la expiación final. Jesús limpiará el templo del alma tal como Él limpió el templo en Jerusalén. Él traerá amor y curación. Si le permitimos, Él examinará todos los corredores de nuestras memorias con el ojo de nuestra mente y purificará todo lo que sea quemado en la presencia de Dios.

Todo este preparativo en el atrio y en la mesa de la comunión, ha sido para un propósito. Es para que podamos presentar una súplica "confiadamente al trono de la gracia" (Hebreos 4:16) en el altar del incienso. Pero, ¿cuál debería ser nuestra petición? Para entender ésto, necesitamos el esclarecimiento que Pablo puede darnos en su carta a los Hebreos.

Nuestra Herencia en El Lugar del Incienso: Mientras examinamos Hebreos nueve, nos sorprendemos con dos cosas de interés especial.

Primero, en su descripción del santuario (Hebreos 9:4, 5), Pablo excluye el altar del incienso del lugar sagrado o además lo asocia con el lugar más sagrado. Segundo, en los versos 15-17, Pablo presenta el concepto de una herencia en el contexto legal de una última voluntad y testamento cuando él señala que un testamento estará en completo vigor solamente después de la muerte del testador. Proverbios 13:22 nos dice que un buen hombre deja una herencia a los hijos de sus hijos. Puesto que nosotros sabemos que nuestro Salvador es bueno, ¿hizo Él un testamento antes de que muriera? De ser así, ¿qué legó? ¿propiedad o riqueza? Los apóstoles específicamente declararon que tenemos una herencia (Efesios 1:9-14; 1 Pedro 1:4, 5). Pablo nos amonesta a "no seáis insensatos, sino entendidos de cuál sea la voluntad del Señor" (Efesios 5:17).

La pregunta es, ¿qué es la herencia, y justamente cómo hacemos para obtenerla?

En la mayoría de los países una persona reclama las cosas proveídas en su herencia teniendo un ejecutor testamentario del estado que lleve el testamento a la corte señalada. Tres cosas tienen que ser establecidas. Tiene que ser demostrado que la última voluntad y testamento eran verdaderamente los del testador. Tiene que haber prueba documentada de la muerte del testador. Y, tercero, usted tiene que ser el especificado en el testamento.

El Salmista dice que debemos llevar esos testimonios, la ley, como nuestra herencia (Salmos 119:111). Moisés nos dice de la ocasión cuando el Padre y el Hijo bajaron con multitudes de ángeles al Monte Sinaí y dieron los Diez Mandamientos y los proclamaron como la herencia de Israel. (Deuteronomio 33:2-4; Ev 616). Pablo clarifica ésto declarando que la herencia no está basada sobre **nuestro** mantenimiento de la ley sino sobre las promesas que **Dios** nos hará. La ley la hace legal porque Dios nos da amorosa obediencia (Gálatas 3:18-29). Estos diez mandamientos abarcan cada principio moral impuesto en la Biblia y personifican la voluntad (pacto) de Dios (MB 46; PP 372; SD 56). Todo lo que Dios colocó en el arca del pacto con el gran original en el santuario en el cielo contiene las provisiones de Dios para nosotros.

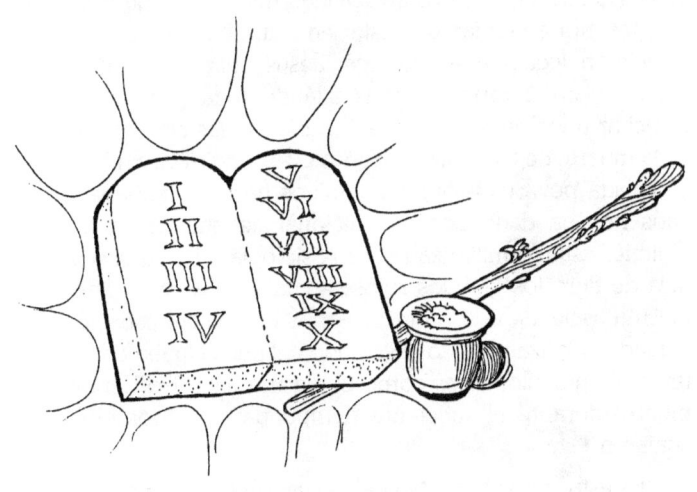

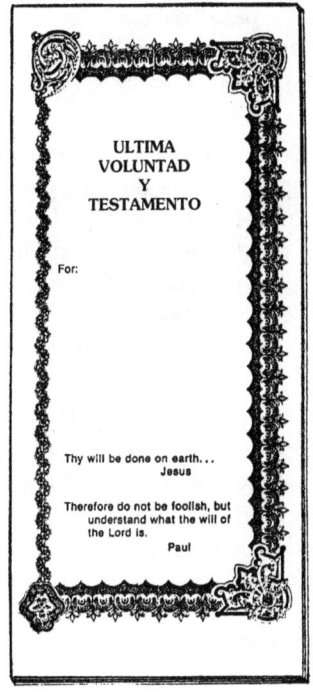

¿Qué de la muerte del testador? ¿Hay alguna duda de que Jesús realmente murió? El cielo hizo todo esfuerzo para probar absolutamente que Jesús en realidad murió. El requisito Judío era que quienes morían tenían que estar en la tumba por tres días antes de que estuvieran legalmente muertos. Jesús utilizó ésto en el ejemplo de Lázaro para comprobar más allá de toda pregunta que Él podía resucitar a los muertos. Específicamente, las circunstancias alrededor de la muerte de Cristo cumplieron esta condición. Su tumba fue sellada y vigilada por Sus propios enemigos hasta la mañana del tercer día. Dios nos ha dado prueba adicional de que Cristo estuvo muerto. Quienes están familiarizados con fisiología saben que cuando la sangre deja de fluir, los glóbuos rojos se cuajan y el claro y aguado suero o plasma asciende a la parte de arriba dentro del espacio de una hora. Cuando la lanza perforó el costado del que colgaba en la cruz, salieron tanto los glóbulos rojos como el plasma. Nuestro Señor había estado muerto durante el suficiente tiempo para que los glóbulos rojos se cuajaran.

Es esta sangre con la cual Jesús, nuestro Gran Sumo Sacerdote, entra al lugar sagrado para realizar la diaria expiación por nosotros (Hebreos 9:12). Es esta sangre con la cual Él entra al lugar más Santo para ejecutar la expiación final por nosotros y restaurar nuestra herencia (Hebreos 9:7).

Así, por la muerte sacrificatoria de Cristo, la herencia (Su pacto) fue establecida por completo. Nada de ésto puede ser cambiado. Nadie puede reorganizar esos mandamientos. Ellos fueron escritos por el dedo de Dios. Nadie puede agregar un codicilio. El séptimo día todavía recuerda el día de reposo. Su voluntad, expresada en las diez promesas de los Diez Mandamientos y colocada en la caja del "testamento," en el arca del pacto en el santuario, estaba inalterablemente en completo efecto.

¿Quiénes, en esta tierra, tienen derecho a esta herencia? Si nosotros "nacemos de nuevo," somos de Cristo y herederos según la promesa (Juan 3:3-5; Gálatas 3:29). Dios nos capacita para ser adoptados y luego nos adopta (Efesios 1:5-19; Ezequiel 16:2-14). Si escogemos ésto, podemos ser los hijos de Dios y tener derecho a esta herencia proporcionada por el cielo por tanto tiempo como permanezcamos en la familia. Nosotros podemos tener las "arras," la cuota inicial, de nuestra herencia ahora (Efesios 1:14). Podemos obtener los beneficios del reino de la gracia ahora (Mateo 10:7), y tener la promesa del reino de la gloria que vendrá(1 Pedro 1:4-7; Mateo 24:30,31).

¿Cómo vamos a obtener nuestra herencia? Pablo usa el santuario y sus servicios como una "gigante caja de arena" para enseñar los conceptos del "**pacto viviente**". Por la palabra que el apóstol escogió en Hebreos 9:4 que es traducida como "incensario," Pablo trae a nuestra atención el concepto de que el altar del incienso, el velo, y el arca del pacto son una unidad funcional. La palabra "thumiasterion," pudo ser traducida como "incensario," "altar del incienso," o "un lugar de incienso." Es interesante que el altar del incienso fue asociado con el arca del pacto en el templo de Salomón, aunque sabemos que el altar estaba en el lugar sagrado (Vea 1 Reyes 6:16–23; Éxodo 30:1–10).

¿Cómo llegan nuestras súplicas al altar en el cielo? A través de la oración dirijida a Jesús donde Él tiene su ministerio, nosotros podemos venir "confiadamente ante el trono de la gracia." Jesús, nuestro Sumo Sacerdote, ha sido señalado para ser el testamentario de Su propia herencia (Juan 5:27). Nosotros podemos orar, "Padre Celestial, en el nombre de Jesús, deseo mi herencia." Esa oración asciende a nuestro Sumo Sacerdote al altar del incienso. El Espíritu Santo da testimonio de que somos hijos de Dios e intercede además por nosotros allí (Romanos 8:16, 26, 27). Jesús agrega el incienso de Sus méritos a nuestra súplica (1 SM 344). En respuesta, Él puede decir, "Sé específico, qué quieres?" (Lucas 11:9–13). Yo respondería, "En el nombre de Jesús, no quiero tener otros Dioses aparte de Tí. Quiero dejar de tomar en vano el nombre del Señor. Quiero recordar el día de reposo para mantenerlo sagrado. Quiero honrar a mi padre y madre. Quiero dejar de mentir, robar, ambicionar y cometer adulterio en mi mente." "Jesús le lleva esa súplica al Padre en Su trono entre los querubines. El Padre mira la silla misericordiosa y la ley. Su respuesta es que esas súplicas están en el testamento. Si él 'nace nuevamente,' puedes dárselas. Jesús entonces nos responde con el deseo y el poder para hacer todo lo que hemos pedido en el testamento.

Cada artículo que está en el arca del pacto representa una parte de nuestra herencia. ¿Qué más estaba en la arca ("la caja del testamento") además de los diez mandamientos? Había un recipiente de oro con maná y la vara de Aarón que reverdeció. ¿Por qué están allí? Cuando Dios condujo a los hijos de Israel en el desierto, Él quiso establecer la fe de ellos en que Él podía proveer su comida espiritual tanto como su comida material. Él dijo: Yo quiero que ustedes sean vegetarianos. Voy a darles maná, una comida especial del cielo, la que milagrosamente proveeré seis mañanas a la semana. Recogan su provisión y cocínenla junto con las las otras plantas comestibles que ustedes pueden encontrar en el desierto.

28

Nosotros podemos ir al Ejecutor Testamentario de nuestra herencia y decirle: "Jesús, me gustaría saber qué es lo correcto para comer, y quisiera el deseo y el poder para controlar mi apetito." Jesús llevará esa súplica al Padre; y, puesto que está de acuerdo a la voluntad de Dios, Jesús nos traerá la respuesta que incluye control de nuestro apetito. ¡He aquí algunas promesas!

"Si oyeres atentamente la voz de Jehová tu Dios, e hicieres lo recto delante de sus ojos, ... y guardares todos sus estatutos, ninguna enfermedad de las que envié sobre los egipcios te enviaré a tí; porque yo soy Jehová tu sanador" (Éxodo 15:26).

"Si nuestra voluntad y manera de ser están de acuerdo con la voluntad de Dios y su manera de ser; si nosotros complacemos a nuestro Creador, Él mantendrá el organismo humano en buena condición, y restaurará los poderes morales, mentales, y físicos, para que Dios pueda trabajar a través de nosotros hacia Su gloria" (1 BC 1118).

Necesitaremos esas promesas porque, "Mientras nos acercamos al final del tiempo, las tentaciones de Satanás para complacer el apetito serán más poderosas y más difíciles de superar" (CDF 59).

Jesús mostró que inclusive cuando estamos casi muertos de hambre y desidratación, tal como Él estuvo en el desierto, el juicio y el poder en la Palabra prometida son lo suficientemente fuertes para sacarnos adelante más que conquistadores.

¿Qué promesas están incluídas en el símbolo de la vara de Aarón en el arca? Ésta fue colocada en el arca después de la ocasión en que Coré, Datán, y Abiram decidieron tomar el mando de Israel. La promesa es ésta. Cuando las cosas necesitan ser cambiadas a la cabeza del trabajo, Dios se encargará de esto (5 T 80, Jeremías 3:15; 23:14). No necesito quejarme. Yo debo "suspirar y llorar" por las abominaciones que son hechas en la iglesia. Aarón y otros pueden hacer un becerro de oro. Pueden ser celebraciones inmorales en el campamento, pero yo no necesito seguir una multitud para hacer el mal. Yo debería seguir el ejemplo de los levitas y otros leales en Israel, y seguir a Dios aún cuando los de Aarón se extravíen. Si los de Aarón se arrepentieran, Él sería misericordioso y los perdonaría. ¿Y qué tal si en nuestra época existe una enseñanza hereje en la iglesia? ¿Y si hay personas sexualmente inmorales, o sea homosexuales, etc, que quieran pertenecer a la iglesia? Mi papel es pregonar en voz alta a esos en mi esfera de influencia. No es llamar a la iglesia Babilonia, y dejarla. Dios tratará con la cizaña en la iglesia. Pronto, muy pronto, vendrá la persecución y ésos que no tomarán parte del ministerio de Cristo en el lugar del incienso (el lugar más sagrado), abandonarán la iglesia.

El Servicio "Anual" del Día de la Expiación : Todos los servicios arriba mencionados fueron hechos a diario. Pero había también una parte adicional de nuestra herencia que es disponible cuando, lo que es llamado los servicios del día "anual," de la expiación debían ser realizados. Una "expiación final" es descrita (PP 357). Todo lo que era disponible en el diario era también disponible en el día de la expiación junto con la revisión final de los registros del pecado en los corazones de la gente de Dios, con la supresión de estos pecados (GC 480).

Ésto es de importancia especial para quienes serán trasladados sin ver la muerte. Sus "libros" serán examinados mientras ellos todavía estén vivos (GC 425–30; GC 480–89). Mientras el Señor nos conduce a examinar cada registro en el corredor de la memoria, nosotros debemos apartarnos de cada ídolo que puede haber allí, dejar que Él lo cubra, y que nos ayude a vencer ésto en el tiempo que queda antes de que se cierre nuestro período de prueba. La expiación final incluirá esta investigación, la colocación de la ley en su totalidad en la mente para que sepamos exactamente lo que el Señor nos manda a hacer; la escritura de la ley de amor en nuestro corazón para que amemos hacer la voluntad de Dios en todas las cosas para glorificar Su nombre; la eliminación del registro de pecado del corazón, y el completo derramamiento del Espíritu Santo. Éstas son las ventajas del eterno pacto de voluntad (Hebreos 8:10–12). El tema de la expiación final será explorado en más detalle en otros capítulos de este libro, pero son presentados aquí para ponerlos en la perspectiva de nuestra herencia.

Cuando Jorge Johnson tenía diecisiete años, su deseo de ser "libre" hizo que dejara su acaudalada familia en su plantación en Charleston, Carolina del Sur. Él escogió el estilo de vida hippy, viajar al oeste a "dedo" hacia San Francisco, y establecerse en un lugar en el distrito de Haight-Ashbury.

Un día, después de tres años de estar totalmente sumergido en el típico estilo de vida hippy, un amigo lo miró por encima de su periódico para atormentarlo diciendo, "Veo en la sección financiera del Examinador de San Francisco que el multimillonario Jorge Johnson, ha muerto."

Jorge leyó la noticia y dijo: "Ése es mi papá." Entonces Jorge se puso a pensar. "Tanto dinero como mi padre tenía, sé que él tiene que haberme dejado algo." Él decidió regresar a "dedo" a Charleston.

Él regresó a la plantación aproximadamente cuatro días más tarde, pero no había nadie allí. Él fue a la oficina del abogado de su padre en el centro de Charleston. La recepcionista, que había trabajado en la oficina por un año, no estaba preparada para su venida.

Cuando Jorge entró con su enmarañada barba, pelo sucio, y vestido con su oloroso y arrugado traje de hippy, ella retrocedió y gritó, "¿Qué quiere? ¿Quién es usted? ¿Tiene usted una cita?" Ella estaba presurosa por sacarlo de la oficina.

Jorge respondió, "¿Está el abogado Taylor aquí?"

La recepcionista replicó fuertemente, "¿Tiene usted una cita"?

En ese momento el abogado salió de la oficina de atrás para ver de qué se trataba la conmoción. Él había conocido a Jorge desde que era un niño; pero era difícil para él reconocerlo. Él miró a Jorge y le preguntó: "¿Jorge, es usted?"

Jorge contestó, "Sí."

El abogado replicó: "¿Qué quiere?"

Jorge dijo: "Escuché que mi padre murió."

El abogado interrumpió preguntando, "Pero, ¿qué quiere?"

"Yo me fui de la casa..."

Otra vez el abogado interrumpió preguntando, "¿Qué quiere?"

"Bien; he estado viajando por cuatro o cinco días, y tengo hambre."

De nuevo vino la pregunta, "¿Qué quiere, Jorge?"

Él tartamudeó, "¿Podría darme un dólar para comprar un sanduche?"

El abogado se metió la mano al bolsillo y le dió un dólar. Entonces Jorge se arriesgó. "Quiero saber, ¿me dejó mi padre alguna cosa?"

El abogado Taylor explico, "Jorge, justamente estaba en la oficina de atrás examinando el testamento de su padre con su madre y su hermana. Su padre dejó treinta y ocho millones de dólares en efectivo en un par de bancos en la ciudad, más un número de otras posesiones. El testamento dice ésto:' Cuando vea a mi hijo, Jorge, pregúntele qué quiere. Déle la primera cosa que él pida y nada más."

¿Qué obtuvo Jorge? Qué pudo haber obtenido Jorge? Si Jorge hubiera estudiado el testamento, ¿cuánto supone usted que él hubiera pedido?

¿Y qué tal acerca de usted y el testamento de su Padre divino?. ¿Cuánto obtendrá usted del testamento?

(Esta historia es cortesía de Richard Bland del Ministerio Unido de Prisión).

Cuando Bill tenía diecisiete años, él se involucró en el crimen. Después de algún tiempo en una casa de detención, él vivió sin ningún propósito en arrruinadas pensiones en San Francisco. Durante quince años, él se puso en contacto con su madre y su hermana solamente para amenazarlas. Aunque su madre y su hermana le tenían miedo, no obstante lo amaban. Ellas le huían por su propia seguridad.

En su testamento, la madre le dejó la mitad de su propiedad a su hijo. La hermana estaba muy temerosa de ponerse en contacto con Bill por su cuenta, así que contrató a Wayne, un detective, para buscar a su hermano para darle su parte de la herencia.

Con la descripción de Bill y una vieja dirección suministrada por la hermana de Bill y una tía, Wayne empezó su búsqueda. La dirección era la de un viejo edificio cerrado, secretamente usado por varios orientales y "gente de la calle" como un lugar de descanso durante la noche. Ninguno de los habitantes de habla inglesa sabían de tal persona que tuviera la descripción de Bill. Con cuidadosa observación, Wayne nunca vió a ninguno parecido a Bill entrar o salir de ese edificio.

Después de alguna búsqueda y conversaciones con dueños de antiguas pensiones, Wayne finalmente encontró a alguien que conocía a Bill. El problema era que ella se negó a ayudar hasta que recibiera el pago de una de las viejas deudas de Bill. Wayne no pudo satisfacer esa demanda. Los fondos estaban en las manos de la corte.

Wayne volvió a la observación de los que entraban y se salían de pensiones baratas. Finalmente, Wayne encontró a Bill. Muy cuidadosamente, le explicó que él había heredado algún dinero. Pero cuando Bill comprendió que el dinero provenía del testamento de su madre, Bill se negó a tomarlo.

"Después de todo lo que le he hecho a mi madre, no puedo aceptar ese dinero. He sido muy rudo con ella. Yo no he hablado con mi madre por casi quince años. ¿Cómo puedo yo, ahora, aceptar su amoroso regalo?"

Después de mucha persuasión, Bill estuvo de acuerdo en ayudarlo a colocar los registros de la herencia en la corte. La identidad de Bill fue confirmada por su tía, y él recibió el dinero. Pero no quiso hacer nada con él. Lo depositó en un banco y se negó a tomar algo de él.

Nuestro Padre divino hizo un testamento. Él nos quiere con un interminable amor inclusive cuando nos rebelamos contra Él y le amenazamos. Él envió a Su Hijo, Jesús, a rescatarnos. Algunos sienten que son muy malos para ser perdonados. Pero si no aceptamos el regalo, no hacemos efectiva la voluntad de Dios. Si simplemente la escondemos en una bóveda, somos como el prisionero que ha sido perdonado por el gobernador, pero se niega a aceptar el perdón.

Lo que **no** está en la herencia de Dios puede ser ilustrado por una experiencia con un paciente médico a quien llamaré Ruth. En el curso de la consulta, Ruth había declarado que ella ya no creía más en la oración. Cuando le pregunté, "porqué," ella declaró: "Dios no responde a mis oraciones. Le pedí al Señor $50,000 pero no me los dió."

Mi pregunta siguiente fue: ¿"Qué haría usted con el dinero"?

Ruth respondió: "Yo iría a Las Vegas y me divertiría"

Entonces pregunté, "¿Usted cree que el Señor desea que usted vaya a Las Vegas a divertirse"?

"No, no creo" fue su respuesta.

Entonces pude señalarle que Dios contestó sus oraciones, pero que ella había pedido algo que no estaba en la "voluntad" de Dios (Santiago 4:3).

Dios espera con los brazos abiertos para recibir a sus hijos. Él quiere darnos la herencia que ha reservado para nosotros. No la herencia que pudimos malgastar en una vida desenfrenada, sino la herencia que glorificará Su nombre en la tierra. Él desea reforzar nuestra fuerza de voluntad. Nosotros debemos entregarle nuestra voluntad, la que podemos recibir de nuevo tan unida en simpatía con Él que Él puede derramar a través de nosotros "manantiales"; no solo un pequeño chorro de Su amor y poder (MB 62; 6 T 12).

La gente de Dios Como Ejecutores Testamentarios del Estado Celestial: hemos sido llamados a ser ministros de esta herencia, ejecutores testamentarios del estado de Cristo bajo Su control, a esos en nuestra esfera de influencia (2 CO. 5:18; 1 Pedro 2:5; Éxodo 19:6).

"Quienes están investidos con el espíritu de Cristo están prácticamente vestidos con las prendas sacerdotales, y son puestos en posición ventajosa, encargados de servir a otros. Cristo pone en sus manos un incensario lleno del incienso de Su justicia" (SpT, Serie B, Nos. 2:28).

"Él Cristo les dijo que ellos debían ser los ejecutores testamentarios del testamento en el cual Él legó al mundo los tesoros de la vida eterna" (AA 27).

Capítulo 4

COMO LA LEY AYUDA A LA GRACIA

En mi oficina médica veo demasiadas personas con alta presión arterial, problemas del corazón, o con dificultades en el control de peso quienes deberían cambiar sus costumbres de vivir. Ellos podrían evitar las facturas del médico y disminuir sus medicinas. Frecuentemente, mis pacientes que ya han cambiado su pauta de dieta y ejercicio y están obteniendo buenos resultados, se preguntan por qué más personas no están interesadas en la vida como ellas deberían estarlo. ¿Cuál es el problema? La respuesta radica en nuestra aplicación de la clave principal de los "remedios verdaderos,"– CONFIANZA EN EL PODER DIVINO (MH 127).

Vea usted, nosotros tenemos intenciones buenas; hacemos resoluciones buenas; pero lo que a nosotros nos falta es el poder para trabajar con nuestra voluntad para llevarlas a cabo. Todas nuestras promesas son como cuerdas de arena (SC 47). Nosotros resolvemos hacer ésto o aquello, pero fallamos; entonces nos sentimos culpables y nos desanimamos y luego llega la depresión. Si a un poco de remordimiento le agregamos algo de ansiedad acerca de la enfermedad que probablemente debe venirnos, nos mortificamos mentalmente.

El apóstol Pablo sabía ésto. Su descripción es algo así como ésto en Romanos 7. "Porque lo que hago, no lo entiendo; pues no hago lo que quiero, Lo que aborrezco, éso hago. Y si lo que no quiero, ésto hago, apruebo que la ley es buena. ¡Miserable de mí! ¿Quién me librará de este cuerpo de muerte?" (Romanos 7:15, 16, 24).

Éste es el grito trágico de demasiadas personas. Pero tenemos que ver que la esperanza de Pablo puede ser nuestra. ¿"Quién me librará de

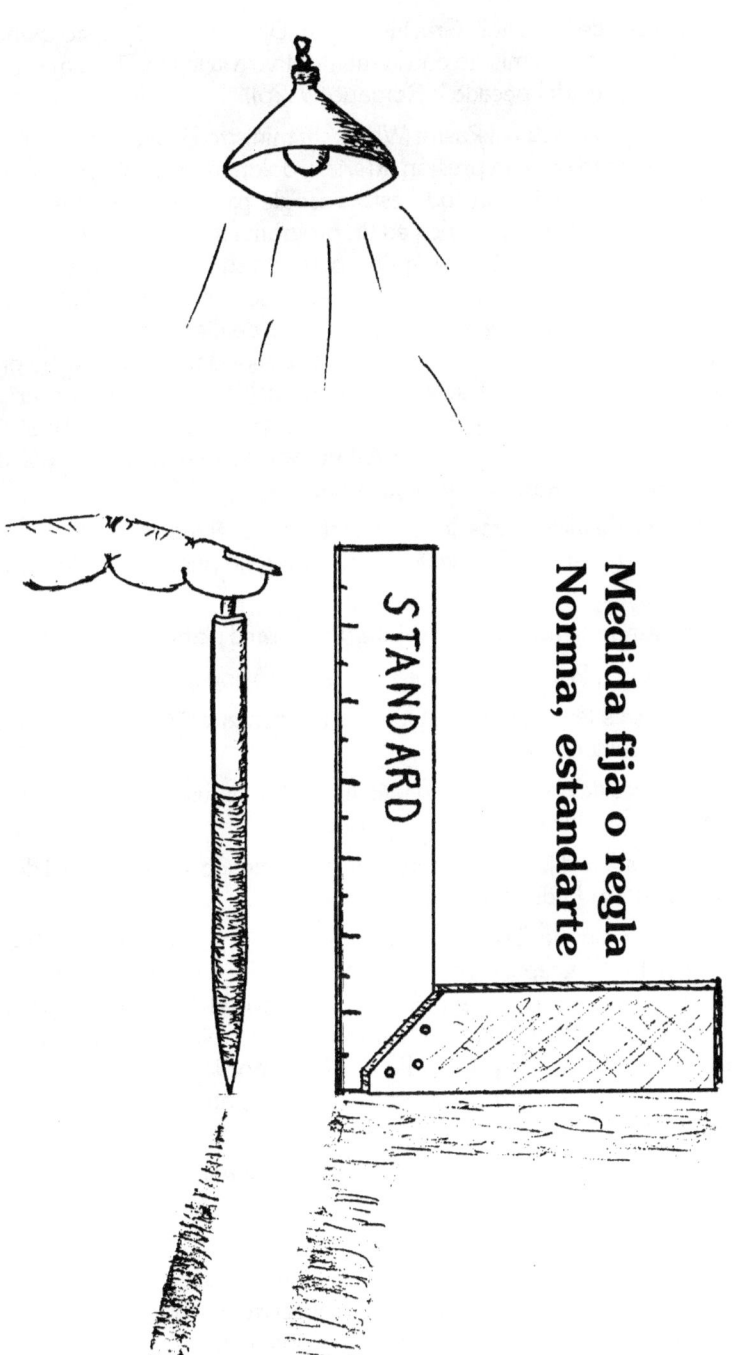

Medida fija o regla
Norma, estandarte

este cuerpo de muerte? Gracias doy a Dios, por Jesucristo Señor nuestro. Así que, yo mismo con la mente sirvo a la ley de Dios, mas con la carne a la ley del pecado" (Romanos 7:25).

Ésto me recuerda al Pastor White, un ministro Bautista, que estaba bajo mi cuidado por alta presión arterial y dolor anginal del corazón. La rutina que yo seguía con toda esta clase de pacientes después de su excitación inicial era instruirlos en un programa de dieta y ejercicio que muy eficazmente les devolvería una parte de su salud perdida. Como era mi custumbre, en cada visita de regreso del Pastor White a mi oficina, yo le preguntaba acerca de su pauta de dieta y ejercicio. Yo lo exhorté a corregir su dieta. Le recordé que esos dolores del pecho que se presentaban cuando él se esforzaba, probablemente desaparecerían y que su presión arterial permanecería muy probablemente normal sin medicinas si él comiera y se ejercitara adecuadamente. Yo traté de describirle a él cuanto mejor se sentiría.

En una de tales visitas después de dos años, él me dijo: "Doctor, yo puedo hacer casi todo lo que usted dice, pero no puedo dejar de comer carne."

Mi respuesta fue, "Pastor White, ¿Está usted planeando ir al cielo?"

El dijo, "¡¿Por qué?. sí, por supuesto! Yo soy un predicador."

Entonces le pregunté: "¿Qué planea comer allí? Usted Sabe que nada será matado en cielo."

Después de una pausa larga, él dijo: "Doctor, usted realmente sabe cómo golpear duro!"

"Pastor," le dije, "Usted aún no está recibiendo la cuota inicial de su herencia de su Padre celestial."

De una simple descripción en mi oficina, yo introduje al Pastor White a los conceptos de "pacto viviente," como lo resumí en el capítulo anterior. Yo le expliqué que el apóstol Pablo en el primer capítulo de Efesios indicó que cuando somos adoptados en la familia de Dios, podemos ir a Él por medio de Cristo por las "arras" de nuestra herencia, la cual, entre otras cosas, es el control propio, fruto del Espíritu.

Nosotros podemos ilustrar esta correlación entre nosotros mismos, la ley de Dios, y Su poder capacitador con un simple bolígrafo, la escuadra de un carpintero y una luz.

Mientras nosotros ensayamos por prueba y error hacer que el bolígrafo se sostenga en su punta, observamos que cada vez que quitamos nuestro dedo de la parte de arriba, el bolígrafo se cae.

Vea usted, yo soy como ese bolígrafo,- muerto en ofensas y pecado. Jesús puede tomarme, perdonarme, levantarme y colocarme sobre mis pies. Pero me caeré nuevamente al menos que el dedo de Dios me sostenga. Mi parte es permitirle que me levante.

Romanos 3:24 y 5:1 me enseñan que a través del perdón por la gracia, Dios me levanta de la degradación del pecado como el bolígrafo fue levantado. Romanos 5:2 me enseña que a través de la fe en Cristo, puedo obtener "gracia capacitadora" y ser mantenido derecho por el dedo de Dios tal como la pluma fue sostenida. Mientras yo esté "dispuesto a ser hecho dispuesto," Dios trabajará en mí al mismo tiempo para desear ser sostenido así como para ser mantenido derecho (Filipenses 2:12,13; MB 142). ¿Cómo puedo decir que estoy derecho? Si coloco esta escuadra del carpintero al lado del bolígrafo, yo puedo decir si estoy derecho o no. La ley de Dios es como la escuadra. Ésta no me levanta, pero me dice la posición en que estoy, si soy fiel a las leyes de Dios o no. Necesito algo más. Yo necesito alguna luz de modo que me vea a mí y a la escuadra. No puedo ver si soy o no correcto con Dios al menos que me compare con la ley de Dios bajo la luz del Espíritu Santo. Finalmente, Yo necesito una fundación firme sobre la que apoye el bolígrafo y la la escuadra. Esa fundación es Jesús, nuestro amado Salvador. Él es la Roca sobre la cual nosotros construímos nuestro carácter. Nosotros debemos dejar que Jesús nos tome de Su mano y nos use para escribir acciones amorosas para que el mundo vea (2 Corintios 3:2).

Debemos venir a Dios a través de Jesús y dejarle saber que lo queremos y deseamos obtener nuestra herencia la cual es el fruto de las obras del Espíritu Santo. Nosotros estudiamos las leyes de Dios con la dirección del Espíritu Santo porque las consideramos el ejemplo para nuestras vidas. Nosotros nos sometemos completamente a Él. Dios responde trabajando en nosotros para ser cariñosos y bondadosos. Él trabaja en nosotros para controlar nuestros apetitos. Nosotros recobramos la salud a un punto tal como nunca lo hubiéramos soñado posible. Nosotros queremos que Él renueve nuestras mentes para vencer cada mala característica. El grado de recuperación parecerá un milagro al mundano. Cuando hacemos ésto, queremos enseñar a Dios a los demás. Queremos testificar qué tan maravilloso es Dios. Éstos son los grandes principios de Confianza En el Poder Divino. Ya no confiamos más en nosotros mismos y en lo que podamos hacer. Nuestra confianza debe estar en Jesús y en lo que Él pueda hacer por nosotros.

Capítulo 5

PODER DE PENSAR Y DE HACER

Yo nunca dejo de asombrarme de las realizaciones de las criaturas de Dios. Considere las maravillas del instinto de construcción de la compleja tela de la araña Miranda. ¿Cómo puede tener tal precisión? ¿Qué clase de circuitos de nervio reflejo tiene el helicóptero de la naturaleza, el colibrí, el cual le permite golpear sus alas a más de sesenta veces por segundo? Realmente, toda la naturaleza animada despliega una inteligencia que es un misterio (MH 315.9).

Nosotors nos maravillamos de éstos; pero cuando Dios diseñó y formó el cerebro humano y la mente, Él hizo algo tan complejo y fantástico que los adjetivos parecen insuficientes para describirlo. "Cada ser humano, creado a la imagen de Dios, es dotado con un poder semejante al de la personalidad de la individualidad del Creador –, poder de pensar y hacer" (Ed 17.6).

Hace algún tiempo yo viajé con mis amigos a la parte superior de Palm Springs. ¿Cómo llegamos allí? Alguien tuvo una visión de un teleférico que podía transportar a los visitantes dos millas sobre el fondo del cañón, en el aire sobre terreno imposible, hasta la cima de la montaña. Alguien tuvo que construir las pesadas torres y poner en uso cada grado de agilidad para asegurarlas en los rocosos bordes. Sin embargo, otros consideraron los cables. La base de la parte superior tenía que ser asegurada contra el peso macizo de cables del grosor de una pulgada. Fue tomada encuenta la correcta tensión en los cables mientras los carros se movían verticalmente. Un aparato especial tuvo que ser usado para compensar los cambios en la longitud de las cuerdas de acero, del calor del día en el desierto a la fresca brisa de la noche en la montaña.

Las ciudades poseen pocas atracciones para mí, pero ¿cómo el hombre comprende los planes y talentos de los constructores de rascacielos, o la represa hidroeléctrica con sus gigantes generadores eléctricos la cual da energía a estados enteros? ¿Alguna vez ha observado usted a un músico en un órgano multifuncional? ¿Qué poderes de la mente le permiten a alguien rápidamente leer puntos, líneas y palabras en una partitura musical, y tener esa información transmitida al cuerpo, los dedos y los pies para producir casi perfectas interpretaciones de preciosa música, página a página? Verdaderamente, "Somos la obra de Dios y Su palabra declara que somos 'temerosa y maravillosamente hechos' " (FCE 425.9).

Pero todas las capacidades y poderes de los individuos, de pensar y hacer lo que vemos ahora, nosotros las consideramos como insignificantes verdaderamente, en comparación con lo que Dios diseñó para la humanidad. Se nos ha dado alguna comprensión en este aspecto del género humano cuando leemos la comparación de Elena G. de White de las mentes de los antidiluvianos con gigantes intelectuales de nuestros días.

"A pesar de la maldad del mundo antidiluviano, esa época no era, como ha sido supuesto a menudo, una era de ignorancia y barbarismo. Se le fue otorgada a las personas la oportunidad de alcanzar un gran nivel moral y logro intelectual. Ellos poseían gran capacidad física y mental, y sus ventajas para adquirir conocimiento religiosos y científico a la vez, fueron incomparables. Es una equivocación suponer que porque ellos vivieron hasta una edad avanzada, sus mentes maduraron tarde; sus poderes mentales fueron tempranamente desarrollados, y los que abrigaron el temor a Dios y vivieron en armonía con Su voluntad continuaron aumentando en conocimiento y juicio a lo largo de sus vidas. Podrían aparecer los ilustres eruditos de nuestra época, en contraste con los hombres de la misma edad que vivieron antes del diluvio, tan grandemente inferiores en capacidad mental como física" (PP 82-3).

"Los antidiluvianos no tuvieron libros; ellos no tenían registros escritos, pero con su gran vigor físico y mental, ellos tuvieron memorias fuertes, capaces de comprender y retener lo que les fue comunicado, y cada uno a su vez transmitirlo **intacto** a su posteridad" (PP 83.7).

De la anterior información podemos seguramente deducir que Dios diseñó la mente humana para tener grandes poderes de razonamiento y ser capaces de recordar información indefinidamente **sin equivocaciones.** En contraste, seis mil años de degeneración han destruído el finamente diseñado cerebro y dejaron la mente con muchas desventajas que el creador nunca intentó que estuvieran presentes. El hecho de que éste trabaje tan bien después de tanta degradación indica qué tan fuerte era el original en el principio.

El estudio de la mente es de especial importancia para el Cristiano. La mente es la fuente de las acciones (FCE 426). Es la entidad que desarrolla el carácter (4 T 606.8).

"Él ha preparado esta habitación viva para la mente; ésta es 'prodigiosamente hecha,' un templo el cual el Señor mismo ha equipado para la morada de Su Espíritu Santo. La mente controla al hombre entero. Todas nuestras acciones, buenas o malas, tienen su raiz en la mente. Es la mente la que adora a Dios, y nos alía a seres celestiales. Sin embargo, muchos pasan todas sus vidas sin llegar a ser inteligentes con relación al cofre que contiene este tesoro.

"Todos los órganos físicos son los sirvientes de la mente, y los nervios son los mensajeros que transmiten sus ordenes a cada parte del cuerpo, guiando los movimientos de la maquinaria viva..." (FCE 426).

El funcionamiento de la mente ha sido comparado con las funciones del cuerpo. Espiritualmente hablando, la mente se alimenta en la Palabra de Dios la cual recibe a través de los sentidos (Deuteronomio 8:2,3). Ésta recibe "el agua de vida" de la vida de Cristo (DA 195.4) La recepción de los trabajos del Espíritu Santo en la mente es comparada con la inhalación de aire a los pulmones (DA 805.7). La oración es comparada con la exhalación del aire (GW 254.9).

Nosotros podemos percibir algunos de los atributos, facultades y poderes de la mente tal como ellos han sido revelados a nosotros por los escritos de Inspiración. Además de ésto, en tanto las observaciones sean verdaderas, nosotros podemos entender la mente por los descubrimientos intelectuales del hombre, incluso nuestras propias experiencias personales. Los poderes de la mente incluyen percepción, juicio, memoria y razonamiento (3 T 33.1). Las facultades mentales incluyen amor, juicio, previsión, tacto y energía (5 T 457.9). Estos poderes y facultades no constituyen el carácter, pero son parte del mecanismo que desarrolla el carácter.

Examinemos las capacidades de funcionamiento de la mente bajo cuatro títulos importantes; (a) el "ojo" (6 T 205.5) de la mente, (b) la voluntad, (c) el corazón y (d) la memoria. El próximo capítulo tratará más directamente con la memoria. Los primeros tres serán considerados brevemente aquí para ponerlos en perspectiva. Para obtener un conocimiento básico de la mente, necesitaremos ilustrar o comparar las varias entidades de funcionmiento con objetos que son más familiares a nosotros.

EL "OJO DE LA MENTE": Ese aspecto de la mente por el que somos conscientes de nuestros alrededores, por el cual percibimos a través de los sentidos, puede ser comparado con algo ilustrado por el nombre "el ojo de la mente," que atraviesa los circuitos eléctricos de la mente. En Efesios 1:18 nosotros leemos acerca de la necesidad de que los "ojos de vuestro entendimiento" sean iluminados. "El ojo de la mente recibe información de los sentidos, — vista, oído, tacto, gusto y otros impulsos del nervio sensor, — y es consciente de ellos. También puede obtener información de la memoria, información registrada previamente dentro del cerebro. Puede también originar una nueva idea mediante la imaginación. Es como si el ojo de la mente está constantemente atravesando los circuitos eléctricos del cerebro; y, como estudiaremos más adelante, dondequiera que vaya dentro del cerebro deja una huella, — un corredor de memoria de toda la información recibida por los sentidos y todo lo que es razonado o imaginado. Tal como veremos, el ojo de la mente registra a la vez sensaciones y pensamientos, y éstos son mantenidos en secuencia.

Es como si mientras una persona esté viva, empezando aún antes del nacimiento, el ojo de la mente atraviesa los circuitos de los corredores de la memoria; y, dondequiera que vaya, deja un rastro inseparable del registro de (a) lo que es discernido por el ojo de la mente y (b) cómo el individuo se siente acerca del pensamiento bajo consideración (5 T 310.4; AH 436; 5 BC 1085).

LA VOLUNTAD: el ojo de La mente está bajo el control de la voluntad. La voluntad es el poder gobernante (Ed 289.2). Es el poder decisivo (SC 47.6), la fuente de las acciones del hombre. La voluntad debe estar bajo el control de la razón (3 T 84.6; 5 T 310.2), de la conciencia (2 T 408.2; 3 T 84) y específicamente bajo el control del Espíritu Santo (2 T 565.2; MH 130.3). Si la voluntad no está categóricamente bajo el control del Espíritu Santo, nosotros podemos pensar que estamos controlando nuestra propia voluntad tal como recorremos nuestra vida diaria, pero estamos bajo el control de Satanás (DA 324.5; DA 466.4; TM 79.9) **Pero hay algunas cosas que la voluntad no puede hacer.**

"La educación, la cultura, el ejercicio de la voluntad, el esfuerzo humano, todas ellas tienen su propia esfera, pero aquí [el cambio de los corazones malos] son impotentes. Ellas pueden producir una exterior rectitud de conducta [moralidad], pero no pueden cambiar el corazón; no pueden purificar la fuente de vida. Tiene que haber un poder [Cristo] trabajando desde adentro, una vida nueva desde arriba, antes de que el hombre pueda ser cambiado del pecado a la santidad" (SC 18.5).

Es crucial que entendamos este aspecto. En el plan de Dios, nosotros **no** ejercemos nuestra voluntad para hacer ésta o aquella buena acción directamente. Más bien, nosotros **escogeremos** estar bajo el control de Dios. Cuando esa situación prevalece, Dios trabaja en nosotros y a través de nosotros para llevar a cabo Sus caminos.

"Lo que usted necesita entender es la verdadera fuerza de voluntad. Ésta es el poder gobernante en la naturaleza del hombre, el poder de decisión o de selección. Todo depende de la acción correcta de la voluntad. El poder de selección que Dios le ha dado a los hombres es de ellos para ejercitarlo. Usted no puede cambiar su corazón, no puede darle a Dios, por usted mismo, los sentimientos del corazón; pero usted puede *elegir* servirle a Él. Usted puede darle su voluntad; Él entonces trabajará en usted para desear y hacer según Su buena voluntad. Así su naturaleza entera será traída bajo el control del Espíritu de Cristo; su sentimientos estarán centrados en Él, sus pensamientos estarán en armonía con Él" (SC 47.5).

En realidad, nosotros debemos darnos cuenta de que necesitamos una ayuda aún más grande para nuestra voluntad en asuntos espirituales de la que generalmente es considerada. Elena G. de White dice en otro lugar:

"Nuestra voluntad no debe ser introducida por la fuerza en cooperación con agentes divinos, sino que tiene que ser voluntariamente sometida. De ser posible imponerle a usted, con una intensidad cien veces mayor, la influencia del Espíritu de Dios, ésto no lo haría un Cristiano, un sujeto capacitado para el cielo.... La voluntad tiene que ser puesta al lado de la voluntad de Dios. Usted no es capaz, por usted mismo, de traer sus propósitos y deseos e inclinaciones en sumisión a la voluntad de Dios; pero si está '**dispuesto a ser hecho dipuesto**,' Dios realizará el trabajo por usted, inclusive 'derribando argumentos y toda altivez que se levanta contra el conocimiento de Dios, y llevando cautivo todo pensamiento a la obediencia a Cristo.' (2 Corintios 10:5). Entonces usted se ocupará de su 'salvación con temor y temblor. Porque Dios es el que en vosotros produce así el querer como el hacer, por su buena voluntad' (Filipenses 2:12, 13)" (MB 142.5 énfasis suministrado).

Cuando la mente está bajo el control de Dios es estimulada por Dios para realizar buenas acciones(MH 176.5). La voluntad, sin la ayuda del poder divino, es impotente contra lo malo (MH 429.2).

EL CORAZON: El corazón ha sido compardo a un jardín (AH 200–3). Las ideas, como las plantas, pueden ser sembradas en el corazón (AH 196.1). El corazón es el baluarte del hombre (5 T 536.7). Tiene una puerta (2 T 216–7), y una cámara (6 T 376.1) El corazón es la fuente de complicadas emociones y sensaciones (4 T 85.4; 2 T 660.3). Es una fuente de imaginaciones (TM 463.9). Él tiene que ver con nuestras sensualidades (DA 161.5) y nuestros intentos y motivos (4 T 583.9). Dios examina los motivos del corazón (3 T 370.2; 5 T 147.6).

Cristo vino a limpiar el corazón de la impureza del pecado, de deseos terrenales, sensualidades malvadas y malas costumbres (DA 161.5) Él golpea a la puerta del corazón y desea venir y buscar las cámaras como con una vela encendida (2 SM 318.2). Nuestro Salvador quiere darnos un corazón nuevo. El nuevo corazón, a su vez, tendrá su influencia sobre la completa existencia.

"Cuando Jesús habla al nuevo corazón, Él se refiere a la mente, la vida, la existencia entera. Para tener un cambio de corazón se debe renunciar el afecto hacia el mundo y fijarlos sobre Cristo. Para tener un corazón nuevo debe tenerse una mente nueva, nuevo propósitos, nuevos motivos" (MYP 72.2).

Nosotros empezamos este capítulo preguntándonos con respecto a las capacidades mentales y físicas. Ahora nos preguntamos, ¿qué es lo que determina el uso de los trabajos del hombre? Los generadores eléctricos de la Gran Corriente pueden ser usados para producir algún plutonio. ¿Usaremos éste para la gran bomba o para generar energía atómica? La computadora puede ser programada para lanzar un módulo a la luna o para guiar un proyectil. La computadora no tiene valores espirituales. La humanidad sin Dios se destruirá a sí misma.

Capítulo 6

EL REGISTRO DE SU VIDA

Nuestra familia tiene un gran aprecio por las bellezas de nuestros parques nacionales, los desiertos y por los habitantes animales que de estos lugares hacen su casa. Antes de la crisis de energía, cada fin de semana nos encontrabamos con nuestros sacos de dormir y equipo de acampar en camino hacia algún sitio pintoresco. Tenía que ser tarde en la noche del Domingo, cerca de la medianoche, antes de que regresáramos a nuestra casa en la congestionada ciudad urbana. La última parte de nuestro viaje era generalmente sobre la autopista de la montaña de Los Angeles, una hora de viaje sobre una bien cuidada pero sinuosa carretera de la montaña.

Usualmente mientras yo conducía, los otros ocupantes del carro estaban dormidos. Para ayudar a que el tiempo pasara más velozmente, el radio era sintonizado en nuestra favorita estación de música.

En uno de tales viajes de regreso, el radio estaba apagado, pero yo empecé a notar que estaba recordando una interpretación musical de una sinfonía favorita que yo había oído emitir en un viaje anterior bajo el mismo tramo de la carretera. Mientras nosotros nos encaminábamos sobre la carretera de la montaña, yo estaba recordando vívidamente la ejecución musical en su cuerpo completo como si estuviera saliendo del parlante del radio. Inclusive los anuncios comerciales de la estación fueron recordados con claridad. Después de un rato, la necesidad de dar mi completa atención a la conducción interfirió con mi habilidad de recordar el programa, pero el episodio entero duró más de veinte minutos. Esta experiencia claramente me ilustró el poder inconsciente de la "asociación" de los caminos del pensamiento en la mente. En el viaje anterior, la emisión fue asociada con la conducción. En este viaje posterior, el conducir por el mismo camino bajo condiciones similares ayuda a recordar la emisión mediante caminos mentales de asociación.

Quizás usted ha observado que los recuerdos vuelven a su mente después de observar un programa de televisión favorito. ¿Ha experimentado usted la vista mental retrospectiva de escenas extremadamente impresionables por varias horas después del último comercial? Misterios de asesinatos o presentaciones de crimen especialmente suelen de entrometerse en nuestra consciencia por horas después de que el programa se ha terminado. ¿Por qué sucede ésto?

¿Cómo es que podemos recordar? ¿Qué pasa dentro de nuestro cerebro que nos permite almacenar información de los sentidos? Además, ¿qué influye en nuestra capacidad de recordar estas experiencias pasadas?

El estudio considerable en el mundo científico ha dado a entender sobre la memoria y nuestra habilidad para recordar información que ha sido guardada allí. Aunque muchos científicos sostienen la "Teoría de la Realidad" [1] que propone que un pensamiento no es un estado o cosa sino solamente un acontecimiento, otros científicos se dan cuenta que la mente registra información de los sentidos e imaginaciones y almacena éstos durante la vida entera del individuo. Las observaciones científicas han confirmado lo que nos es revelado en la Biblia y en los escritos de Elena G. de White sobre este aspecto de los trabajos de la mente. Aunque Dios no nos ha hablado acerca de ésto en lenguaje técnico, Él ha usado las palabras con las que que somos familiares para expresar un entendimiento de la memoria y las capacidades de la mente, particularmente en el terreno de lo que Él tiene que hacer por medio de Jesús para corregir los efectos del pecado en la mente. Nosotros ligeramente podemos ver lo que Él está describiendo acerca de la memoria y el recuerdo.

Algunos de los más fascinantes informes de los científicos en relación al registro mental han sido hechos por el doctor Wilder Penfield, un neurocirujano. [2] Él ha descrito observaciones de "la corriente de consciencia en el registro del cerebro." En su discusión sobre el tópico, él señala que hay dos facetas para el registro de la memoria dentro del cerebro. La parte del hipocampo del cerebro tiene que ver con la preservación de acontecimientos recientes en la memoria, mientras que, la memoria a largo plazo incluye el funcionamiento de partes adicionales del cerebro. Los ancianos pueden sufrir daño en los vasos sanguíneos en a una parte del cerebro, y mostrar dificultad en recordar acontecimientos recientes procedente de los nervios dañados. Sin embargo, ellos pueden recordar información del pasado lejano. Ésto sugiere que los registros mentales de acontecimientos recientes son entonces organizados en un banco de memoria más permanente.

Los comentarios del doctor Penfield son interesantes a la luz de los escritos de Elena G. de White.

"Quien ha envejecido en el servicio de Dios puede encontrar su mente en blanco en cuanto a las cosas que están sucediendo alrededor de él, y los recuerdos recientes pueden pronto pasar de su memoria; pero su mente está toda despierta a las escenas y recuerdos de su niñez" (SD 78.5)

El doctor Penfield pudo demostrar la preservación de la memoria en sus pacientes. En este estudio, sus pacientes que sufrieron cirujía del cerebro estuvieron conscientes durante la operación bajo anestesia local. Ésta fue la técnica que él usó porque necesitaba la ayuda del paciente en la localización del foco de irritación en el cerebro que causaba su epilepsia.

Mientras él examinaba el cerebro con su electrodo, encontró que cuando aplicaba un suave estímulo eléctrico en ciertas áreas del cerebro, el paciente era consciente de experiencias de su vida pasada. Nosotros citamos al Dr. Penfield,

"Mientras el electrodo estimulante del cirujano es mantenido en su lugar en algún punto de la corteza del temporal, una corriente constante de consciencia se mueve a través de la mente del paciente. Ésta es un conocimiento de las cosas tal como estaban en una anterior faja de tiempo. La acción va hacia adelante al ritmo original; él es consciente de esas cosas a las que prestó atención entonces, y no obstante él es consciente del presente. Cuando el electrodo es retirado de la corteza del temporal, el repaso experimental usualmente para al instante. A menudo, cuando el electrodo es colocado aproximadamente en el mismo lugar un minuto más tarde, sucede que la corriente de consciencia pasada es obligada a fluir otra vez por la mente del paciente, empezando en el mismo momento en el tiempo pasado." [2]

El doctor Penfield llamó esta área, la "corteza interpretativa." Él observó que los pacientes podían recordar no solamente las escenas y lo que ellos habían escuchado, sino que además tenían recuerdo del sentimiento de las emociones que habían sido experimentadas en el pasado.

Un abogado, Louis Nizer, ha usado ambos aspectos de la memoria para ayudar a sus clientes a recordar acontecimientos particulares de su anterior experiencia para que él pudiera llegar a los mejores medios de ayudar a su cliente en el estrado del testigo. En la entrevista, él permitía que sus clientes recordaran todo lo que ellos podían recordar del incidente original. En algunas partes de la historia, la habilidad para recordar los acontecimientos o lo que fue dicho era limitada. Entonces él usó otro truco para obtener información crucial. Él le pedía al cliente recordar cómo se sentía acerca de lo que fue dicho o hecho en el momento en que el incidente original sucedió. Muy a menudo eso refrescaba la memoria de modo que la persona era capaz de dar la información necesitada para desarrollar su caso adecuadamente. [3]

El doctor Benjamín Libet, del Instituto Neurológico Monte Sión en San Francisco, ha podido documentar que la mente es capaz de registrar sensaciones subconscientes. Tales sensaciones son transmitidas al cerebro, pero la duración del efecto en el nervio sensorial es muy corta para obtener reconocimiento consciente de la experiencia. Breves como son éstas en duración, provocan sin embargo actividad y dejan un registro en la corteza cerebral. [4]

Tal posibilidad ha sido reconocida con experimentos por otros. En un estudio la información fue mostrada intermitentemente en la pantalla durante una película en un teatro hacia el efecto que las palomitas de maíz tendrían en la venta en el vestíbulo del teatro durante la intermisión. Siempre que ésto era hecho, aunque la duración del anuncio era muy corta para ser conscientemente percibida por el auditorio, más de el doble del número usual de clientes fueron a la máquina de las palomitas de maíz durante la intermisión.

¿Cuál es la importancia de la memoria? La respuesta es evidente. Esa información almacenada, cuando es dispuesta como hábitos, nos permite realizar muchas funciones sin estar conscientemente involucrados en el proceso. También nos ayuda a hacer conscientemente nuestro trabajo y a tomar decisiones. Mucho de lo que nosotros pensamos, de lo que hacemos, y nuestra manera de responder está basada en la información almacenada. En algunos aspectos, sin tomar el tiempo para atravesar todos los caminos de la memoria conscientemente, el ojo de la mente puede determinar lo que es aplicable en la mente en un cierto tema y tomar una decisión. Esa decisión, voluntad de necesidad, está basada en trozos de información almacenada, el grado en que ésto puede ser recordado inconscientemente y la cantidad de represión que ha sido dada a la diversa información indeseada sobre el tópico bajo consideración.

En el campo del aprendizaje, la repetición es importante para nosotros. Las acciones repetidas hacen hábitos, y éstos asumen mucho de las actividades conscientes de la mente. Nosotros aprendemos y recordamos con facilidad las cosas que queremos y disfrutamos. Un estudiante que no le gusta su maestro de Inglés sufre el castigo del difícil aprendizaje en ese material. La tercera verdad del aprendizaje es que los puntos difíciles pueden ser recordados con gran facilidad si ellos son conscientemente asociados a más información experimentada o por la ayuda de un nemotécnico más rápido.

Esos dogmas del aprendizaje deberían ser contemplados en relación a nuestras actividades diarias. Si alimentamos la mente con una dieta de literatura sensasional o desmoralizadora, diversiones embriagadoras y un postre de ladrones y policías de la televisión, nuestras respuestas a las situaciones serán debilitadas y pervertidas hasta ese punto (CW 134; SD 131; 6 T 194.2). ¡Éste es el azar de los teatros; no es el edificio ni sus patrocinadores! Los corredores mentales son llenados con tonterías, basura, desperdicios, — "heno" y "rastrojo," — si a usted le parece. Nosotros estamos impedidos hasta ese punto, como dice el dicho en el lenguaje de la computadora: "Si los datos que entran son basura los datos que salen tambien son basura."

¿Puede el científico hacer la pregunta: "¿Están todos los pensamientos y experiencias anteriores de una persona registrados en el banco de la memoria del cerebro? O, ¿es la mente como un cedazo que separa lo malo, lo deja caer, y nos guarda solamente lo bueno?" la revelación de Dios a nosotros por la Biblia y el Espíritu de profecía pueden responder estas preguntas. La ceremonia entera del santuario era presentada "para mostrarles que ellos no podían entrar en contacto con el pecado sin llegar a ser contaminados" (GC 419.8). El pecado deja una cicatriz en la mente aquí y una mancha en la copia en el cielo (OHC 227). Cada pensamiento es una semilla metida en el suelo de la mente (4 T 366.2). Cada pensamiento, palabra y acción de nuestras vidas se nos reunirá de nuevo porque los ángeles están a nuestro lado para hacer un registro de nuestras palabras, conducta y comportamiento (5 T 466.3; DA 302.5; PP 218; CH 416.2). El profeta Jeremías declaró: "El pecado de Judá escrito está con cincel de hierro, y con punta de diamante; *esculpido* está en la tabla de de su corazón y en los cuernos de sus altares" (Jer. 17:1).

Es el registro mental de nuestra vida el que nos indica quiénes somos. Una persona que sufre amnesia es la que no puede recordar su pasado. No solamente nosotros tenemos un registro en el cerebro aquí en esta vida, sino que Dios también mantiene un registro en los "libros de cielo". Ésto es como si un cuadro exacto de nuestro carácter, con los pensamientos y sentimientos, es trasladado como ellos ocurren a Su gigante "corredor de los registros" arriba (MM 184.4).

¿No tiene ésto sentido? ¿Qué tendría que tener Dios para mantener un registro en orden, para crearlo a usted o a mí otra vez en la resurección si nosotros moriremos? ¡Los gemelos pueden parecer idénticos, pero sus pensamientos son diferentes! Es por medio de la memoria de nuestras sensaciones y pensamientos en el pasado por la cual sabemos quienes somos. Jesús puede hacer la misma persona otra vez en la resurección cuando crea un cuerpo nuevo con un cerebro nuevo y grabar ese registro mental que ha preservado en cielo, en el cerebro del recién resucitado cuerpo e iniciar el pensamiento otra vez (GC 550.5).

El registro de los malos así como el registro de los justos es guardado en el cielo (RH 04-05-92). Cuando los malos sean resucitados, ellos continuarán su pensamiento en la misma sucesión de pensamiento exactamente donde ellos quedaron al tiempo de su muerte (GC 662.5, 664.4).

El carácter es el tesoro, la gran cosecha, de la vida (MB 90.3). "La muerte trae la disolución del cuerpo, pero no hace ningún cambio en el carácter" (5 T 466.4). "Es el carácter espiritual y moral el que tiene valor a la vista del Cielo, y éso sobrevivirá la sepultura y será hecho glorioso con inmortalidad por las edades interminables de la eternidad" (1 SM 259.1). Mientras formamos nuestro carácter aquí, éste es impreso en los libros del cielo (CG 562). Dios lo preserva hasta el día de la resurección (6 BC 1093).

El énfasis de los profetas en referencia a la memoria está en cuestiones morales y espirituales. Es importante entender, sin embargo, que en nuestras vidas diarias hay actividades comunes y pensamientos que pueden tener o no significado moral (1 SM 38–39). Éstos, así como ésos de significado moral, son registrados. A nosotros, como individuos, nos ha sido dada la libertad para pensar y hacer cosas dentro de la pauta de los principios de Dios (GC 285.4; cf. CT 342.9; AA 565). A Adán le fueron dados talentos y dominio sobre este mundo bajo Dios (PP 50.8). La ley moral está vigente todo el tiempo, pero puede no ser aplicable en cada situación. Déjenme ilustrarlo de esta manera. Si decido sembrar flores en mi jardín, puede que haya o no un principio moral involucrado. Si mi esposa es alérgica a estas plantas, y yo, mientras sé ésto, sigo adelante y las planto contrariamente a sus mejores intereses, se introduce entonces allí un asunto moral. Otra ilustración. A Dios no le importa si usted pinta su casa púrpura o naranja, pero a Él le importa si usted y su compañero se vienen a los golpes o pelean sobre el asunto.

Cuando Jesús venga de nuevo y levante a los muertos, todo será cambiado. Nuestras mentes serán traidas a la capacidad que Dios tuvo como intención original para la humanidad. Entonces nuestras memorias serán liberadas de las enfermedades del pecado. Nuestras mentes tendrán muchas capacidades más grandes para pensar y actuar (COL 332.7; GC 677.4). Nuestra capacidad para razonar, deducir y recordar será profunda, más grande de lo que podemos imaginar.

Cuando ésto sea hecho por el gran Restaurador, el ojo de la mente tendrá libre acceso a todos los caminos mentales. Para prepararnos para ésto, Dios tiene la intención de borrar el registro del pecado. Él no quiere nada allí que sea una semilla para el pecado, nada allí que nos tiente a pecar. El servicio anual del santuario en el día de la expiación define lo que Jesús planea hacer por nosotros en el examen de los registros y al borrar el pecado. Aquí también nosotros vemos el precio que nuestro Redentor y su Padre han pagado por la restauración del templo del alma a su estado legítimo (DA 161).

1. *Enciclopedia Británica*, 1952, 1:145.
2. W. Penfield, *Anales del Colegio Real de Cirujanos de Inglaterra*, 29:77–84, 1961.
3. Louis Nizer, *Mi Vida en la Corte*, Doubleday & CO, 1961.
4. *Noticias Médicos del Mundo*, Sept. 12, 1969,

Capítulo 7

UNA MIRADA ESPECIAL AL REGISTRO

Al final del día 2300, tiempo de profecía, el Padre se levantó de Su trono en el primer cuarto del santuario divino, entró al lugar santo, y se sentó allí en Su trono. Poco después, Jesús se levantó y siguió a Su Padre (EW 55.4). Fue entonces cuando el Hijo del Hombre vino al Anciano de días (Daniel 7:13; GC 426.3). Fue entonces cuando el Señor vino súbitamente a Su templo (Malaquías 3:1; GC 426.3). Fue entonces cuando Cristo entró en el matrimonio (Mateo 25:6; GC 426.3). Fue entonces cuando el trabajo empezó, el cual culminará con la purificación del santuario (Deuteronomio 8:14; GC 426.3).

Dios espera que sigamos a nuestro Sumo Sacerdote allí por fe; (GC 430.4, 431.1) y sin embargo, todavía en 1890, Elena G. de White declaró: "Las personas no han entrado al lugar santo, donde Jesús ha ido a hacer una expiación por Sus hijos" (RH 02-25-90). Nosotros somos llamados a despertar del letargo espiritual, a estudiar el plan de salvación en conexión con el "día de expiación" y a participar inteligentemente, bajo la dirección del Espíritu, en el servicio. Nuestro estudio en este capítulo empieza con esa fase del exámen de los libros de registro, el juicio investigativo. Esta fase empezó en 1844 y se extiende hasta el cierre del período de prueba.

Algunos Adventistas parecen creer que la purificación del santuario con el borrar de los pecados de los que ahora viven [por favor note] ha continuado desde 1844 o aún antes. Algunos creen que los pecados son eliminados cuando son confesados. Dos referencias son citadas para mantener estas creencias. Ellas son:

"Dios juzga a cada hombre, según sus obras. No solamente Él juzga, sino que evalúa, día por día y hora por hora, nuestros progresos en el bien" (7 BC 987.6).

"Cuando el período de prueba se acabe, éste vendrá repentinamente, inesperadamente — en el momento en que menos lo estemos esperando. Pero podemos tener un registro limpio en el cielo hoy, y sabemos que Dios nos acepta; y finalmente, si somos fieles, seremos reunidos en el reino del cielo" (7 BC 989.7).

Dios **juzga** a todos, naciones, familias, e individuos, continuamente pero ésto no es el juicio **investigativo**. Cuando la cuenta del registro de una nación impenitente o persona está completa, entonces el período de prueba para él está terminado, y es dedicado a la destrucción (PP 165.8; 7 BC 987.9). De esta manera el período de prueba se ha cerrado para algunos de los malos mientras que ellos estuvieron vivos, desde que el pecado empezó en la tierra. Ésto les sucedió a los Sodomitas (PP 165.1). El juicio **investigativo,** sin embargo, empezó en 1844 y es solamente para los que tienen sus nombres escritos en el libro de la vida (GC 480.5).

Dios **juzga** cómo cada persona progresa día por día (TM 448). Él decide (juzga), en el momento del pensamiento o la acción, si es apropiado que sea recordada en el **libro del recuerdo** o considerada como un registro de pecado (4 T 63.1, 646.4; 4 BC 1171.9; 5 BC 1085.7; GC 480–1). De necesidad, nuestros registros son mantenidos al día (CH 416; MM 184.3). Pero no es hasta que **esta** vida esté terminada, por muerte o al tiempo del cierre de la intercesión de Dios a favor de los que ahora viven,[1] que la escena de la corte celestial toma lugar, los libros son **abiertos**, **investigados** y el registro de los pecados es eliminado (GC 486.2, 483.1, 428.5). Se nos ha dicho que es **imposible** que los pecados sean eliminados hasta después de la investigación del registro de esa persona (GC 485.5). El juicio investigativo cierra el período de prueba para esa persona cuando ésto ocurre repentinamente, inesperadamente (7 BC 989.7; GC 490.7). No hay segundo juicio investigativo para la persona.

La eliminación del pecado para los **vivientes** ocurre exactamnete poco tiempo antes de la segunda venida de Cristo (GC 485.4, 352.7). Esto sucede como parte de la expiación "especial" o expiación "final,"

---

1 Nota: Ninguno fue examinado antes de 1844 salvo Enoc, Moisés y Elías, los precursores de Cristo, y los primeros frutos de los muertos que ascendieron con Cristo

(EW 251, 253) y es parte del "último trabajo" de mediación (GC 428.1). Ésto es hecho para los vivientes justo al momento del "refrescamiento," el tiempo de la lluvia tardía (GC 485.4, 612.1). Elena G. de White declaró que todavía en 1900 el juicio investigativo no había comenzado en los libros de los **vivientes** (GC 490.6; EW 280.2; 1 SM 125.3; 6 T 130.7). La generación de los vivientes es la última en llegar al juicio investigativo (GC 483.2). El jucio investigativo de los vivientes **pudo haber tomado lugar poco después de 1844**, pero una parte faltaba por parte del pueblo de Dios. (Ev 696; GC 458.1; EW 71.8; 1 SM 174.9) ¿Cuál es la causa de la demora? Aparentemente el Señor tiene algo más que demostrar al universo sobre la naturaleza del pecado, que requiere nuestra cooperación (4 T 34–35; PP 41.4, 42.6; 5 T 526.2; 6 T 9–13). Quizás la iglesia remanente no ha comprendido completamente todavía todas las verdades que ellos necesitan saber y practicar para el final del tiempo. Por ejemplo, pocos, si alguno, de Sus partidarios en 1844 adoraban en el séptimo día de reposo, ni conocían el mensaje de la salud. La misericordia de Dios por los pecadores y la completa vindicación de Su nombre esta de por medio.

Dos grupos principales que han profesado la creencia en Cristo serán examinados en el juicio **investigativo,** (a) los que han muerto antes de este juicio y (b) los que serán investigados mientras todavía están vivos. Puesto que nosotros sabemos por referencias arriba mencionadas que el juicio investigativo no comenzó hasta l844, la pregunta naturalmente surge, ¿cuándo fue que Enoc, Elías, Moisés y los primeros frutos de los muertos, quienes ascendieron con Cristo, tuvieron su juicio investigativo y cuándo fue que sus pecados fueron eliminados? La respuesta a esa pregunta tiene que ser obtenida examinando a quienes forman ese grupo principal. Exactamente **cuándo** fue hecho ésto para los precursores de Cristo, no podemos decir, pero sabemos que ellos tuvieron que ser examinados y sus pecados eliminados antes de que fueran llevados al cielo (5 T 467.3; MB 141.9). Los tiempos y las estaciones, sin embargo, están en las manos de Dios. Él pudo dejarlos permanecer en la sepultura y haberse encargado de ellos después de 1844, pero Él decidió preparar a algunos y llevarlos al cielo más temprano que a los grupos principales para darnos esperanza (PP 88.3). Solo el porqué Él hizo ésto no debería disturbar nuestro entendimiento sobre los principios fundamentales del plan que Dios tiene para la restauración de los pecadores.

Antes de que sigamos adelante, nosotros deberíamos considerar brevemente la razón de Dios para traer cada motivo, pensamiento, palabra y acción a juicio (5 T 466.4; 5 BC 1085.7; 4 BC 1171.9; PP 218.1). **No debemos juzgar mal Sus motivos en ésto.** La divinidad, al igual que todo el universo no caído, tiene un profundo interés amoroso en cada alma. Ambos, el registro de nuestras malas acciones y Satanás nos acusan ante Dios. Dios quiere que nosotros seamos limpios. Él quiere que el ojo de la mente pueda examinar todos los "corredores mentales de la memoria" sin ser tentados a pensar mal o a tener una tendencia a cometer el mal. Para que ésto ocurra, Él tiene que examinarnos de cerca para librarnos de cada mancha y defecto de nuestro carácter (GC 487.4). Si de veras queremos ser liberados de **cada** registro de pecado, entonces nosotros deberíamos apreciar este exámen minucioso y expresar agradecimiento al Padre, al Hijo y a todos los que nos han ministrado (4 T 354.6).

En algunas ocasiones cuando hablo del registro del pecado siendo eliminado del registro mental para que ésto no sea recordado ni venga a la mente, hay algunos que consideran ésta una forma de amnesia y son perturbados por tal concepto. Por alguna razón, aunque ellos han renunciado al pecado, parecen no querer apartarse de sus caminos de la memoria. Personalmente, me alegraré de renunciar a esos malos pensamientos aunque mi tendencia natural es no hacer ésto. Por la gracia de Dios, no quiero ser tentado a pensarlos otra vez.

Además, si hemos rechazado repetidas veces, nuestros pensamientos pecadores y los superamos, ¿no sería una bendición que sean borrados, para que ellos nunca pudieran venir a la mente? ¿No haría alguna diferencia para nosotros en el cielo tener esa parte de nuestro banco de la memoria, perdida? Mis conclusiones son que no los necesitaremos. Nos daremos cuenta de que éramos pecadores y que teníamos una completa batalla mental con el pecado sin el real segmento registrado de ésto todavía presente en el corazón.

Dios sabe cómo borrar los cuadros sucios (el registro de pecado) de los corredores de la memoria y dejar los buenos (el libro del recuerdo), cómo dejar los pensamientos que serán examinados mentalmente por toda la eternidad. Confiaré en Su juicio.

Anteriormente en este capítulo citamos una declaración en el sentido de que "nosotros podemos tener un registro limpio en el cielo **hoy.**" La pregunta necesita repuesta. "¿Cómo puede ésto ser cierto si el registro del pecado permanece hasta el juicio investigativo de la persona y el cierre del período de prueba?" La respuesta radica en lo que Dios puede hacer por nosotros ahora. Él puede crear un corazón limpio en nosotros, **hoy** (2 SM 32.1). Puede trasladar la culpa de cada pecado de nosotros al santuario y escribir perdón sobre cada pecado,

hoy (GC 420.2). Puede cubrir cada pecado que sea confesado, por la sangre de Jesús, **hoy** (COL 311.7). Y cumpliendo cada deber conocido **hoy**, superando cada tentación y prueba por la fortaleza que es disponible a nosotros de parte de Dios **hoy**, podemos ser librados de pecar **hoy** (GC 425; 8 T 46.8; DA 664.7; 1 SM 409). La promesa ha sido hecha de que no hay excusa para pecar (DA 311.7). Cada provisión para el éxito ha sido hecha; pero no nos esforzamos por estar bajo el control del Espíritu Santo ni resistimos a la sangre. Nosotros, ni amamos la justicia y a nuestro Salvador lo suficiente, ni odiamos la iniquidad suficientemente. Mostramos poco entusiasmo hacia Cristo, estamos satisfechos con nuestro estado tibio, y somos espiritualmente pasivos.

El exámen de los registros en el juicio investigativo es ver si el carácter impartido, registrado en la mente es como el de Cristo; ver también la actitud de la persona y ver que todos los pecados sean confesados, perdonados y cubiertos. La culpa de todos los pecados de esa persona habrá sido removida al santuario en el cielo. Ambos, nuestro **libro del recuerdo** y nuestro **registro del pecado** deben ser examinados (GC 481). La parábola de Mateo 22, de la venida del Rey a examinar a los invitados a la boda, acentúa el examen del carácter **impartido** (COL 310-14). También el aceite en las lámparas de las vírgenes representa carácter (TM 234.1; 4 BC 1179) El manto de carácter que Dios nos atribuye fue construído en Cristo (4 BC 1179; MB 9.2; COL 203.5). Éste cubre el registro del pecado. El manto impartido fue construído en mí y es mío para usarlo por toda la eternidad (COL 310-12, 204.4; 4 T 429.5; Apocalipsis 19:8).

La gratitud debería fluir de nosotros hacia el Padre. Él sufrió por la posición de juez, despojado de los atributos de un padre, hacia el portador del pecado en el Calvario (TM 246.2). Él es el juez que preside la fase investigativa de las funciones de la corte (GC 479.5; Daniel 7:9,10; Hechos 17:31). Nuestro Salvador sirve como Mediador y Abogado para esa fase, pero Él tiene una posición como juez también (GC 482.8; DA 210.6; 9 T 185.6; RH 03-12-01). Él aboga solamente por quienes Él decide que son dignos de Su ministerio, cumpliendo su parte de las condiciones de salvación (6 T 363.9). Nuestro Salvador no lleva casos dudosos en Sus labios para implorar por su causa, con la esperanza de obtener una nueva interpretación de la ley en las cortes del cielo. Lo que era pecado hace seis mil años todavía es pecado hoy. No hay "nueva moralidad," solamente inmoralidad vieja disfrazada en un vestido nuevo de racionalización.

Por la virtud de Su muerte en la cruz, Jesús ha abierto un camino al trono de Dios para todo el que responda (GC 489.4). Con tristeza solo parcialmente percibida por la humanidad, Jesús y el Padre se alejan de quien no responda a Su amor y misericordia (TM 245-6). Oseas lo describe: "Efraín es dado a ídolos; déjalo" (Oseas 4:17). "¿Cómo podré abandonarte, Oh Efraín?" (Oseas 11:8). Esos Israelitas no Le dejarían expulsar sus arboledas sagradas (sus imaginaciones malas) ni traer sus pensamientos pecaminosos a la cautividad (Oseas 10:8-13; 2 Reyes 15:3, 4; MB 142).

Después del juicio investigativo para todos, Jesús renuncia a Su posición como mediador y se hace Rey y Juez (GC 485.6; EW 280; 7 BC 989.7; 4 T 387.8). En esta calidad, Él sentencia a los justos y a los impíos (RH 11-22-98; GC 490.9, 666.3). Dios ha designado a Cristo como juez para la fase final y ejecutiva del juicio, para llevar a cabo las decisiones de la corte del cielo (DA 210.4; Juan 5:27; Judas 14, 15). Será visto que los impíos se han, en efecto, destruído ellos mismos (Oseas 13:9; COL 84.9; DA 764.1). Ellos han rechazado la única salida de las llamas, que Dios envía para rehacer la tierra y para recompensarlos por sus continuos rechazos de Sus ofertas de perdón. Su castigo será de acuerdo a sus acciones en rebelión (GC 666.5).

Capítulo 8

CULPA

Cuando discutimos sobre el "pecado," es útil considerarlo en varios aspectos en relación al pecador. Después de que un pecado conocido es cometido, el pecador tiene tres cosas: un **sentido o entendimiento** de ese pecado, **culpa** de ese pecado y un **registro** mental de ese pecado (GC 420-1, 480; DA 752-3; MH 85.4). Éstos están en la mente de la persona y en la copia exacta en el cielo. Ellos permanecerán allí, a menos que algo sea hecho con respecto a ellos. La culpa del pecado envenena las buenas fuentes de la vida (TM 518.8). El registro del pecado puede, o iniciar una tentación del interior, o servir como una cuerda sensible (un corredor de asociación mental) a las tentaciones desde afuera por la vía de los sentidos. Ambos, la culpa del pecado y el registro del pecado tienen que ser removidos, y es importante darse cuenta de que ellos son dispuestos en diferente manera. Si nos ceñimos al pecado, finalmente seremos destruídos con la culpa cuando Dios purifique la tierra de todo pecado (COL 123.7; DA 763.8).

Es difícil en un estudio de las Escrituras y los escritos de Elena G. de White determinar en muchas ocasiones cuando el escritor usa los términos "pecado," "iniquidad," o "transgresión de pecado" si él (o ella) se refiere a la **culpa** del pecado o al **registro** del pecado o a **ambos**. Uno tiene que usar el contexto para determinar lo qué el escritor indica que es hecho con el "pecado," para distinguir lo que está bajo discusión.

La culpa del pecado es real. Es tan real como las leyes de Dios son reales. Algunos Cristianos encuentran problema con ésto. Ellos creen que la culpa no es real. Dicen que la culpa no es algo que pueda ser movida de un lugar a otro.

Imaginemos una escena de la corte en esta tierra. El criminal ha sido traído a juicio por robo. Hay testigos para justificar los hechos del crimen. Por una coincidencia, la policía tiene una buena película de la acción, y el criminal admite la ofensa. ¿Es él culpable? Sí. ¿Puede usted ver la culpa? No. Entonces, ¿cómo puede decir que hay culpa? Primero, hay una ley. Segundo, hay un recuerdo, un registro de la acción, con testigos. Tercero, existe el efecto del crimen en el criminal y en los otros involucrados.

La culpa es una cosa espiritual. La ley es una cosa espiritual. El amor es una cosa espiritual. Aunque no podemos verlos, existen y podemos ver los efectos de ellos. La culpa puede ser "percibida" por la mente.

El universo consiste en cosas materiales y cosas espirituales. Ambas cosas, materiales y espirituales fueron hechas en la creación, y son mantenidas por el poder de una Existencia personal,– Dios (MH 414.9).

Dios ha tomado precauciones para eliminar la culpa de nosotros. Cuando nosotros verdaderamente nos arrepentimos de un pecado, la culpa de ese pecado **no es cancelada** pero es alejada de nosotros por Jesús (GC 420.2; PP 356.2). Elena G. de White lo presenta de este modo. La culpa del pecado es "en realidad," **trasladada** del pecador arrepentido al santuario divino (GC 420–1). Esta declaración no podía referirse al **registro** del pecado, puesto que el **registro** es marcado como perdonado (GC 483.5), y permanece (GC 421.5), y es finalmente "borrado" después del juicio investigativo (GC 422.1, 483.5).

Esta **culpa** del pecador arrepentido es la entidad que contamina el santuario divino (PP 355–6; GC 420–1). La culpa de los impíos permanece señalada contra sus registros en el cielo y no profana los lugares santos, puesto que no fue trasladada por la sangre del Cordero.

Cuando sea completado el juicio investigativo **para todos**, por virtud de Su sacrificio, Jesús toma sobre Sí como Sumo Sacerdote toda la **culpa** de todos los pecados de los justos (GC 422.5; PP 356–8). Entonces, en presencia de todo el cielo, Él coloca la culpa sobre Satanás a causa de su responsabilidad como el originador del pecado y el tentador a pecar (EW 280–1). Cada pecado tiene que ser justificado (DA 761.8; 5 BC 1087).

Se hace aparente porqué Jesús es llamado "Portador de Pecado" (SR 225.8; DA 111.7, 685.7, 756.1). Él **soportó** nuestra culpa cuando estaba en Getsemaní y en la cruz. Como mediador, Él la toma de nosotros en la confesión y finalmente lo coloca sobre Satanás quien tiene que sufrir las consecuencias por todos los pecados que él hizo que los justos cometieran (GC 485.9). Cristo pagó la pena por nuestra parte en el pecado para que Él pudiera obtener el privilegio de soportar nuestra culpa del pecado (RH 09-29-96).

La "purificación del santuario" incluye la investigación de los libros de registro, la anulación del registro del pecado y la colocación de la culpa del pecado sobre Satanás (GC 421–2).

Satanás sabe que esta culpa será devuelta sobre él (EW 178). Naturalmente, él hará todo lo posible para impedir que ésto suceda. Usted puede ver ésto de las varias teorías falsas predominantes en cuanto a la culpa.

Muchos personas van a los psiquiatras porque tienen sentimiento de culpabilidad. En algunas circunstancias se sienten culpables innecesariamente. Ellos pueden sentirse culpables porque quebrantaron una de sus normas propias o las de otra persona. Si la regla fuera insensata en primer lugar, ellos no necesitan tener sentimientos de culpabilidad. Otras pobres almas se imaginan la culpa. Tales personas necesitan ser educadas en cuanto a qué constituye la verdadera culpa. El primer grupo debería reconocer que ellos no son en realidad culpables si pueden legítimamente revocar la ley.

Hay, sin embargo, verdadera culpa auténtica por la desobediencia de las leyes de Dios. Algunos psiquiatras tratan de excusar esta culpa de la misma manera como ellos excusan las clases arriba mencionadas. Digamos, por ejemplo, que un hombre comete adulterio. Después de un tiempo su sentimiento de culpa lo corroe hasta que él tiene los nervios destrozados. Entonces va donde un psicoanalista. El psiquiatra dice: "no deje que éso le moleste. Porqué, en algunas islas de mar del sur ellos ni siquiera se casan. En nuestro país, casarse es solamente una custumbre. Nuestras regulaciones del matrimonio son costumbres de la gente, nada más." Así el hombre se siente mejor. Sin embargo, su mejoramiento es solamente temporal, de modo que él busca el consejo de un predicador. ¿Qué dice el predicador? Algnos predicadores equivocados dirían: "no se sienta culpable, la ley fue clavada en la cruz." Ahora, supongamos que el muy arrepentido individuo va luego a un sacerdote. El sacerdote conviene con que la persona es culpable y aconseja una cierta cantidad de buenos trabajos y acciones de penitencia y después de ésto, él, un sacerdote pecador, lo perdonará y quitará su culpa.

Todas éstas actitudes equivocadas hacia las leyes de Dios y el plan de salvación han resultado en un infierno peor que el Infierno de Dante. No hay paz para los malos (Isaías 48:22).

Hay algunos filósofos que reconocen que hay culpa verdadera, pero tratan de difundirla tan extensamente que es difícil encontrarla. Cuando el Presidente Kennedy fue asesinado, hubo muchos que trataron de culpar a la sociedad por el asesinato. Hay mucha agitación en los círculos médicos y legales por encontrar un camino para alcanzar un consenso de opinión entre las actitudes de los abogados, psiquiatras y sociólogos en cuanto a la justicia criminal. En realidad llega a ésto: los sociólogos y psiquiatras nos harán creer que un hombre es un producto de la herencia y el ambiente, sin opción moral libre; y cuando él es enfrentado a una cierta cantidad de circunstancias y estímulos, tiene que reaccionar en una dada manera específicamente predeterminada (W. M. McGauhey, Calif. Med. 99:318, 1963). Ésto pone ahora la culpa por la acción, buena o mala, sobre alguna pobremente demarcada entidad llamada sociedad. Así, la sociedad tiene que aceptar la culpa y castigarse a sí misma y dejar libre al criminal.

Como resultado de haber escojido entre multiples selecciones, una persona se coloca a sí misma donde está. Así como una persona que empieza en un viaje tiene que proseguir a elegir el camino derecho a cada intersección, así tenemos que elegir correctamente las cosas espirituales repetidamente. Una persona puede viajar con compañeros de viaje no arrepentidos, cargar su mente con obscenas palabras de autores sucios, y vivir sobre una dieta de televisión, pasión y masacre, hasta que el crimen sea una consecuencia natural; pero cuando él hace algo malo, la culpa es suya y permanece suya hasta y, a menos que, por el elemento de renacimiento sobrenatural por decisión, se aleje de esa forma de vida.

Es interesante notar que la misma primera conversación que el hombre caído tuvo con su Creador, fue sobre la culpa. Adán trató de culpar a Eva por su pecado e indirectamente implicar a Dios, puesto que Dios creó a Eva (PP 57-8). Eva entonces trató de culpar a la serpiente hipnotizadora, y así mismo a Dios por haber creado esa serpiente. Alrededor de este tiempo, la serpiente había perdido su voz.

Mi culpa no puede ser removida por el diestro razonamiento del psiquiatra, o por la crucifixión de la ley, o sociológicamente extendiéndola delgadamente sobre la humanidad, de modo que no pueda ser vista. Ni el conocimiento de la ley, ni la ignorancia de la ley pueden eliminar la culpa (Romanos 3:20; 1 CO. 13:2; DA 744.9). No podemos atribuírsela a Dios con el truco de Adán. Dios tiene solamente un camino para librarnos de la culpa. Éste incluye arrepentimiento, confesión y creencia en Su plan de salvación.

Es una cosa muy difícil el aceptar nuestra propia culpa, admitir que es nuestra y decir que lo sentimos. Pero es una sensación maravillosa después de que ésto es hecho y somos liberados **legítimamente** de la culpa. Jesús ha tomado medidas para la eliminación de toda culpa de nosotros. Aceptemos Su camino, el único camino que trae paz.

Capítulo 9

CARACTER

"Un carácter formado según la semejanza divina es el único tesoro que podemos llevar de este mundo al próximo" (COL 332.7; cf 5 T 466.5) Éstas son palabras asombrosas. ¿Sabe usted qué es un carácter? Algo tan importante como lo que debería estar a la cabeza de nuestra lista para estudio.

Las palabras "carácter" y "costumbre" ni siquiera aparecen en la Versión de Reina y Valera. ¿Cómo podemos saber qué ha revelado el cielo acerca de este tópico importante? Una definición del diccionario no es suficiente para tratar con cosas espirituales. Los conceptos de Dios no son tema de interpretación privada (2 Pedro 1:20). Tenemos que estudiar cómo son usadas las palabras por los escritores inspirados. Tendremos que mirar a Elena G. de White, la autora de la cita anterior, para ver cual es la definición. Con su discernimiento vemos que Dios usa otras palabras, parábolas y símbolos en las varias traducciones para enseñarnos sobre el carácter. En algunos lugares, los traductores han usado las palabras, alma, espíritu o mente en lugar de la palabra carácter. Palabras como camino, custumbre, manera e inclinación pueden ser usadas para denotar hábito.

Las parábolas e historias de Jesús trataron principalmente con la construcción del carácter (COL 23.4, 269.8). Con éstas, nuestro Salvador expresó más exactamente cómo la mente trabaja. La blanca vestidura de Apocalipsis 3, del Comerciante divino representa carácter impartido (4 T 88.8). El aceite de las vírgenes sensatas simboliza no solamente el ministerio del Espíritu Santo sino también el fruto del ministerio, un justo carácter impartido (COL 407.1; CG 173.3; TM 234.1). El vestido de boda de Mateo 22:11 simboliza el carácter impartido que debemos usar, mientras está siendo "tejido" en nuestras mentes por el "telar" del cielo (COL 311-2; 4 BC 1179; DA 762.5). Apocalipsis 14:1-4 indica la naturaleza del carácter que el pueblo de Dios tendrá en los últimos días(7 BC 978).

Las cuatro declaraciones formales, citadas más abajo, sobre el "carácter" escritas por Elena G. de White son de ayuda especial.

"...los pensamientos junto con los sentimientos constituyen el carácter moral" (5 T 310.3).

"Así, las acciones repetidas forman costumbres, las costumbres forman el carácter y por el carácter se decide nuestro destino para hoy y para la eternidad" (COL 356.6; cf. FCE 194.5; MLT 269.8).

"El espíritu, el carácter del hombre, regresa a Dios para ser preservado" (6 BC 1093).

"La mente es el jardín; el carácter es el fruto" (4 T 606.8).

En las referencias anteriores, parece bastante claro que el carácter es un resultado del trabajo de la mente. El carácter está en el cerebro y es mantenido en un registro en el cielo; y es, verdaderamente, el registro de los pensamientos, palabras, acciones, motivos y sentimientos del individuo (CG 562; 7 BC 987; 5 BC 1085).

¿Qué le pasa al carácter en la conversión? En la conversión el **corazón** es cambiado, pero el **carácter** no lo es (COL 97.3, 163.2; 1 SM 336.8). Nuevos motivos se apoderan del corazón y la persona trabaja con Dios para **desarrollar** un **justo** carácter, el **hombre nuevo** en Cristo Jesús. El carácter es "formado," "moldeado," "transformado" y "desarrollado". (COL 100.1, 331; DA 407.5). Es a través de la acción que el carácter es construido (MB 149.9).

El desarrollo de un carácter **justo** siempre ha sido un mandato de Dios (COL 391.3; 5 BC 1085; SC 62.2). No encuentro declaración que provenga de la pluma de Inspiración que diga que Adán fue creado con un carácter. Adán debía **formar** un carácter (SC 62.4). Cristo **desarrolló** un carácter perfecto (DA 762.5; COL 345.3). Cristo vino como "el formador del carácter" (COL 345.4).

Mientras estudiamos el tópico del carácter, nosotros leemos sobre sus rasgos **naturales** y **cultivados** (TM 416.8; FCE 278.1). Puesto que el carácter consiste en acciones y costumbres, sentimientos y pensamientos, ¿cómo pueden los niños heredar rasgos del carácter de sus padres? ¿Hay allí un tipo de modelo mental o registro de pensamiento, una especie de instinto, implantado en el cerebro por los genes?

Las respuestas a esas preguntas no nos son dadas precisamente. Las declaraciones de Elena G. de White que yo he encontrado, ser las más claras son citadas a continuación:

"A sus hijos les han sido transmitidos sus ragos de carácter y además de ésto, ellos copian diariamente su ejemplo de ciega e irracional pasión, impaciencia y mal humor" (4 T 495–6).

"En el corazón humano hay egoísmo natural y corrupción, que pueden solamente ser superados por la más completa disciplina y severa represión; y aún entonces ésto requerirá años de esfuerzo paciente y resistencia sincera" (4 T 496).

"Si antes del nacimiento de su hijo la madre es inmoderada; si es egoísta, impaciente y exigente, estos rasgos serán reflejados en el carácter del niño. Así, muchos niños han recibido como un patrimonio casi incorregibles tendencias a lo malo" (AH 256.3).

Se refleja el grado de moderación o falta de moderación de los padres en el niño, mientras cambia en fuerza física, proeza mental y poder moral. Éstos son parte de la herencia junto con los bienes terrenales que él recibe (PP 561.5).

Quizás el niño empieza a percibir alguna vez, sutilmente, las actitudes de la madre aún antes del nacimiento, en su limpio "pulido plato" mental (cf CDF 217.5; AH 436.5; Romanos 9:11). El corazón del feto empieza a golpear a la quinta semana. Los investigadores suecos, Doctores Wedenberg y Westin, (*Noticias del Mundo Médico*, 4-10-70, pp 28) han demostrado que el futuro bebé puede oír tonos tan temprano como doce semanas antes de un parto de tiempo completo. Inclusive, aunque las capacidades del feto son bastante limitadas, éste tiene un grado de responsos y recuerdos.

Aparte de esos rasgos **naturales** del carácter que el bebé puede heredar, el niño obtiene su mayor legado de rasgos del carácter, buenos o malos, mediante el diario ejemplo de los padres. Los hijos de padres malos "heredan" mediante la imitación de la vida pecaminosa (3 SG 291). "Los hijos desarrollarán caracteres semejantes a los de sus padres." Por otra parte, nos fue prometido que los hijos pueden también heredar costumbres de justicia del ejemplo de padres que temen a Dios (3 SG 291). "Los niños pequeños son un espejo para la madre, en el que puede ver reflejadas sus propias costumbres y comportamientos" (AH 267.7).

Hace algunos años nuestra familia pasó un año en Michigan. En una clara mañana después de una tormenta de invierno, mi hijo de cuatro años de edad y yo salimos a una caminata en la nieve. No habíamos ido lejos, cuando una pequeña voz de niño detrás de mí dijo: "Mira papi, estoy caminando exactamente sobre tus huellas." El impacto de las palabras me enfrió por un momento, cuando me dí cuenta de su profundo sentido. Momentáneamente, temí a la responsabilidad de la paternidad. Yo le respondí: "Magnífico, daré pasos más cortos; solamente no me sigas cuando me equivoque de dirección." De nuevo vino la respuesta: "Pero cómo sabré yo cuándo estás equivocado?"

¿Ha observado qué tan fácilmente un niño aprende a regañar? Si yo soy un tipo de persona irritable, regañón, no pasará mucho tiempo antes de que mi hijo me devuelva el regaño. Si el niño es rechazado por tal impertinencia, los juguetes o los animales favoritos reciben el regaño. ¿Podría ser que los "terribles adolescentes" sean un resultado del ejemplo de "padres terribles" durante su niñez temprana? Qué tan importante es que, "Cualquiera de los rasgos del carácter que ella [la madre] desea ver desarrollado en ellos [los hijos], ella tiene que cultivarlos en ella misma" (AH 267.7).

No todos los rasgos del carácter en un niño vienen de la influencia de los padres u otros asociados. Lo malo está todavía activo. Muy pronto los niños empiezan a originar y cultivar sus propios rasgos. Los padres tienen el derecho y la responsabilidad de pedir que Dios ponga una barrera de ángeles protegidora alrededor de sus hijos (CPT 110, 118.9). Un noble carácter no es heredado (PP 223.4; COL 331.3); pero por el poder de nuestro Salvador y por el ministerio del Espíritu Santo y los ángeles, cada uno de nosotros puede desarrollar un carácter justo (5 T 579.3; GC 469.7).

Dios nos ha dado los talentos y nosotros debemos formar el carácter (4 T 606.7; COL 331.4). El trabajo y la oración son ambos requiridos en el perfeccionamiento del carácter Cristiano (4 T 459.8). El **carácter impartido** de Cristo se nos da momento a momento, día a día, mientras hacemos la voluntad de Dios, del amor abnegado, por el poder que Él nos concede (AA483.2; DA312.5; 1SM366.8). La fuerza para el desarrollo del carácter se nos imparte mientras sometemos nuestros deseos a Cristo y requerimos su poder para trabajar por Dios (MH514.4; DA667). Tan pronto como nuestra alma se decida a actuar, de acuerdo a la voluntad de Dios, Dios imparte poder (TM518.1). Tan pronto como el paralítico respondió estando dispuesto a obedecer, Dios le concedió poder y él caminó (Juan 5). No hay una época en esta tierra cuando podamos decir que hemos alcanzado todo el desarrollo del carácter que deberíamos tener (7BC947).

Durante nuestro tiempo de prueba ahora, nuestro Salvador nos pide que quitemos "maleza" de nuestro propio jardín del carácter (4 T 337.8). Debemos "usar" el manto de de justicia de Cristo ahora (Ed 249.5; 5 T 472.5). Ahora es el tiempo de "lavar y planchar" (5 BC 1131). Debemos lavar nuestros mantos de carácter en la sangre del Cordero (5 T 215–6; 4 T 387.2). Dios lo ha dejado con nosotros para remediar los defectos en nuestro carácter, y limpiar el templo del alma (5 T 214.7).

"El trabajo de superación es un gran trabajo. ¿Lo tomaremos con energía y perseverancia? A menos que lo hagamos, nuestras prendas sucias [carácter] no serán alejadas de nosotros. Nunca ncesitamos esperar que éstas sean quitadas de nosotros violentamente...." (EGW RH 10-12-61).

El carácter no será transformado en la segunda venida de nuestro Señor (AH 319.5; 4 T 429.6). El refinador planea hacer todo la "transformación" y "reorganización" durante el tiempo de prueba (2 T 355.3; Tm 236; GC425.4).

Yo escucho a algunos decir que ellos no dejarán de pecar hasta que Cristo cambie este vil cuerpo cuando venga. Algunos enseñan que una provision ha sido hecha para el perdón del pecado después de que se cierre el período de prueba. Cuando escucho éso, yo recuerdo esta declaración: "Algunas de estas personas nunca lograrán perfeccionar el carácter Cristiano porque no ven el valor y necesidad de tal carácter" (2 T 519.9)

Cierto; cuando miro a los que están alrededor mío y me examino yo mismo, pienso que: no puedo ver cómo puedo vivir sin pecar. Cuando miro atrás en la historia, veo el ejemplo de solamente una persona que vivió en esta tierra con los efectos heredados del pecado en Su naturaleza física pero no pecó. Solo sé que ésto puede ser hecho, simplemente porque Dios dice que será hecho (CH 634.1; 2 T 355.5; GC 623.1).

Es por fe que me sujeto a la promesa de obediencia perfecta. Si el Señor se deleita en nosotros, triunfaremos (Números 14:8).

"no es el trabajo de un momento, sino el de toda una vida. Creciendo diariamente en la vida divina, él no alcanzará la estatura completa de un hombre perfecto en Cristo hasta que su prueba termine" (4 T 367.1).

Cuando Jesús estuvo aquí, Él, ni heredó, ni adquirió un registro mental de pecado (5 BC 1128–9). Ninguna tendencia ni inclinación a pecar "descansa" sobre Él (5 BC 1128–9); sin embargo, Él tuvo que resistir la inclinación de usar Su poder propio cuando era tentado (7 BC

930) para que pudiera ser tentado y vencer tal como nosotros debemos vencer (5 BC 1082–3; Hebreos 4:15). Cristo no "poseía" "las pasiones de nuestra naturaleza humana decaída"; pero en cambio, Él no estuvo exento, ni inmune, de la tentación de ellas, mas fue tentado tal como nosotros lo somos (2 T 202, 509). El carácter de Cristo era perfecto, libre de pecado (DA 72, 762.4; 5 BC 1128–9). Borrando el registro de pecado, Él alcanza el mismo estado del carácter para Sus seguidores, quienes vivirán en la tierra durante el Gran Tiempo de Tribulación (GC 623.3, 425.4; COL 69.2). Como resultado de sus experiencias anteriores con el poder del mantenimiento, de Dios, y con el completo derramamiento del Espíritu Santo, sus caracteres quedarán sin mancha por toda la eternidad (5 T 579.2). Se nos ha dicho que Dios ha hecho Su parte tomando medidas para la restauración del hombre (5 T 610.5). El Espíritu y la Esposa dicen: "Ven" (Apocalipsis 22:17). La sangre expiada de Cristo está a nuestra disposición, el conocimiento está a nuestra disposición, el poder mental moral está a nuestra disposición y sin embargo, como una iglesia, estamos indiferentes o dormidos (5 T 457.2). "Me fue mostrado el pueblo de Dios esperando que sucediera algún cambio – un fuerte poder para aferrarse a ellos. Pero serán defraudados, porque ellos están equivocados. Ellos tienen que actuar, tienen que realizar el trabajo ellos mismos...." (1 T 261.3) Hay otro poder y fuente de recurso en el campo de controversia y a menos que prefiramos a Dios, Satanás asumirá control (EW 56.2; cf. Ev 599.3).

Capítulo 10

IMAGENES EN LOS CORREDORES DE LA MEMORIA

Ilustremos el "libro de la memoria," el "carácter" y el "registro de pecado" de otra manera. La pluma de Elena G. de White usa la frase "cuadros en los corredores de memoria" (5 T 610, 744). Quizás si usamos esta analogía, podemos ganar comprensión adicional acerca de los trabajos de la mente. Por supuesto, nos damos cuenta que no podemos hacer uso de ésta más allá de un cierto punto; la mente es temerosamente y maravillosamente hecha.

La frase "imágenes en los corredores de la memoria" expresa la idea de que trozos de información e imágenes mentales están presentes en el cerebro, como cuadros colgados en los corredores de la mente.

Algunos de estos corredores de la mente han sido atravesados por "el ojo de mente" muchas veces. Otros corredores mentales son rara vez, si alguna vez, atravesados. Las experiencias agradables en el pasado son más fácilmente recordadas (mentalmente revisitadas) que las que son desagradables. El ojo de La mente vacila en atravesar algunos corredores a causa de lo desagradable que se encuentra ahí.

De alguna manera, un corredor usado frecuentemente en la mente puede ser recordado fácilmente por el ojo de la mente. El ojo de la mente puede atravesarlo rápidamente con gran facilidad y con menos esfuerzo aparente. Tal es el resultado del aprendizaje o de la formación de los hábitos. Algunas de las imágenes son silenciosas, mientras que otras tienen atributos de sonido y otros sentimientos que los acompañan.

Más podría decirse acerca de esta conexión, pero dirijámonos específicamente a la mente en relación al pecado y la justicia.

Como un rebelde, nosotros tenemos dentro de la mente muchos cuadros de "pecado" colgados en las paredes de nuestra memoria. Alguna vez en el pasado, el ojo de la mente fue por ese camino por primera vez y colgó un cuadro mental pecaminoso. El pecado fue deseado en ese tiempo. En la situación hay un ambiente de culpa y placer pecaminoso.

Observamos que en muchas ocasiones algunos cuadros han sido embellecidos, agrandados y magníficamente enmarcados por imaginaciones adicionales agradables. Cada vez que el ojo de la mente fue por ese camino, agregó un tacto adicional al cuadro.

Observamos también que hay cuadros en los corredores que no tienen significado moral. Ellos no son ni buenos ni malos, tal como son juzgados por la ley moral. Mientras examinamos los corredores de la memoria de una persona no convertida, encontramos algunos cuadros buenos. Hay algunos que son cultivados y refinados, pero nosotros no encontramos cuadros "justos" (MB 94.7; GC 509.5; AA 233.8).

¿Qué pasa con las imágenes mentales en el proceso de la conversión y el arrepentimiento? Vemos unos cambios. Deseos nuevos, intereses nuevos y motivos nuevos tienen predominio. La aureola de culpa se acaba. Todos los cuadros pecaminosos en los corredores de la memoria son cubiertos por la sangre de Cristo. Ahora, el ojo de la mente anda con el Espíritu Santo y ha empezado a colocar un nuevo tipo de cuadro en los corredores de la memoria. Asistidos por nuestro Salvador, nuevas imágenes de los versículos de la Biblia, acciones justas de bondad, oración e himnos aparecen en las paredes. Mientras el ojo de la mente camina con el Espíritu, observa que no cada cuadro es bueno. Si el cuadro representa un pecado, el Espíritu Santo eventualmente llamará la atención del Cristiano dedicado para que ésto también pueda ser confesado, abandonado y cubierto. Mediante santificada oración racional y estudio de la Biblia, por los méritos de Jesús, Dios coopera con el Cristiano para escribir Su ley en el corazón y ponerla en los corredores de la memoria. Un carácter justo está siendo construído poco a poco.

De nuestra experiencia propia, vemos otro acontecimiento con el ojo de la mente. A veces, al atravesar un corredor mental, el ojo de la mente es atraído a uno de los cuadros que Jesús ha cubierto. Por los embellecimientos y la atracción pecaminosa, el ojo es atraído a reexaminarlo. El Espíritu Santo suplica al ojo de la mente, pero Él tiene que alejarse mientras el ojo de la mente va por su propio camino, remueve la cubierta y mantiene la reexaminación del cuadro pecaminoso. La aureola de culpa vuelve. ¿Qué debe hacerse? ¡El Espíritu Santo suplica! Una vez más ese cuadro pecaminoso tiene que ser rechazado, confesado y cubierto por el ministerio de nuestro Salvador y el Espíritu Santo.

Mientras el ojo de nuestra mente atraviesa los corredores de la memoria, Dios lo hará caminar con el Espíritu (Romanos 8:1; SC 63–64). En vez de pecar, Él nos hará permanecer dedicados a Él y pedir Su poder (gracia capacitadora) cuando el ojo de la mente sea tentado a reexaminar los cuadros pecaminosos en las paredes de la memoria o a entretenerse en algún nuevo pensamiento pecaminoso, que pide ser reconocido por medio de los sentidos o de la imaginación. Ese pedido de ayuda es registrado en el corredor de la memoria al llegar a ese punto y se convierte en un recuerdo de la ocasión, cuando el ojo de la mente vaya la próxima vez por ese camino (GC 481.4).

Con tiempo suficiente y repetido rechazo del cuadro pecaminoso, la atracción de éste se hace menor y menor. Sin embargo, ese pecado cubierto permanece (GC 487.1, 420–21).

Vendrá un tiempo, en el orden de Dios, en que algo más será hecho por Sus seguidores fieles. En el tiempo del juicio investigativo, Dios esencialmente preguntará: "¿Cuál es la actitud de esa persona hacia Mí y Mi gobierno? ¿Me quiere y quiere vivir con los santos del cielo? ¿Están todas las imágenes pecaminosas en sus corredores de la memoria abandonadas y cubiertas? (GC 483). ¿Qué está escrito en los corredores del recuerdo?" (GC 481, 483). Si las respuestas a estas preguntas encuentran la aprobación del cielo, entonces la órden será dada: "Borra esos cuadros pecaminosos. Bórralos (GC 483.6; 5 T 475; 4 BC 1178). Mi hijo los ha superado y no los quiere." El carácter que permanece es perfectamente libre del registro de pecado. No hay pecados ocultos para ser revelados. Ellos han ido de antemano a juicio (4 BC 1178). Esa persona le permitió al Espíritu Santo libre acceso a los corredores de su mente; y mientras los cuadros malos con sus costumbres habían sido revelados en su luz verdadera, ellos fueron fielmente rechazados en el poder del Señor. El Espíritu de Dios habita plenamente en la mente de ese seguidor.

Después del anulamiento del pecado y el completo derramamiento del Espíritu Santo, el ojo de la mente prosigue a colgar cuadros **justos** en los corredores mentales. Carácter, sensaciones y pensamientos en conjunto, serán desarrollados por toda la eternidad. Desde del tiempo de la anulación del pecado, el cierre del período de prueba, hasta que Jesús venga en las nubes de cielo y cambie la naturaleza física, el ojo de la mente todavía será perjudicado por las debilidades y degeneración del cerebro; pero por el poder de Dios bajo la dirección del Espíritu Santo, esa persona no peca. Entonces los cuadros pecaminosos no serán colgados en la mente (5 T 216.5). Porque después de que se borre el pecado y se termine el tiempo de gracia, no habrá tiempo futuro cuando la culpa pueda ser removida, los cuadros pecaminosos cubiertos y luego borrados. El trabajo mediador de nuestro Sumo Sacerdote proveído para ésto, desde el primer pecado de Adán al cierre del período de prueba, ha cesado para siempre (GC 425.5,614.2).

Los santos **no** dirán que son puros porque ellos todavía tienen la naturaleza física pecadora (AA 562.1; 2 SM 33.8). Ellos no tienen "carne sagrada" (2 SM 32.7). Todavía son tentados como Jesús fue tentado, hasta que Él venga en las nubes. Ellos se darán cuenta de que podrían pecar, pero que dependerán de ésa "gracia necesaria," ese poder procedente de Dios para obedecer, tal como Jesús lo hizo (AA 56.1).

Durante este tiempo de aflicción, el ojo de la mente sabe — mientras examina los corredores de la mente — que los corredores han sufrido los efectos del pecado. Hay bastante evidencia de una lucha. Hay cicatrices que permanecen (TM 447.5; OHC 227; 8 T 66.5). El cuadro, como era, permance; pero la parte en el corazón que representa el amor por el pecado, no puede recordar porque ha sido borrada (GC 620.4).

El ojo de la mente está bien enterado, por esas cosas que permanecen en los corredores de la memoria, justamente qué tan indigna una persona es (GC 620.4). Pero hay señales de triunfo registradas allí (GC 481.5). Las plegarias al Señor están escritas por todas partes. Esos corredores mentales que tenían las imágenes pecadoras tienen muchas evidencias de arrepentimiento (GC 481.5). El ojo de La mente claramente ve que sin la ayuda de Dios todo habría sido perdido (DA 98.7; GC 641.8). No puede ver nada acerca de lo cual se jacte (GC 619.1).

Durante el tiempo de aflicción, con la ayuda de Dios, la persona ejercita fe, esperanza y paciencia a un grado mayor que nunca antes (GC 631.2). La persona proseguirá a aprender lecciones de fe y obediencia. Tal como Jesús aprendió obediencia por las cosas que sufrió (Hebrreos 5:8), así también a la gente de Dios le es concedida la copa de aflicción (GC 641.8). Él ha prometido protegerlos en la "hora de tentación". La promesa es: "Mi gracia es suficiente para ti." (GC 486-7; PP 218.1; MLT 291.4). Ésta es la gracia capacitadora mediante la obediencia, la gracia por la que Jesús oró (AA. 56).

Un punto final debería ser hecho. Tal como se declaró en el capítulo 6, todo sentimiento mental e imágenes pensadas son registradas en el cerebro de una persona, en esta tierra y en el registro en el cielo. Todo lo que sucede en el registro original aquí es copiado exactamente en el libro en el cielo (GC482-3, MM 184.2). Es este "libro" en el "corredor de los registros," en el lugar sagrado, que nos representa allá en el cielo (CG428). Es mediante este registro que los santos son considerados que están en "el cielo" antes de que sean llevados físicamente allá (vea EW 55, 92; GC 427.6). Inversamente, lo que sea hecho mediante el ministerio de Cristo a este registro en el cielo, tal como las respuestas a oraciones y la anulación del pecado procedente del corazón, causa que la misma cosa le suceda al registro mental de los vivientes aquí.

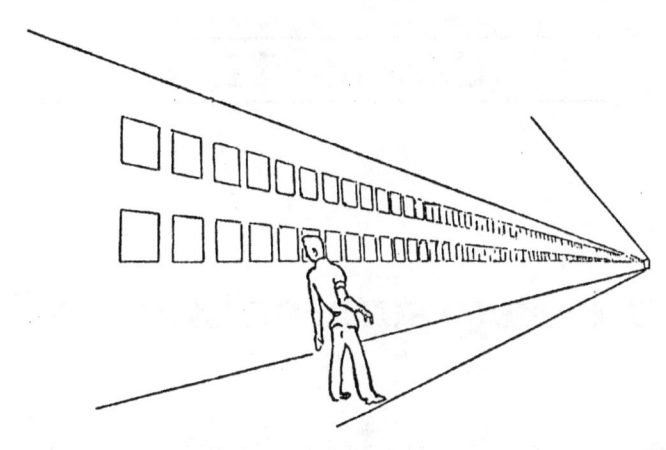

Capítulo 11

EL CAMBIO SUTIL DE LA MENTE

Después de que Adán y Eva comieron del árbol, ¿por qué Dios no aceptó su arrepentimiento y no dijo: "los perdonaré esta vez. Ustedes pueden estar en el Edén. Nunca hagan éso otra vez." Puesto que ellos habían confesado su pecado (PP 61) y prometido obediencia implícita para el futuro, (SR 41.2), ¿cuál fue el problema? ¿Fue Dios un ogro proponiéndose a enseñarles una lección? La respuesta gira alrededor de la dificultad con los "apetitos," "deseos," "inclinaciones" y "tendencias".

Hemos aprendido que una acción repetida llega a ser un hábito, y esos hábitos forman el carácter de la persona (COL 356.6). Los actos morales repetidos se convierten en hábitos morales, y los hábitos morales forman el carácter moral.

También hemos aprendido que los sentimientos y los pensamientos juntamente forman el carácter (5 T 310.3). Las sensaciones repetidas se convierten en apetitos y deseos. Estas sensaciones y pensamientos, registrados en la mente, influyen en las decisiones, sirven como impulsos, inclinaciones, sensualidades, pasiones, tendencias, prevenciones y prejuicios en nuestra vida diaria. Un inválido puede desarrollar un hábito fuerte de sentirse malhumorado pensando ansiosamente y quejandose acerca de sus enfermedades y problemas.

Se nos ha dicho que después del pecado de nuestros primeros padres, su "naturaleza" llegó a hacerse depravada (PP 61.8). Puesto que la naturaleza física sin duda no había cambiado así de rápidamente, esta declaración tiene que referirse a los cambios en las naturalezas espirituales y/o mentales. Espiritualmente, ellos estuvieron en rebelión, pero el arrepentimiento verdadero debió haberles devuelto la armonía con Dios, al menos por un tiempo. El problema era con la pequeña semilla de pecado que había sido sembrada dentro del jardín de la mente. Con el registro mental de pecado dentro de sus mentes, el poder de atracción del pecado era muy fuerte para ellos superarlo. Ellos habían sembrado una semilla; imperceptiblemente ésto se convertiría en un enredo de sentimientos y pensamientos, con las resultantes inclinaciones y tendencias hacia lo malo que produciría aún más semillas. Los ingredientes para un deseo de pecado habían sido plantados en el corazón. Sus mentes "cultivarían" estas plantas a causa de la apariencia engañosa del pecado.

Muchas veces es difícil distinguir una maleza de una planta deseable. Los retoños jóvenes son especialmente difíciles de identificar. Las plantas maduras pueden tratar de esconder su reputación verdadera bajo flores fragantes o artísticas hojas. El locoweed puede ser adornado con flores azules y moradas y el poison oak con hojas de amarillo y carmesí, pero el veneno descansa esperando bajo el disfraz. Justamente así, ciertas sentimientos y pensamientos pueden al principio aparecer inofensivos. El tiempo y un grado de desarrollo pueden ser necesarios para representar la naturaleza verdadera de una acción o concepto.

Simplemente cómo la mente del hombre funciona, es en muchos aspectos, un misterio (6 BC 1105; SD 105). La mente del hombre fue diseñada para tener apetitos, deseos, inclinaciones y tendencias por las cosas buenas en el universo de Dios (CDF 167; 2 T 408; 4 T 498; 3 T 491). La entrada de lo malo pervirtió este diseño funcional, para perjuicio del hombre. Ahora tenemos que luchar con tendencias e inclinaciones pecaminosas.

Estos cambios en la naturaleza mental que causan tendencias malas o inclinaciones pueden ser, en lo que a su origen se refiere, clasificados de la siguiente manera: (a) natural, procedente de nuestros antepasados, (b) heredado, de nuestros padres o guardianes, (c) cultivado, de nuestro propio plantado de la semilla a través de los sentidos y de nuestras imaginaciones.

Nosotros recibimos de nuestros antepasados problemas físicos, intelectuales o debilidades morales de grado variable e instintos (naturales) en los corredores dentro de la mente que nos dan tendencias a responder a favor del pecado (5 BC 1128). Inclusive el niño más pequeño responde con enojo cuando todas sus necesidades no son satisfechas según sus deseos.

Durante la infancia nosotros "heredamos" rasgos mentales del carácter, de nuestros padres y compañeros cercanos viviendo con ellos. Inconscientemente recibimos la impresión de sus acentos, peculiaridades y hábitos para bien o para mal. Vemos ejemplos de todo ésto alrededor de nosotros. Los órganos anatómicos del habla son los mismos para el más sureño en América como para el de Inglaterra, pero de algún modo la articulación de las palabras las hace sonar muy diferente.

Los pensamientos impuros pueden apoderarse de la imaginación. Éstos pueden ser extendidos, "cultivados" o "albergados". Nosotros podemos devorar una novela de sensualidad y matanza o sentirnos extasiados con las intrigas y anarquía de la televisión. Todas éstas siembran semillas de la variedad cultivada.

Otra vez nos hacemos la pregunta: ¿por qué Dios no permitió a Adán y Eva empezar todo de nuevo en el jardín, como si nada hubiera pasado?

Satanás había hecho tres grandes quejas acerca de la ley de Dios. Él declaró que ésta era imperfecta, necesitaba ser cambiada, y no podía mantenerse (DA761–3; PP 38, 69). Estas acusaciones tuvieron que ser satisfechas. Inicialmente parecía que Satanás tenía razón. El plan de Dios debía comprobar, con los mismos que habían fallado y con sus descendientes, la falsedad de las acusaciones.

A Adán y Eva les fue dado un segundo período para ayudar a vindicar el diseño de Dios para el orden del universo. Además de las condiciones para el perdón y la eliminación de la culpa de su pecado, Dios anticipó la necesidad de la eliminación de las semillas pecaminosas, raíces, tallos, ramas y flores de maldad en el corazón. Las entidades mentales que inducían a pasiones pecadoras, deseos y tendencias debieran ser eliminadas del jardín de la mente al borrar pecado, pero primero estas atracciones magnéticas a pecar tuvieron que ser rechazadas y superadas.

Dios no nos abandonó, ni nos ha dejado, para ser los instrumentos de nuestros prejuicios, tendencias, propensiones o inclinaciones (MB 142.1; MH 176.5; CH 440; 7 BC 943). En la conversión, Él desea darnos deseos nuevos, motivos nuevos y tendencias buenas (COL 98; 5 T 82; 6 BC 1101). Debemos superar las tendencias naturales, hereditarias y cultivadas permitiendo a Cristo, con Su poder, entrar en el templo del alma y echar fuera todo lo que contamina sus alrededores (DA 161.5). No debemos ser engañados pensando que **nosotros** podemos echar algunos de los ídolos queridos, por nuestra propia fuerza (DA 161.8). Ni podemos **nosotros** llenar la morada purificada con pensamientos santos sin Su ayuda (DA 323-4). El desarrollo de propensiones justas, tendencias justas y deseos justos viene del esfuerzo unido, Dios trabajando con el hombre.

Por fe Jesús trabaja en nosotros para construir hábitos justos. Nosotros obtenemos el beneficio, el carácter justo y le damos la gloria. El Padre lo llama: "la justicia de los santos"; nosotros lo llamamos "la justicia de Cristo" (Apocalipsis 19:8; Romanos 3:22).

Bajo la impresión del Espíritu Santo y los ángeles, nosotros debemos sembrar semillas buenas de versículos de memoria, salmos, himnos y meditaciones en el jardín mental. El suelo es humedecido por la gracia de Cristo, el Agua Viva (PP 412). El Sol de justicia debe vigorizar las plantas (DA 468.7, 677.2; 6 T 67.7). El aire puro de oración debe dirigir suavemente las plantas hacia el cielo. Así, debemos estimular, mantener y cultivar las tiernas plantas hacia la madurez en el corazón.

A pesar del camino por el cual los malos deseos etc. entran en la mente, ellos tienen que ser reconocidos por lo que son, rechazados y superados. El Espíritu Santo, ayudado por los santos ángeles, nos conduce a las Escrituras. Estas palabras deben "permanecer," deben cuidarse, en la mente (Juan 15:7; 4 T 355.3; MH 215.6). Cristo, trabajando junto con el Espíritu Santo, a través de las Escrituras, produce en la mente una buena conciencia. La conciencia debe controlar los apetitos y pasiones (MH 319.7, 399.1; 8 T 63.8; Tel 45.8, 216; 2 T 408.2; 5 T 314.5). Una **razón** bien informada debe controlar los trabajos de la mente (AA 311.5, 423.9; 2 T 473.9; 5 T 177.4; COL 114.8). Nuestra **voluntad** reforzada por el poder de Dios debe dominar las tendencias e inclinaciones (3 T 183.2; 4 T 215; 5 T 514). Dios está dispuesto a enviar todos los ángeles del cielo a nuestra ayuda en la batalla (EW 88, 262; GC 560.6; 7 T 17). Pero un ángel basta si estamos "dispuestos a ser hechos dispuestos" (ML 302-5; EW 170; 2 SG 278; MB 142.8).

Quizás la batalla en la mente y la victoria pueden ser ilustradas por el diagrama siguiente:

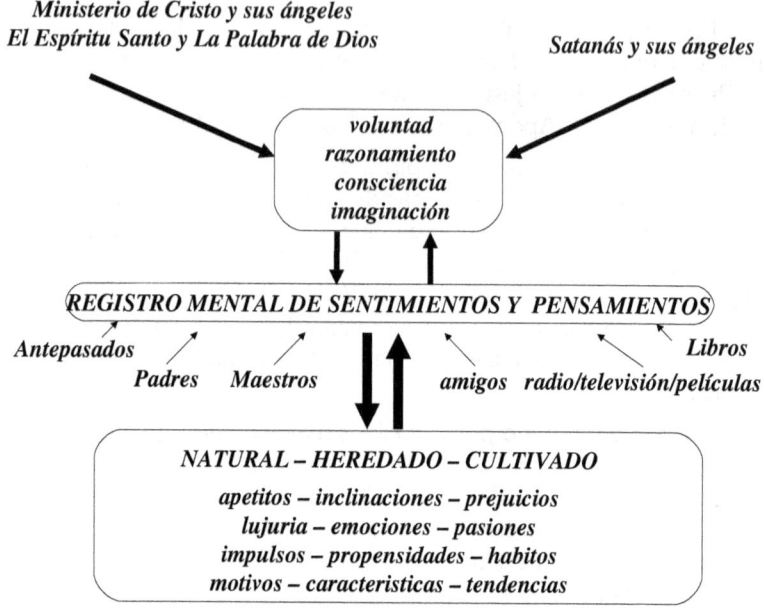

Ahora, ¿tenemos que batallar esas malas pasiones e incitaciones por siempre? ¿Seremos atormentados por tendencias pecaminosas del corazón, por toda la eternidad? ¡No! ¡No! La promesa es que en el tiempo oportuno y en la estación adecuada, Dios removerá, eliminará, borrará lo que sea necesario en el registro mental, de modo que lo que permanezca no origine una tentación en la mente ni sea una cuerda sensible a una tentación fuera de la mente. Él no ha prometido eliminar el registro del pecado inmediatamente después de nuestro arrepentimiento, más de lo que prometió eliminar los de Adán y Eva inmediatamente después de su arrepentimiento. Él cubrirá el pecado después del arrepentimiento y nos ayudará a superar ese viejo hombre de pecado y nos asistirá en la construcción de tendencias correctas **ahora**, pero nosotros tenemos que esperar el tiempo cuando el alma del santuario deba purificarse para borrar los pecados.

¿Perderemos esas viejas tendencias pecaminosas después de que sean eliminadas? ¿Cómo podremos? Durante nuestra vida de arrepentimiento y obediencia las hemos rechazado y hemos invocado el poder de Dios para impedirnos pensar en ellas. No nos preocupa que vengan a nuestra mente. En el cielo, agradeceremos a Dios que ellas se han acabado.

Si en realidad hemos seguido las direcciones de Dios y "arrojado" cada rasgo pecador, entonces Dios estará en libertad para borrar cada pecado. Sin embargo, ¿eliminará de nosotros, el amoroso y considerado Dios del universo, un deseo o tendencia a la que no podamos renunciar? ¿Arrancará de nosotros un apetito o tendencia idolatra? ¡No! Él tendrá que alejarse de nosotros con pesar y decir, "Efraín es dado a ídolos; déjalo" (Oseas 4:17). Pero el sufrimiento del Padre y el Hijo se escucha en otra parte diciendo, "Diles: Vivo yo, dice Jehová el Señor, que no quiero la muerte del impío, sino que se vuelva el impío de su camino y que viva. volveos, volveos de vuestros malos caminos; ¿por qué moriréis, oh casa de Israel"? (Ezequiel 33:11).

Si miramos el trabajo de una computadora personal, encontramos algunas cosas muy interesantes que nos ayudan a entender el borrar de pecados. En el programa de computadora que me es familiar, hay una secuencia interesante. Cuando le pido a la computadora borrar un cierto segmento de información en su memoria, la computadora responde preguntando, ¿"Qué quiere que sea borrado" Yo tengo que marcar el principio y el fin de la parte a ser borrada. Cuando yo especifico lo que debe ser borrado, pregunta: "¿Está usted seguro que desea éso borrado"? Yo tengo que decir "sí" o "no".

Justamente así, Dios nos probará repetidamente, después de que nosotros nos hemos arrepentido de nuestros pecados. "¿Quiere usted en realidad, cuando el tiempo venga, que ese pecado que está cubierto sea borrado"? Si nuestra respuesta es un consistente sí para todos los pecados, Jesús los borrará después de que el juicio investigativo sea terminado con nuestro registro.

Hay otro punto que podemos aprender de la computadora. La computadora tiene una cierta capacidad de memoria. Mientras trabajo en un manuscrito, la computadora trabaja almacenando los trozos de información en la memoria de la computadora. En orden de mantener la información, antes de que apague la computadora, tengo que almacenarla en un disco o su equivalente. ¿Qué sucedería si la luz se fuera mientras trabajo en el material? Todo en la memoria de la computadora sería perdido, borrado.

Dios mantiene un registro continuo de lo que pasa en mi mente, de mis sentimientos y pensamientos. Este registro está siendo registrado simultáneamente con lo que ocurre en mi mente. Si la capacidad de mi mente desapareciera (por muerte), en diez minutos, lo que estaba en mi mente ha sido perdido. Sin embargo, Dios puede crear un cuerpo nuevo y usar Su registro para grabar mis pensamientos en la mente nueva, y seré la misma persona.

Dios ha tomado precauciones para que los niños y bebés estén allí (2 SM 260.4; CG 566). La relación de uno o ambos padres hacia Dios "santifica" al niño (1 Corintios 7:14).

El Señor conoce a los que son Suyos (Juan 10:27).

Capítulo 12

TENTACIÓN AL REDEDOR—NOTA DE RESPUESTA POR DENTRO

Un estudio del tópico de la tentación revela que los seres humanos son tentados por los "atractivos del mundo," los "clamores de la naturaleza carnal" y por las "tentaciones directas de Satanás" (5 T 102; cf TM 445). Por otra parte leemos que, "Por pecado el completo organismo humano es perturbado, la mente es pervertida, la imaginación corrompida. El pecado ha degradado las facultades del alma. Tentaciones de afuera encuentran una nota de respuesta dentro del corazón y los pies se vuelven imperceptiblemente hacia lo malo" (MH 451).

¿Cómo nos tienta el mundo? Las tentaciones del mundo nos vienen de lo que ocurre en el mundo alrededor de nosotros, las presiones, los atractivos, las intrigas, todas estas "inducciones". Moisés, sin duda, tuvo mucho de ésto en las cortes de Egipto. En nuestra época nos enfrentamos con libros, revistas, carteleras, televisores, etc. Somos influidos por los estilos de nuestros amigos y enemigos. Estas tentaciones nos vienen por los nervios sensores de la vista, tacto, oído y otros.

¿Cómo es que lo carnal nos tienta? Ésto no puede significar el cuerpo físico, aunque el equipo físico es necesario para la transmisión de la sensación y para la ejecución de la respuesta. Ésta "naturaleza carnal" es el *sarx*, el "viejo hombre de pecado" dentro de nosotros. El *sarx* representa el conjunto total del registro mental de esa persona, de los pecados pasados, en el corazón, los que adquirió directamente de su propia imaginación, así como los que heredó de sus padres (2 T 74).

Esos pensamientos pecaminosos o acciones, perdonadas o no, se convierten en malos hábitos que a su vez construyen el carácter moral. Ellos no solamente pueden iniciar una tentación mientras comienzan un recuerdo de algo más del pasado, sino que a causa de las capacidades del camino de asociación de la mente, ellos pueden también servir como una seducción adicional o dibujo del interior de la mente para unirse en fortaleza, proveniente de un estímulo análogo exterior, por los sentidos. Este conglomerado de registros mentales de pecado puede así servir como fuente material para que el ojo de la mente o un recuerdo afectado por Satanás inicien una "tentación interior".

El diablo juega un papel en la preparación de los dos caminos mencionados arriba para tentar a una persona, pero tiene otro camino por el que puede tentarnos. Éste es el llamado una "tentación directa". Se nos ha dicho que Satanás usó su poder de hipnotismo con Adán y Eva y que trató de usarlo con Cristo (5 BC 1081). Leemos repetidamente en las Escrituras sobre la posesión del diablo. Sin duda, ésto representa el extremo del control del diablo sobre la humanidad. Elena G. de White nos dice: "tenemos que estar inevitablemente bajo el control de uno de los dos grandes poderes que luchan por la supremacía del mundo" (DA 324.4).

Aunque nos damos cuenta del grado en que el diablo es capaz de controlar las mentes de los hombres, bajo circunstancias ordinarias una "tentación directa" no representa el control de la mente al mismo grado como en hipnotismo o en posesión diabólica. Dios retiene su influencia en el primer ejemplo (GC 506–17; 1 Corintios 10:13). Nuestros ángeles guardianes se esfuerzan por contener la nube de la mala influencia de Satanás y sus ángeles (MB 119).

¿Estamos nosotros solos en esta batalla contra la tentación? ¡No! "Porque no tenemos un sumo sacerdote que no pueda compadecerse de nuestras debilidades, sino uno que fue tentado en todo según nuestra semejanza, pero sin pecado" (Hebreos 4:15). Nuestro Ejemplo nació con los mismos reflejos instintivos que regulan la función corporal y responden a los estímulos internos que tenemos. Su equipo físico, el cuerpo, los genes para Su cerebro y órganos físicos, fueron sometidos a la deterioración de cuatro mil años de daño hereditario (DA 117). Antes de seguir, tenemos que darnos cuenta de que deberíamos estudiar la naturaleza humana de nuestro Salvador con el mismo estado de ánimo que tuvo Moisés en la zarza ardiente (5BC1128–9; YI10-13-98). Las declaraciones tienen que ser cuidadosamente expresadas e inclusive luego pueden ser mal interpretadas.

Cristo no tenía registro de pecado natural heredado ni cultivado (5 BC 1131). Él mantuvo Su carácter sin una mancha de pecado (DA 311; E.G.W. en Preguntas en Doctrinas, p. 657).

Él no tenía tendencias malas ni pasiones malas (5 BC 1128; 2 T 509). Ninguna inclinación o tendencia a corrupción "descansó" sobre Él (5 BC 1128). Cuando Satanás vino a Él, encontró que "ni un solo pensamiento o sentimiento [de Jesús] respondió a la tentación" (RH 11-08-87; 5 T 422).

Y sin embargo, se nos ha dicho que Él "fue tentado, en todos los aspectos, como lo somos nosotros" y Él "sufrió siendo tentado" (5 T 422; 5 BC 1082; 7 BC 927). Cuando fue tentado, Él sabía que podía hacer Su propia voluntad (DA 117). El tuvo inclinaciones de usar Su fuerza propia en la batalla (7 BC 930). Cómo fue dispuesto para que fuera tentado en todos los aspectos **como** nosotros lo somos, y cómo fue inclinado a pecar sin tener una tendencia al pecado y sin una tendencia o inclinación a la corrupción descansando sobre Él, es un misterio (5 BC 1128).

Sin embargo, ha sido revelado que Él venció así como nosotros debemos vencer. La ley de Dios estaba en su mente y escrita en su corazón (7BC926). Él estaba controlado por la la completa habitación del Espíritu Santo en Él (DA123; 5BC1124). Él venció por el poder de Dios y por la palabra de Dios (DA24; 5BC1082-3; 7BC929). El oró por esa **GRACIA capacitadora** del Padre y no dependió de Su propia fuerza humana o divina (AA 56; 2 T 202, 508; 5 BC 1080, 1082, 1127; 7 BC930). Cristo sintió el completo poder de la tentación proveniente del mundo, así como nosotros (5T422;5BC1117). El no fue cegado por la belleza de una mujer, sino que resistió, por el poder de Su Padre, la tentación de la lujuria (5T422; 5BC1080-2, 117; DA71-2;7BC929). Él tenía los necesarios órganos físicos y reflejos, para vengarse del abuso verbal y corporal colmado en Él muchas veces (5 BC 1127, 1130), pero Él venció la tentación, y respondió bondadosamente diciendo: "No se haga Mi voluntad, sino la tuya" (DA 687-9, 208; 5 BC 1108; 7 BC 929). Cristo sufrió **directamente las tentaciones del diablo** tal como nosotros sufrimos. Aquí nuevamente, Él no se enfrentó al enemigo con Sus propias palabras o poder, sino que dependió de ese mismo poder al que nosotros tenemos libre acceso (5BC1082, 1108).

Él no necesitó tener un registro mental dentro de Él para ser tentado tan fuertemente como lo somos nosotros. Las tentaciones que Él tuvo del mundo y las tentaciones directas del diablo fueron más fuertes sobre Él que las que nosotros tenemos que enfrentar del mundo, de la carne o del diablo (DA166, 4T45; 1SM289).

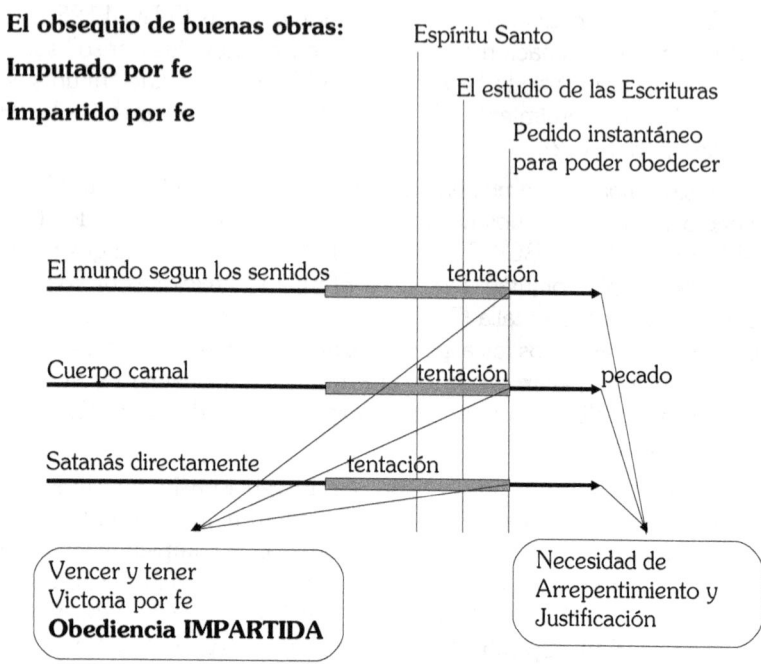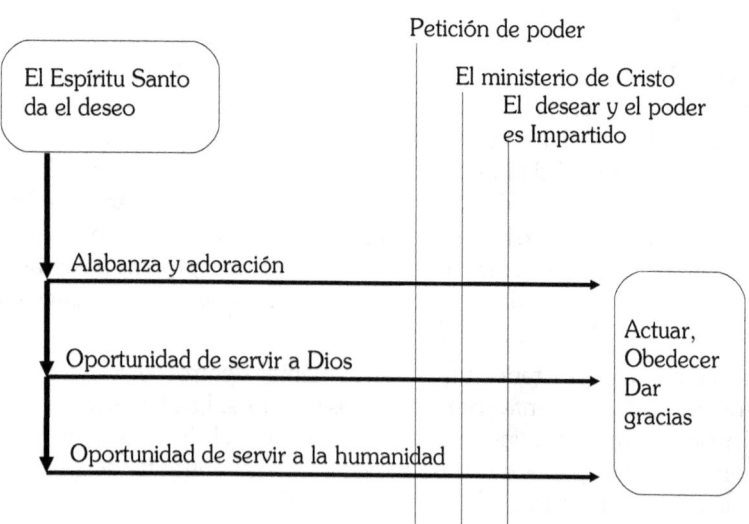

Ser tentado no es un pecado (Te192;4T358). Tener una tendencia o inclinación a responder equivocadamente a la tentación no es pecar (7BC930). Pero "entrar en" o "entretener" una tentación constituye el pecado (Te192; TM453–4). Si jugamos con la tentación, le permitimos a Satanás amplificar nuestros deseos interiores, o iniciar una cadena de racionalización y ganar la influencia que él necesita (4T258; DA121.1). Los siguientes puntos me han ayudado a vencer la tentación. Ellos me han dado esperanza de victoria.

1 Tenga un compromiso establecido con Dios en el cielo (DA324; MB92; 2T517). En sus oraciones de la mañana y la noche, pídale al Señor que lo cubra con su manto de justicia imputada, para que usted pueda estar "en Cristo Jesús" todo el día (1SM344; 6BC1078). **Pídale a Jesús escribir Su ley en su corazón para que usted simplemente ame hacer Su voluntad** (Hebreos 8:10).

2. No se coloque innecesariamente o presuntuosamente donde usted pueda ser tentado (DA126; 3T47,482; 2T222). Recuerde que el primer error de Eva fue que ella se alejó de su compañero, y luego pensó que ella podía enfrentar al enemigo, con su propia sabiduría y fortaleza (PP54.1).

3. Espere ser tentado, o probado, o tener la oportunidad de ser de particular servicio a Dios, a cualquier momento (Santiago 1:2; PP457).

4. Espere ser inclinado a ir junto con la tentación hacia el pecado (FCE423.2).

5. Espere que las personas en nuestra generación sean moralmente más débiles y necesiten más poder ahora que en épocas pasadas (3 T 488).

6. Espere que las tentaciones sean más fuertes en la medida en que nos acercamos al final del tiempo en esta tierra (3 T 571).

7. Ciérrele al pecado cada sendero del alma que usted pueda, y haga su trabajo dado por Dios (PP459–60). En otras palabras, evite los libros, revistas y programas de televisión que puedan contener material que podría tentarlo a entrar en uno de estos pecados "que pueden atacarlo más facilmente a usted."

8. No juegue con la tentación, no sea que usted racionalize que no es necesaria la obediencia (3T482–3;4T258, 493).

9. No espere vencer ni siquiera la más debil tentación en su propio juicio o poder (4T355; MB142; 1SM101, 333; DA382,676).

10. **PIDALE AYUDA A DIOS** (DA 300, 311)!! Crea que usted puede superar cada tentación **perfectamente** por el poder capacitador de Dios (MH 514; 6 T 306; 1 SM 409). Esté "dispuesto a ser hecho dispuesto" y Dios trabajará en usted para "querer y hacer Su buena voluntad" (MB 142; Filipenses 2:13; 2 Corintios 8:12).

11. Cuando sea tentado o sienta el peligro de tentación inminente, inmediatamente pida a Jesús poder para obedecer (COL 172; 4 T 542.9) Tome una postura activa en la batalla. "Dígale a su alma,'¿Cómo puedo yo deshonrar a mi Redentor? Yo me he entregado a Cristo; no puedo hacer las obras de Satanás' " (SL 90) Recuerde que Jesús ha explicado que "el secreto de su éxito estaba en **pedir** fortaleza y gracia en **Su** nombre" (DA 667.5).

12. Estudie las Escrituras y ore, puesto que el poder viene tanto de la Palabra de Dios como de Su Espíritu (Ed 126; DA 324, 466; GC 600). Estudie especialmente la vida de Cristo, nuestro ejemplo.

13. Si una tentación particular acosa repetidamente su mente, pare lo que esté haciendo, sufra con Dios en oración (COL 175; MB 141-2; 1 SM 409; 2 T 93). Déjele saber a usted, al Señor, y al diablo que usted ha renunciado a ese pecado. El Señor entonces tiene rienda suelta para controlar su voluntad. Cuando el Señor fue más severamente acosado, Él no comió nada, se comprometió a Dios, seriamente oró en sumisión perfecta al Padre y salió victorioso.

14. Evite prácticas de salud inmoderadas y drogas que interfieren con la razón (MH 130; Te 17-8, 174).

15. Si tropieza y se equivoca, no se desanime (COL 332; SC 64.4; 1 SM 337). Dios no le ha abandonado (MB 93.1). Recuerde que mientras Su ministerio continúe en el santuario en el cielo, si confesamos nuestro pecado, "Él es fiel y justo para perdonarnos nuestro pecado y purificarnos ...." (1 Juan 1:9).

16. Recuerde agradecer al Señor por la victoria (Ed 258). Agradezca que Él lo ha hecho "dispuesto a ser hecho dispuesto" y lo ha capacitado para hacer lo que Él desea (MB 142; SC 47).

17. Mientras su confianza en el poder de Dios crece, y su confianza en el yo se debilita, Dios le revelará más y más sus culpas y le dará oportunidades de alabar Su nombre (DA 208-9, 310, 313; MH 513.9). Usted llega a ser un testigo viviente de Su poder redentor para glorificar Su nombre. Aproveche al máximo las oportunidades con la ayuda de Dios (TM 510; MH 100, 513.9; AA 600).

Considere los sufrimientos de Jesús en la tentación cuando Él estuvo cuarenta días sin comida o agua (SOC 10). Él estuvo cerca de morir (1 SM 272, 288-9). En este estado de casi completo agotamiento físico, Él fue extremadamente vulnerable, y Satanás trató de aprovecharse de la situación. Pero por el poder del Padre, Jesús venció. Ésto da esperanza a la persona más severamente debilitada. En nuestro más bajo punto de degradación física, debilidad mental o dolor, en el tiempo de nuestra vejez, podemos confiar en la victoria (Isaías 46:4).

Tenemos la promesa de que Dios no nos permitirá ser tentados "más de lo que podemos," sino que haremos un camino de escape de la tentación (1 Corintios 10:13).

El camino que Él tiene en la mente no es a través de la tentación– transgresión – arrepentimiento – perdón – tentación – transgresión – arrepentimiento – perdón, y así sucesivamente, a pesar de que ésto es disponible por un tiempo. Él quiere que resultemos más que vencedores por el poder que ha hecho disponible a nuestra **súplica** y nuestra **demanda** (MH 514.4; Romanos 8:38; DA 672). "Obedecer es mejor que sacrificar" (1 Samuel 15:22).

Ser transformados por medio de la renovación del entendimiento es la promesa dada (Romanos 12:2).

Capítulo 13

JUSTICIA

Éste es un tópico muy discutido. ¿Qué significa, en los más simples términos?

Una sencilla definición fundamental declara que "justicia es correcta actuación" (COL 312) La frase "La justicia de Cristo" tiene dos aplicaciones principales de uso común.

La justicia de Cristo se refiere a Su inmaculado "manto" de carácter que Dios desarrolló en Jesús (impartido) mientras estaba en esta tierra, el cual Él puede atribuírnos por pecados pasados (1 SM 392-3). Ésto es la justicia de Cristo porque Él la elaboró y le perteneció a Él.

El término justicia de Cristo, en un sentido más amplio, se resume a ésto:–

(a) realizar la acción correcta de la manera correcta, — lo que Dios diga (DA 310.2; FCE 238).

(b) actuando por motivo de verdadero amor, (*ágape*), — amar a nuestro Dios y a nuestro prójimo (MB 18.3).

(c) mediante el poder de Dios disponible a nosotros, por la fe en Jesús (TM 92.3; DA 466; MH 514.3).

Siempre que estos componentes sean asociados con el trabajo de Jesús en Sus seguidores, ésto también es llamado justicia de Cristo. Nosotros somos los instrumentos en las manos de Dios, tal como lo fue Jesús. Ésto es lo que Jesús haría bajo esas circunstancias. Dios trabajó en Cristo para producir actuación correcta, y quiere trabajar en nosotros con el mismo propósito (CG343.5).

La "justicia del hombre" consiste en las "buenas obras" que un hombre puede hacer, basado en lo que él piensa que es correcto o lo que él puede hacer en su propia fuerza. La cultura y el refinamiento no son necesariamente una señal del trabajo del Espíritu de Dios (GC 509.5; MB 94.6). Algunos pueden escoger exhibir estos talentos para servirle al diablo o a ellos mismos.

Las Escrituras abundan en principios o leyes para guiarnos. Estas leyes pueden ser divididas en tres grandes categorías. Dios ha dado leyes para administrar las acciones, señalando lo que debería ser hecho y cómo debería ser hecho. En esta categoría colocaríamos los diez mandamientos y ésas que regulan el servicio del santuario. Luego, Dios dió leyes para regular los motivos. La ley principal es ese "nuevo mandamiento" del cual Jesús habló. Dios tiene además leyes que determinan cómo podemos realizar o ejecutar las primeras dos categorías de leyes. Ésta es la "ley del Espíritu de vida en Cristo Jesús" (DA 209-10; Romanos 8:2).

Hay algunos cristianos que profesan guardar los mandamientos de Dios que son, usted descubre despues de preguntarles detalladamente, referidos casi enteramente al "mandamiento nuevo" de Jesús, el cual tiene que ver con el motivo. Ellos ven una pequeña luz guardando el día de reposo del Señor porque, según su pensar, los diez mandamientos fueron clavados en la cruz. Ellos esencialmente dicen: "Si usted ama, no necesita reglas; porque si usted ama a alguien, **naturalmente hará lo que esa persona desee que usted haga.**" Hay dos graves peligros con este principio. Primero, nosotros no podemos saber cómo agradar a Dios ni a nadie más, a menos que les preguntemos qué les agrada. Nosotros tenemos que leer Su palabra y escuchar a Su Espíritu, si debemos aprender Su voluntad. A no ser que hagamos ésto, no haremos lo que Él prefiere. Segundo, desde que el pecado entró en esta contienda, nosotros naturalmente escogemos lo malo y somos incapaces de obedecer (GC 505).

Algunos, llevan mas allá ésta idea con la frase, "Ama a Dios y haz lo que quieras!" Si su deseo es agradar al Señor, entonces ésto puede trabajar. Pero hay una insinuación peligrosa existencial a tal declaración. El mismo Satanás originó ese concepto antes de que fuera expulsado del cielo. Él pensó que "...los ángeles, siendo más eminentes, no necesitaban limitación, porque su propio juicio era una guía suficiente. Ellos no eran seres que pudieran deshonrar a Dios; todos sus pensamientos eran sagrados; no era más posible para ellos que para Dios, equivocarse" (PP 37.7; GC 499.8). Él no ha cambiado esta máxima todavía. El espiritualismo aún enseña que "cada mente se juzgará a sí misma, y no otra" (CG554.8). Nosotros tenemos que rechazar este concepto. Solo Dios tiene el derecho de decidir lo que es correcto (Santiago 4:12). Nosotros tenemos el derecho de estar o no de acuerdo con Él, pero los resultados de la separación de Dios no han sido la utopía que Satanás prometió.

Hay otros supuestos Cristianos que demandan ser "bautizados por el Espíritu." Ellos hablan mucho del "amor". Ellos pueden tener algunos frutos que superficialmente se asemejan a lo bueno (Génesis 3:6) pero ellos también suprimen el componente clave de la justicia, obediencia a la ley de Dios que regula las acciones. En realidad, ellos son motivados por un espíritu malo que produce una falsificación. Ni hablar en lenguas, ni hacer milagros son una señal de las obras del Espíritu Santo, puesto que éstos pueden ser falsificados (2SM54.5;5T698; Ev599.3).

Los Adventistas Del Séptimo Día son acusados de guardar solamente las leyes que regulan las acciones. Es posible ser moralmente bueno sin ser un verdadero seguidor de Jesús. Nosotros no deberíamos ser engañados en ser un "simple humano moralista" (COL315.8). En cambio, nosotros no nos atrevemos a ser engañados en la desobediencia a ninguna de las leyes en las tres categorías, simplemente porque algunos no ven la ley completa y falsamente hacen sus acusaciones contra nosotros. Nosotros debemos mostrar esta acusación como lo que es, una mentira, combinando el amor y el trabajo de Su Espíritu en nuestras vidas, mientras le permitimos a Dios trabajar en nosotros en cada aspecto.

Consideremos estas tres categorías con más detenimiento.

Acciones: No había nada equivocado en la acción del pago del diezmo que fue hecha por el fariseo (MB79.2;DA617.2). Era su motivo el equivocado. Él lo hizo para ser visto por los hombres o por una recompensa de parte de Dios. Él pensó que puesto que había pagado su diezmo, Dios entonces le debía justificación. Sin embargo, las verdaderas obras justas son hechas para cumplir, por fe, un mandato expreso de Dios, no por la recompensa ni para obtener salvación, sino simplemente porque es esperado de nosotros (Lucas 17:7-10). Los elementos indeseables en la iglesia tienen lo que aparenta ser trabajos buenos, pero son motivados solamente por miedo al castigo o esperanza de una recompensa (COL 71.8).

Motivos: Humanamente hablando, Uza tenía un buen motivo cuando alcanzó la estabilidad del arca, pero su acción era equivocada. Él fue considerado responsable por el conocimiento que no podía haber recordado o no podía haber sabido (CG 597-8; PP 705-6). La lección para nosotros es ésta: no podemos hacer cosas justamente como lo hicieron los filisteos alrededor de nosotros, desconociendo la luz disponible para nosotros, aunque tengamos un motivo justo. Con la luz disponible para nosotros, se nos exige buscar la voluntad de Dios y no presumir de Su misericordia (GC 598).

Fuerza: Eva cometió el error de pensar que en su juicio propio y en su fuerza propia, ella podía distinguir lo malo y resistirlo (PP 54.1). Abraham tomó a Agar y empezó, con su fuerza propia, a cumplir la promesa de Dios de un hijo a través del cual el Mesías vendría.

La razón y el juicio son importantes, pero éstos tienen que ser guardados en perspectiva. "Dios es la fuente de todo juicio.... Antes de que los hombres puedan ser realmente sabios, tienen que darse cuenta de su dependencia en Dios, y ser llenados con Su sabiduría" (CPT 66). La razón tiene que reconocer la autoridad por encima de la razón misma (MH 438.9). Nuestra fe y confianza están basadas en lo que Dios ha revelado y, en un grado menor, en lo que nosotros hayamos experimentado en el pasado.

Abraham fue escogido para ser el ejemplo de quienes **confían** en Dios (PP 147.4). A él le fue pedido asesinar a su propio hijo, el hijo que debía ser el predecesor del Salvador de él mismo y de toda la humanidad. En ese tiempo no existía historia de una resurrección para apoyar su fe. Además, Dios tenía una ley fija que decía: "No matarás". Dios espera obediencia implícita por fe en Él, sea que pensamos que Sus requisitos son razonables o no. Pero es razonable estar seguros de cuál es la voluntad de Dios y estar seguros de que es Él quien habla y no otro.

En algunos asuntos nuestra fe debe estar basada únicamente en Su Palabra (5 T 701.1). Por ejemplo, ¿ es razonable mantener santo un período de tiempo desde el atardecer en la noche del viernes hasta el atardecer en la noche del Sábado? ¿Podría usted encontrar esa ley mediante deducción? Dios es autoritativo, pero contrariamente a la acusación, Él no es arbitrario (1 BC 1084; MH 114). Nosotros somos llamados a ejercitar fe, razón, y las otras facultades de la mente; pero si la obediencia no es necesaria hasta **después** de que podamos determinar una razón para la orden, ¿en cuál punto entran en uso la fe y la confianza? (SC 105–6; GC 527.4).

El hombre ha sido dotado con los poderes de la mente, poderes intelectuales y espirituales. Sin embargo, aún con todas sus dotaciones, él no puede guardarse del pecado por un momento o superar una sola tentación (DA 676.3). Pero hay poder mental y moral disponible a nosotros para superar la tentación y servir a Dios (MH 514.4; 1 SM 101.7, 381; DA 604). Todo lo que hagamos por nosotros mismos, sin la asistencia de Dios, es profanado por el pecado (COL 311.8; 1 SM

364.4). Pero nosotros **podemos** hacer **todas** las cosas correctamente si reconocemos nuestra necesidad y pedimos la ayuda de Cristo (Filipenses 4:13).

Cristo no ejercitó poder en Su propio favor, que el hombre no pueda tener mediante la fe en Él (DA 24.5, 664.8) Todos los trabajos realmente justos dependen de un poder exterior a nosotros mismos (8 T 316.4). Se nos ha dicho que **el secreto del éxito estará en pedir este poder en Su nombre** (DA 667.5; PP 509.2). Jesús espera que nos decidamos (DA 300.2). Él no impone Su poder sobre nadie. (MH 114.5; MB 142.5). ¿Pediremos Su ayuda o nosotros lo intentaremos solos?

Tenemos que esforzarnos por estar bajo Su control (1 SM 409.4). No solamente deberíamos nosotros confesar nuestros pecados y consagrar nuestra vida entera — cuerpo, mente y alma — a Jesús en nuestras oraciones de la mañana y la noche, sino que tenemos que estar instantáneamente listos cuando seamos desafiados por pruebas o tentaciones para **entonces** pedir ayuda (DA 382, 667.7; 5 T 177.5). Pedir esta fuerza en el momento de prueba, debería convertirse en un firme hábito para nosotros (8 T 314.4). Obtenemos justicia impartida pidiendo el poder impartido para obrar correctamente (DA 310-2, 668.8). "La santificación significa comunión habitual con Dios" (7 BC 908). Así es como Enoc "caminó con Dios" (1 BC 1087).

En la medida en que obtenemos los regalos impartidos, debemos al igual impartir a otros (TM 510.5). El circuito de las acciones debe continuar sin interrumpirse (DA 21.7). "Uno de los planes divinos para el crecimiento es compartir. El Cristiano debe ganar fuerza reforzando a otros" (7 BC 947). Ésto es lo que Jesús desea ver en Su iglesia (DA 827; 9 T 22).

Ahora, algunos pueden decir que ésto suena como justicia mediante obras. Hermanos y hermanas, Dios exige obras (1 SM 381.3; TM 240.6), pero no **solamente** por la esperanza de pago o temor al castigo (PP 523.6). Él dice: "Id y trabajad en mi viña." Es cierto que las obras no pueden salvarnos, pero es también cierto que no podemos salvarnos sin las obras (4 T 89.2; 1 SM 377.9). Aún así, piense otra vez, ¿cómo puedo yo atribuírme crédito a mí mismo por lo que haya hecho o pueda hacer, cuando **cada** cosa justa que hago es mediante el poder impartido de Cristo? (SC 63.4; TM 377). Yo debo tener hábitos de pensamiento para superar lo malo, que me sirvan en mi batalla con el pecado y el diablo, pero yo he obtenido éstos mediante las repetidas acciones justas de Cristo trabajando en mí (8 T 314.5; 6 T 162.8; PP 460.8). Estos buenos hábitos tienen que ser mantenidos por más acciones justas (4 BC 1182). La Gracia verdadera es solamente obtenida a través de la fe y humildad, obediencia llena de oración (4 T 89.3).

Nuestro entendimiento y presentación de la justificación por fe debería ser balanceado por declaraciones tales como las siguientes tres:

"El hombre no puede llevar a cabo nada sin Dios, y Dios ha organizado Sus planes así para no llevar a cabo nada en la restauración del alma humana sin la cooperación de lo humano con lo divino. La parte que se le exige sustentar al hombre es inmesurablemente pequeña, sin embargo en el plan de Dios es justamente esa fuerza la que es necesaria para hacer del trabajo un éxito" (MS 113, 09-08-98).

"El corazón orgulloso se esfuerza por ganar salvación; pero no solo nuestro derecho al cielo sino nuestra aptitud para él, están fundadas en la justicia de Cristo. El Señor nada puede hacer hacia la recuperación del hombre hasta que, convencido de su propia debilidad y desnudo de toda autosuficiencia, él se someta al control de Dios" (DA 300.2).

"Pero el hombre no es un ser pasivo para ser salvo en indolencia. Él es llamado a forzar cada músculo y ejercitar cada facultad en la lucha por la inmortalidad; sin embargo, es Dios quien suple la eficiencia" (CPT 366.4).

Para ambas, la vida natural y la vida espiritual debemos aprovecharnos de las facilidades que Dios ha hecho diponibles a nosotros (AA 284; PP 279.2). Dios no nos brindará forzadamente alimento material o espiritual. Nosotros tenemos que buscarlos. Dios suspira por nosotros y tiernamente nos toca mediante Su Espíritu porque somos tan débiles que todo lo que podemos hacer es "**estar dispuestos a ser hechos dispuestos**" (MB 142.8).

¿Qué se quiere decir con "justicia mediante obras?" Cuando una persona realiza "acciones buenas" con el propósito en mente de ganar salvación, *eso* constituye justicia mediante obras.

El apóstol Pablo escribió **en contra de** ciertas obras (Romanos 3:20–31). El apóstol Santiago escribió **en favor de** ciertas obras (Santiago 2:14–26). ¿Cómo podemos correlacionar lo que Pablo escribió con lo que Santiago escribió, ambos hombres bajo inspiración?

Pablo estaba **en contra de** las obras que fueran hechos para cumplir una promesa de Dios al hombre o para comprometer a Dios en deuda con el trabajador (Romanos 4:4). Pablo usó el ejemplo de Abraham, Agar y Sara para discutir este tema. El proyecto de Rebeca para ayudar a Jacob a obtener la primogenitura prometida es otro ejemplo. Ellos trataron de ayudar a Dios mediante una dificultad aparente.

Mientras hacemos lo que Dios nos dice que hagamos, nosotros no debemos considerar de ninguna manera que hemos **ganado** justificación, santificación o alguna otra recompensa (Gálatas 2:16; DA 300.2). En la parábola encontrada en Lucas 17:7–10, Jesús nos dice que debemos ejecutar las órdenes de Dios; y después de realizarlas todas, no esperar ni las gracias sino considerarnos nosotros mismos como sirvientes sin pago. Solamente hemos hecho lo que se esperaba de nosotros.

Algunos, sin embargo, han llevado este pensamiento muy lejos, a otro extremo, y se recuestan en sus sofás mentales con el pensamiento: "Puesto que las condiciones son tan difíciles y puesto que lo que hacemos no es de mucho valor, deberíamos dejar que el Señor lo haga todo". Quizás ellos agregan el pensamiento: "Después de todo, es el trabajo del Señor."

En nuestro celo por dejar conocer a nuestros críticos en otras iglesias que no creemos en la justificación mediante obras, hemos dejado sin mencionar el valor que Dios concede a nuestras obras buenas. Dios compara los verdaderas acciones justas con oro puro (4 T 88–89; 1 SM 381.3). Las obras que Dios acepta, las obras que Santiago apoya, son obras de creencia y confianza en Dios para cumplir una órden de Dios (Santiago 2:20–24).

Nada sería más desanimador para el fervor de un criado que decirle que vaya a hacer un cierto trabajo y decirle luego como despedida: "Antes de que se vaya, déjeme decirle ésto; Lo que usted haga no vale mucho." ¿Esperaría usted encontrar mucho trabajo misionero realizado por los miembros de la iglesia si creyeran tal concepto?

Las únicas acciones buenas que tienen "mérito" en el plan de salvación son las obras de Cristo. Además, aunque debo sentir con toda sinceridad que soy un sirviente sin pago, el Señor considera mis obras buenas como de valor verdadero. "En Su divina organización, mediante Su favor no merecido, el Señor ha ordenado que esas obras buenas serán recompensados" (5 BC 1122). ¡Pero ésa no es la razón para hacerlos!

Las obras buenas que Jesús realiza en nosotros, Dios las llama "Las acciones justas de los santos" (Apocalipsis 19:8). Sin embargo, los santos no se atribuyen crédito por ésas; ellos se refieren a esas acciones buenas como "La justicia de Cristo" (Filipenses 1:9–11).

Todo transcurre suavemente mientras nosotros mantengamos esa actitud mental. Le damos la gloria a Jesús, Él glorifica al Padre, y el Padre glorifica a Jesús y a los santos (Juan 17:1-11; cf. Mateo 25:31-40).

Yo propongo que nosotros sigamos el consejo de nuestro Señor de comprarle "fe que obra por amor y purifica el alma..." Apocalipsis 3:18; 4 T 88-89). Sigamos además el consejo de Pablo de "... que los tengáis en mucha estima [los hermanos que trabajan entre vosotros] y amor por causa de de su obra" (1 Tesalonicenses 5:13).

Capítulo 14

EL MINISTERIO DEL ESPIRITU

Hasta ahora no hemos hecho énfasis en la agencia por la cual Dios nos da poder para hacer lo correcto. El Espíritu Santo es el agente de comunicación entre Dios y el hombre (PP 405.5; 1 SM 134.2). Sin los trabajos del Espíritu nosotros no tendríamos el deseo de arrepentirnos (8 T 64.9). El es nuestro "consejero, santificador, guía y testigo" (AA 49.4). Note sin embargo, que las gracias espirituales derramadas por el Espíritu Santo en la lluvia temprana y en la tardía, vienen secuencialmente en las **épocas** y **estaciones** determinadas por Dios, y son derramadas, no en el curso de acontecimientos, sino como una consecuencia de nuestra súplica por ellas (AA 54-5; TM 506-8).

"Así, el poder dador de vida del Espíritu Santo, procedente del Salvador, penetra el alma, renueva los motivos y afecciones, e inclusive compromete los pensamientos a la obediencia a la voluntad de Dios, capacitando al receptor a merecer el precioso fruto de las santas acciones" (AA 284.5).

El Espíritu Santo habla a la mente a través de las Escrituras (1 SM 134.2; DA 671.3). Nosotros recibimos poder del Espíritu Santo y de las Escrituras (TM 518.1; MB 150.3). El trabajo del Espíritu Santo en el corazón debe ser probado por la Palabra de Dios (1 SM 43.6).

¿Cuáles son las varias relaciones del Espíritu Santo con la humanidad?

- Algunas son solamente limitadas por el Espíritu (GC 36.2, 614.2).
- El Espíritu crea un anhelo por algo que hombres y mujeres no tienen (SC 28.1).
- Algunos son solamente "tocados por el Espíritu" (MB 150.1).

- Algunos "ceden a Su poder de vez en cuando" (MB 150.1).
- Algunos son **guiados** por el Espíritu de Dios; **éstos** son los hijos de Dios (MB 150.1)!

Un amigo mío me dijo una vez que tenía miedo de permitir que el Espíritu lo controlara libremente, por temor a ser conducido a hacer algo tonto o fanático. En realidad, simplemente lo contrario es verdadero. Dios da el Espíritu de un sano juicio (2 Timoteo 1:7). El evangelio puede parecer insensatez, y el trabajador del evangelio puede aparentar ser fanático a los ojos de los no consagrados, pero no a los ojos de los seres que no han caído en pecado.

Para ser conducidos, tenemos que estar dispuestos a seguir. No debemos usar el Espíritu; el Espíritu debe usarnos (DA 672.5). Los que siguen al Cordero "por dondequiera que va" en el cielo, necesitarán haberlo seguido en esta tierra "por dondequiera que va" (AA 591.5). Dios desea que todos sean **conducidos** por el Espíritu. La culpa es del individuo. "Si todos estuvieran dispuestos, todos serían llenos con el Espíritu" (AA 50.4). Es nuestro privilegio colocarnos en relación correcta con Dios; entonces preciosas victorias serán obtenidas (1 SM 101.8; TM 240.5).

Si mi amigo, mencionado anteriormente, no desea ser controlado completamente por Dios, entonces ¿quién lo controla? ¿Está él bajo el control de su propia voluntad? ¿Tiene Dios una esfera en el universo que Él controla; tiene el Diablo una esfera que él controla; y tiene cada hombre o mujer, control individual sobre ellos mismos?

Uno de los puntos principales que Satanás hizo en su plan de rebelión era que cada ángel (GC 495.7; PP 37.6) y cada ser humano (Génesis 3:4,5) deberían seguir las reglas de su propia creación, y cada uno estar bajo control independiente (GC 499.8). Cada uno debía ser su propio juez(GC 554.8, 555.8). Pero, ¿ha resultado de esa manera? ¿Por qué le pidió a Jesús que lo adorara y luego le dijo que le daría el mundo? (1 SM 286.2). Jesús nos ha revelado la situación verdadera.

"Cada alma que se niega a entregarse a Dios está bajo el control de otro poder. No es su propio poder. Él puede hablar de libertad, pero está en la más miserable esclavitud. A él no le está permitido ver la hermosura de la verdad, porque su mente está bajo el control de Satanás. Mientras presuma a sí mismo de que sigue los dictámenes de su juicio propio, él obedece la voluntad del príncipe de obscuridad" (DA 466.3).

"Pero a menos que nos entreguemos al control de Cristo, seremos dominados por el inicuo. Tenemos que estar inevitablemente bajo el control de uno de los dos grandes poderes que luchan por la supremacía del mundo. No es necesario para nosotros deliberadamente elegir el servicio del reino de obscuridad, para estar bajo su dominio. Solamente tenemos que dejar de aliarnos con el reino de la luz. Si no cooperamos con las agencias divinas, Satanás tomará posesión del corazón y lo hará su lugar perdurable.... Podemos abandonar muchos hábitos malos por el tiempo que nos separemos de Satanás; pero sin una conexión vital con Dios, mediante la rendición de nosotros mismos a Él, momento a momento, seremos vencidos" (DA] 324).

El control ejercido por nuestro Salvador es muy delicado, de manera que "Bajo la influencia del Espíritu de Dios, el hombre sea dejado libre para elegir a quién servir" (DA 466.5).

"Dios no controla nuestras mentes sin nuestro consentimiento; pero si deseamos conocer y hacer Su voluntad, Su promesas son nuestras" (Ev 626.3). ¿Qué promesas son nuestras? Las promesas de liberación del control del error y del pecado.

En orden de ser controlados por el Espíritu Santo, tenemos que esforzarnos y buscarlo sinceramente (TM 459.8; HP 263; AA 56.5). En contraste, el diablo toma control de quienes no están decididamente bajo el control de Dios, sea que quieran su control o no (TM 79; DA 324, 587). Porque sirve a su propósito propio, Satanás ejerce control muy sutilmente para que pensemos que de veras estamos al mando de nuestro propio barco. Tarde o temprano, sin embargo, nosotros reconoceremos el piloto y el puerto de llegada.

Estar "con Cristo" consiste en algo más que simplemente no estar "contra Él" (Mateo 12:30). Cuando el día final de la decisión llegó para Lucifer y los ángeles en el cielo, todos ellos tuvieron que tomar una decisión (3 SG 37-8). Su "juicio investigativo" estaba a punto de realizarse.

En esa oportunidad Dios esencialmente dijo, Todo el que quiera vivir bajo el mando de Cristo, reúnase alrededor de Él. Todo el que desee estar bajo el control de Lucifer, reúnase alrededor de él. En respuesta a eso, una tercera parte de los ángeles siguió a Lucifer (SR 18.5). Describiendo esta historia, Elena G. de White hace un cambio, al llegar a ese punto, del nombre Lucifer al de Satanás (PP 41). El desafío fue entonces dado a los santos ángeles; si usted está verdaderamente en el equipo de Cristo, demuéstrelo echando a Satanás y sus partidarios fuera del cielo (MB 119.3; Ev 704.8; 7 BC 973). Los ángeles tuvieron que combatir con los que fueron sus amigos. Nadie pudo atenerse a observar y simplemente decir: "no estoy en contra tuya Señor!"

Como un resultado de esta batalla, los santos ángeles se decidieron más firmemente de parte de Dios, que antes. Entonces, en el Calvario, la enemistad mostrada por Satanás y su anfitrión apagó el último resquicio de simpatía que tenían para sus compañeros anteriores (7 BC 974). Cuando los santos ángeles miran a la cruz, ellos están protegidos contra los engaños de Satanás (ST 12-30-89).

Dios pudo haber hablado y expulsado al diablo y sus simpatizantes, pero Él escogió un camino que involucraba a Sus ayudantes en el cielo.

Los frentes de la batalla están ahora trazados aquí en esta tierra. ¿Estamos nosotros decididamente **a favor de** Cristo, o vacilamos en nuestras decisiones? Si usted está **a favor de** Cristo, Dios quiere que esté espiritualmente despierto, buscando sinceramente el derramamiento de Su Espíritu, momento a momento, y así poder participar con fervor en la gran controversia entre Cristo y Satanás. La limitación está en nuestra voluntad, no en la disponibilidad del Espíritu.

"Sería posible imponerle a usted la influencia del Espíritu de Dios con una intensidad un céntuple mayor; ésto no lo haría un Cristiano, un individuo apto para el cielo. La fortaleza de Satanás no será quebrantada. La voluntad tiene que colocarse al lado de la voluntad de Dios. Usted no es capaz, por usted mismo, de comprometer sus propósitos y deseos e inclinaciones en sumisión a la voluntad de Dios; pero **si está' dispuesto a ser hecho dispuesto**, Dios llevará a cabo el trabajo por usted, inclusive expulsando **imaginaciones** y cada altivez que se exalte a sí misma contra el conocimiento de Dios y poniendo en cautividad **cada pensamiento** a la obediencia de Cristo' " (MB 142.5 énfasis suplió)

Debemos entregar nuestra voluntad a Dios, pero ¿significa ésto que Él nos quita la libertad de elección? Dios pudo haberle ocultado a Adán acerca del comer el artículo prohibido (1 BC 1084), pero le fue dada a ejercitar la voluntad (MH 176.5). "Nuestra voluntad debe ser entregada a Él, lo cual podemos **recibir otra vez**, purificada y refinada, y tan **vinculada en simpatía** con la Divinidad que Él puede derramar sobre nosotros **mareas** de Su amor y poder" (MB 62.5 énfasis suplió).

Mientras Dios trabaja en nosotros para desear y realizar Sus deseos, debemos trabajar por nuestra propia salvación (8 T 312.7; 7 BC 978). El mundo entonces sabrá de Dios. "**encontrando** lo que la gracia divina **introduce**, el creyente se hace espiritualmente grande" (RH 11-01-92).

"El mensaje del tercer ángel ilumina la tierra con su gloria; pero solamente a los que han resistido a la tentación en la fuerza del Poderoso les será permitido desempeñar parte proclamándolo, cuando se convierta en una gran voz" (RH 11-19-08 énfasis suplido por el autor).

Nosotros como personas, definitivamente necesitamos una relación de experiencia personal con el Espíritu Santo y con este poder que es disponible a nosotros a través de la cruz de Cristo, que es más que capaz de mantenernos alejados del pecado. **Ésta** es la experiencia que necesitamos ahora y continuamente hasta el fin (5 T 213.5, 219–221).

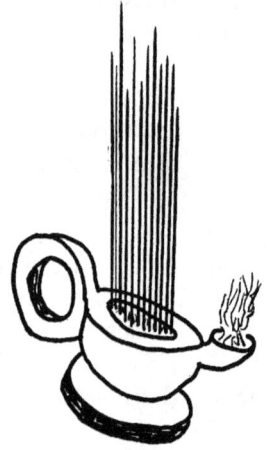

"El viento sopla de donde quiere, y oyes su sonido; mas ni sabes de dónde viene, ni a dónde va; así es todo aquel que es nacido del Espíritu"

— **Jesucristo**

(en Juan 3:8)

Capítulo 15

LA PERFECCION CONTRA LA MADURACION Y LA NATURALEZA DE LA HUMANIDAD

El tema de la perfección es muy importante en el contexto de la naturaleza de la humanidad. ¿Qué deberíamos saber acerca de la perfección? ¿En qué aspectos podemos ser perfectos? Hay quienes enseñan "perfección absoluta" y otros que enseñan "perfección relativa". Cuándo Jesús dijo: "Sed perfectos," ¿quiso Él decir, "Sed casi perfectos"?

La **perfección Relativa** enseña que nadie cesa de pecar nunca; ellos simplemente dejan de cometer pecados conocidos. Viven de acuerdo con todo el **poder** que inherentemente tienen. La teoría se basa en la escala logarítmica, de modo que hay una infinidad, más allá de los pecados conocidos, de pecados no reconocidos para ser suspendidos. Ésto significaría que tienen que cumplirse las condiciones para el perdón del pecado después de que se cierre el período de prueba. Según algunos Adventistas, los 144,000 continúan pecando y necesitan perdón durante el gran tiempo de angustia. Este concepto de relativismo confunde la idea de vivir sin pecar como resultado de crecimiento, maduración y desarrollo.

El mandato del Salvador, "Sed perfectos," es también una promesa (DA 311.4). Dios se ha comprometido Él mismo (pactado) a prepararnos para que después de que el servicio mediatorio de Cristo cese, **no cometamos de nuevo**, **nunca**, un pecado consciente o inconsciente. Él **no** ha aceptado perdonar los pecados y limpiarnos del pecado después de que el Sumo Sacerdote lance Su incensario y se convierta unicamente en Juez y Rey. Si alguien comete inclusive un solo pecado después de ese momento, está en la misma situación de Adán después de ese primer pecado. Él tiene dentro de él "conocimiento" de lo malo con la culpa y registro del pecado.

Dios quiere llevar a Su pueblo a creer que pueden vivir después de la prueba, sin pecar, pero el problema es que demasiados de nosotros no vemos cómo **Nosotros** podemos hacerlo. ¿Hay un Adventista que no crea que Dios puede mantener perfectamente a Su pueblo alejado del pecado, en el cielo, por toda la eternidad? Si ellos pueden creer éso, ¿por qué no pueden sujetarse por fe a la promesa que puede y hará esa misma cosa para Su pueblo después de que se cierre el período de prueba, mientras están en la tierra?

En general, nosotros conocemos la ley. Nos damos cuenta de que tiene que ser guardada. Nuestro problema parece ser que no hemos concentrado nuestro estudio y enseñanza en el **COMO** hacer éso que sabemos. Cuando una persona admite lo que debería hacer y sin embargo sabe por experiencia que no puede obedecer la ley, por su fuerza propia, puede llegar facilmente a desanimarse, afligirse, e inclusive a rendirse. Algunos profesados cristianos tratan de evitar ésto suprimiendo la ley. Algunos dicen, "Haga todo lo que **USTED** pueda, y Dios hará el resto" (vea 1 SM 381.5). Luego otros sugieren la teoría errónea de perfección relativa.

Triple Naturaleza del Hombre: La Biblia y los Testimonios revelan que la naturaleza del hombre es triple, — física, mental y espiritual (FCE 57.2). Hay una posibilidad de confusión en el tema de la perfección porque, como veremos, no todas las tres naturalezas de una persona pueden ser perfectas hasta que el tiempo adecuado o época para que cada uno sea perfecto, esté cerca. Los tiempos y épocas están bajo la orden de Dios (1 SM 189.4).

Por ejemplo, la carne santa (perfección de la carne) no es dada hasta que Cristo aparezca en las nubes del cielo (2 SM 33.7). No podemos decir "estoy sin pecado," hasta que el acto de redención sea hecho (AA 562.1; SL 10.3; GC 620.4). Además, el registro del pecado no será borrado hasta después del juicio investigativo para esa persona en particular (GC 485.4). Todos los efectos del pecado en el carácter, de esta manera, no serán completamente erradicados hasta que éso sea hecho.

Dos líneas de razonamiento nos ayudan a establecer que **el carácter** no será perfecto antes de que se se cierre el período de prueba, pero será perfecto antes de que Cristo venga en la gloria. Hasta la eliminación del pecado, el seguidor de Cristo tiene un carácter justo como parte del **carácter** dentro de él.

"Mientras avanza hacia la perfección, experimenta una conversión a Dios cada día; y esta conversión no se termina hasta que él alcanza la perfección del carácter Cristiano, una preparación completa para el último toque de la inmortalidad" (2 T 505.8).

"Cuando Él venga, no debe limpiarnos de nuestros pecados, quitar los defectos en nuestros carácteres, o curarnos de las enfermedades de nuestros temperamentos y disposiciones. Si es hecho por nosotros, este trabajo será completamene realizado antes de ese tiempo. Cuando el Señor venga, los que sean santos serán aún santos.... Ningún trabajo entonces será hecho por ellos para eliminar sus defectos y darles carácteres santos. El Refinador no se sienta entonces a continuar su proceso de purificación y remover sus pecados y su corrupción. Todo ésto debe ser hecho en estas horas de prueba. Es **ahora** que este trabajo debe ser realizado por nosotros" (2 T 355.3).

Algunos Adventistas se oponen a la consideración de las tres naturalezas del hombre, separadamente. Exactamente, la naturaleza espiritual y la naturaleza mental no son algo encerrado en el cuerpo físico para ser liberado en la muerte. Cuando una persona muere, todas las tres naturalezas ya no viven más, inclusive aunque los ingredientes aún existan. Una persona puede estar mental y físicamente viva mientras está espiritualmente muerta. Nicodemo estaba en este estado sin darse cuenta (Juan 3:3; Efesios 2:1).

Con nuestro moderno equipo médico, podemos mantener una persona físicamente viva por largo tiempo después de que ella está mentalmente muerta. Los órganos pueden ser transplantados de una persona a otra.

Satanás ha tratado de confundir esta doctrina de la triple naturaleza del hombre mediante varias doctrinas falsas. Él ha usado el dualismo de los filósofos Griegos, la reencarnación del hinduísmo, los fantasmas del espiritismo, y las tres formas de panteísmo, para oscurecer la claridad en este importante tópico.

El panteísmo es de interés especial en conexión con la consideración de la triple naturaleza del hombre. El panteísmo hace mucho más que una nulidad de Dios. Este intenta, por la gimnasia mental de redefinición de palabras, considerar el universo como una sola naturaleza, una **unidad**.

Una forma del panteísmo considera que las naturalezas mental y espiritual son naturaleza física, y así considera el universo entero **material**. La materia, la flor o el árbol, llega a ser Dios. La segunda forma convierte la naturaleza mental y física en naturaleza espiritual y considera el universo entero **sobrenatural**. En esa forma, Dios se convierte simplemente en un poder penetrante tal como la ley o el amor o la fe. La tercera forma intenta convertir la naturaleza espiritual y física en naturaleza mental, y considera el universo entero **mental**. La primera forma es representada por el comunismo ateo de Marx. La segunda forma es la teoría más ampliamente aceptada de la naturaleza del universo en el hemisferio occidental, y fue sostenida por filósofos tales como Hegel, Platón, o Espinoza (Vea "Realidad" en *Enciclopedia Británica*, 1952 Ed, Vol. 1, p 145). La tercera forma es representada por las teorías Cristianas Científicas de Mary Baker Eddy.

Las formas de panteísmo derribarán la distinción entre cosas materiales y cosas espirituales, entre lo natural y lo sobrenatural, entre lo común y lo sagrado, y entre humanidad y Divinidad.

Cuando Dios creó al hombre, Él tomó lo que necesitó de las cosas materiales y espirituales, creó al hombre con ésto y le dió vida (MH 414.9). Ésto no incluyó una "chispa de divinidad". Él creó al hombre para que fuera una **unidad** (**no una unión**) de una naturaleza física, mental y espiritual (Ed 55.2; FCE 57.2). El hombre fue puesto bajo la ley por los reinos físicos, mentales y espirituales (DA 827.6; 6 T 306.6). Cuando el hombre muere, los componentes integrales, cualquiera que ellos sean, Dios sabe, vuelven al estado que eran antes; pero las naturalezas espirituales, mentales y físicas del hombre dejan de existir en relación a esa persona. Todo lo que queda es el registro de Dios de los pensamientos y sentimientos que la persona tenía mientras estaba viva (COL 332.7; 5 T 466.4; 6 BC 1093).

La perfección contra la maduración: hay otro problema que retrasa nuestra habilidad para entender la perfección. Un cierto grado de confusión emana como resultado del fracaso en distinguir entre "perfección" y "maduración".

Podemos, por la ayuda de Dios, tener todo el **fruto** del Espíritu y dejar de cometer cada pecado **conocido** completamente; pero si recibimos o no uno de los **regalos** del Espíritu, es otra cosa. Nosotros no deberíamos comparar la perfecta cesación de pecar con la habilidad de hacer milagros o alguna otra gran acción. En cuanto concierne a nuestra habilidad para realizar obras para Dios, éstas dependen de nuestros talentos y cómo los desarrollamos, así como de las obras del Espíritu Santo. Debemos ser perfectos en nuestro círculo, del mismo modo, pero no con las mismas capacidades como Dios lo es (MB 77.8). Un niño no es capaz de hacer lo que se espera de un adulto (AH 196.4; CG 122.5). Pero un niño puede actuar perfectamente como un niño hasta el punto de lo que el niño puede hacer, en la fuerza del Señor. La infancia y la juventud de Cristo nos enseñan ésto (DA 71–4). Un **perfecto** capullo puede desarrollarse en una **perfecta** rosa en el jardín, sin embargo el capullo difiere de la flor completa. Este cambio de un estado a otro en el desarrollo, es lo que nosotros llamamos maduración, pero la maduración no indica si el cambio es perfecto o imperfecto, bueno o malo.

El amor perfecto del Padre hacia el Hijo era aún más grande después de que Él dió Su vida por nosotros (SC 14.3).

La perfección por la cual se instituyó el plan de salvación, debe darnos completa y absoluta libertad de los efectos de los pecados pasados y alejarnos de pecar actualmente. Mientras estudio la palabra de Dios, encuentro que ésta recuperación de los efectos de las transgresiones es realizada en etapas. El reino espiritual de Cristo ha sido establecido (Lucas 17:21), pero Su reino temporal no ha sido aún establecido (Juan 18:36; GC 347.8).

Por los méritos de Cristo nosotros podemos tener **perfecta** justificación ahora (2 SM 32.9) y recibir poder y dirección para el **desarrollo** de un **carácter perfecto** durante "esta vida" (CH 634.1; 5 BC 1147; Sp.T 2:32.5). Dios ha puesto a nuestra disposición todas las facilidades necesarias para poner fin a todos los pecados conocidos **ahora**, y para examinarnos nosotros mismos **ahora** de los pecados de ignorancia; pero hay algunas cosas más en depósito en el plan de salvación. "Esta vida" termina con el cierre del período de prueba para todos los vivientes, o con la muerte. Todos los santos desde Abel hasta la actualidad, han tenido acceso al ministerio del "sacrificio diario" en sus vidas. Algo más debe ser hecho por la generación, los santos que atraviesan por el juicio investigativo, mientras están vivos. Sin embargo, no tienen ésto exclusivamente. La misma cosa tiene que ser hecha por todas las otras generaciones; pero es hecho por los que serán trasladados de entre los vivientes **mientras estén vivos** en la tierra, y por los que estén dormidos en el Señor mientras descansan en la sepultura (EW 254.8, 280.3; GC 486–91; 5 T 692.2).

Además del desarrollo del carácter justo en la experiencia de la lluvia temprana, el efecto completo de pecado en el carácter debe ser vigilado. Durante el "corto tiempo de angustia," el carácter será probado y examinado más profundamente (EW 33, 85.5; GC 490, 528.9; PK 589.5; 5 T 214.7, 474, 570.3). Después del juicio investigativo, el registro de pecado será borrado y el registro mental será liberado de los efectos del pecado. El sellamiento y la anulación de los pecados, completa el ministerio por medio del cual el carácter será hecho perfecto (5 T 216.5; GC 425.4; 4 T 367.1).

Los que atraviesan por el gran tiempo de angustia, tendrán un corazón perfecto hacia Dios y un registro mental libre de pecado, pero todavía tendrán su mismo degenerado cuerpo débil. Entonces, cuando Jesús venga, las enfermedades de la carne serán sanadas (GC 645.2). Después del milenio, los efectos del pecado sobre esta parte del universo serán removidos (GC 674.1).

Capítulo 16

LA HUMANIDAD DE CRISTO Y EL PERFECCIONAMIENTO DE LA HUMANIDAD

En el capítulo anterior resumimos la secuencia por la cual la triple naturaleza de hombre es hecha perfecta. Ahora consideremos estos puntos en más detalle.

Perfeccionamiento de La Naturaleza Espiritual: — En la conversion, Dios crea en nosotros un corazón perfecto (COL 97.4; 4 BC 1165). Nosotros debemos alejarnos de todos los pecados **conocidos** perfectamente, y no ocultar nada a Dios. Nos dedicamos nosotros mismos, y dedicamos todo lo que tenemos, completamente a Jesús y decidimos hacer **con Su ayuda** todo lo que Él pida o pedirá de nosotros. Después de que nosotros nos reservemos para uso sagrado (nos "santificamos" nosotros mismos), Jesús lleva toda nuestra culpa al santuario divino y nos aparta para uso sagrado (nos santifica). La **naturaleza espiritual** es entonces perfecta. Bajo estas condiciones tenemos el derecho de reclamar santificación, reconociendo que la santificación es un proceso por el cual el pecado es removido **y** el vacío es llenado con las gracias del Espíritu Santo (2 SM 32.9; AA 566; COL 420.1). Con este corazón perfecto recibimos nuestro derecho al cielo (MYP 35.9). Es como estar "en la ciudad de refugio" (PP 516.9). Nosotros estamos "en Cristo Jesús" y esta relación tiene que mantenerse por nuestro propio **esfuerzo** para un corazón puro, continuamente (PK 591.1; 2 T 505–6). Es en este sentido que Noé y Job fueron perfectos (Génesis 6:9; Job 1:1).

Un corazón perfecto es producto de profunda y sincera examinación del alma, con oración ferviente y estudio. No es algo que podemos mantener una vez que lo obtenemos, sino que tiene que ser continuamente deseado y buscado. La conversión tiene que ser renovada, si cometemos y cuando cometemos un pecado conocido, pero tenemos que apresurarnos a agregar humildemente que Dios dice que no hay excusa para cometer un pecado conocido con las facilidades que Él ha hecho disponibles (DA 311.6).

Perfeccionamiento de la Naturaleza Mental: — Con este corazón perfecto debemos ponernos en camino, en cooperación con nuestro Redentor, a **desarrollar** un carácter perfecto (PP 460; 1 T 158.5; 2 BC 997). Ésto también es llamado "perfeccionar un carácter" (4 T 459.7; CPT 365.8). Ésta es la primera fase del perfeccionamiento de la naturaleza mental. Es llamado "no andar conforme a la carne, sino conforme al Espíritu" (Romanos 8:1-11).

Aún con la conversión y la consagración, todavía tenemos malas costumbres, tendencias hereditarias y cultivadas, a actuar erróneamente y conceptos falsos de las cosas de Dios. Dios no nos dice de una vez todo lo que espera de nosotros, para que no nos confundamos. "Él le dice [a Sus hijos] únicamente tanto...como ellos puedan recordar y hacer" (DA 313.9; cf 568.6).

Mientras Dios nos revela nuestras debilidades y culpas, **nuestro** "trabajo" es **esforzarnos** para estar bajo el control del Espíritu, para liberarnos de lo malo. En otras palabras, los justos no deben rendirse al control de lo malo (5 T 474.4).

Puesto que Dios nos dice que no hay excusa para pecar, y puesto que Él ha dicho: "Sed perfectos," deberíamos aprovechar estas promesas **cuando** las oportunidades estén al alcance. Ahora mismo Él está probando nuestros corazones y caracteres (4 T 85.1). Él quiere que sepamos y que sepa todo el universo, exactamente lo que nuestra actitud será hacia Él bajo cualquier circunstancia. Ahora mismo Él nos prueba con pequeñas y grandes oportunidades, con pequeñas y grandes tentaciones, y con pequeñas y grandes pruebas. La pregunta es: ¿trataremos de triunfar en nuestra fuerza propia, o iremos a Jesús en oración, pidiendo **Su** ayuda? ¿Dónde está nuestra fe? ¿Está en **nosotros mismos**, o está en nuestro Salvador quién quiere ser invitado a trabajar en nosotros y con nosotros para mantenernos alejados del pecado? Cuando decidimos seriamente no tener hada que ver con el pecado, entonces Él puede hacer algo con nosotros; entonces nuestras vidas serán una serie de victorias, con victoria sobre todo lo que nos acose, que Él permite venir sobre nosotros (EW 71.8; AA 531.5).

Todos los santos de Dios, desde Abel hasta el presente tiempo, tuvieron la perfección descrita en los cuatro párrafos precedentes, mientras estaban vivos.

Sin embargo, más debe ser hecho por los que atravesarán por el tiempo de angustia, manteniéndose sin un mediador, y ser trasladados. El carácter tiene que ser traído al estado del carácter de Cristo. Nuestros caracteres tienen que ser tales que Satanás no pueda encontrar nada en ellos que responda a sus tentaciones (GC 623.3). El corazón debe ser de tal modo que no abrigue ningún deseo pecador (GC 623.3).

Dios sabe cuánto desarrollo del carácter necesitamos para el corto tiempo de tribulación. El gran tiempo de tribulación requiere preparación adicional (GC 622). Dios ha revelado que el crecimiento es necesario. Este crecimiento ha sido comparado con el crecimiento de las plantas: "primero la hoja, luego la espiga, y el maíz en la espiga." Algunos tendrán que aprender en pocos meses lo que otros han estado aprendiendo por años (EW 67.8). Sin embargo ésto tiene que ser hecho. No puede ser evadido.

Ahora es el tiempo para que nosotros dejemos que el Espíritu penetre profundamente en nuestras mentes, examine todos los corredores de memoria, encuentre todas nuestras tendencias a lo malo, nos ayude a reconocerlas y nos fortalezca para superarlas. Una preparación más solemne tiene que ser hecha para recibir el sello de Dios y la "lluvia tardía" (EW 71). Mediante los fuegos de la aflicción y la tentación, encendidos por Satanás, el Señor preparará a Su pueblo para el juicio investigativo y para borrar los pecados. ¡Gracias a Dios que observa el horno de aflicción de cerca! (PK 589.9; 1 T 706.8; 2 T 269.2). No se sorprenda de todas las cosas en su vida pasada que Jesús traerá a su mente durante este proceso. Admítala, arrepiéntase de ella, y corríjala cuando sea necesario.

Aunque el cristiano tenga un corazón perfecto hacia Dios con toda la culpa del pecado removida, aunque haya caminado con Dios en el desarrollo de un carácter perfecto y haya vencido todas las tendencias pecaminosas y propensidades reveladas, algo más debe ser hecho por él en orden de obtener un carácter perfecto. El viejo hombre de pecado, el *sarx*, la suma y el total de los hábitos anteriores reconocidos y no reconocidos, aunque puedan haber sido "vencidos," permanece sin embargo en la memoria del corazón y tiene que ser borrada (cf GC 421; PP 202.6, 356–7). Además, toda la ley de Dios para la humanidad tiene que ser puesta en la mente así como en el corazón, para que la persona sepa lo que Dios espera en todas las circunstancias y ame hacer ésto. Dios planea que no cometamos ni un pecado conocido ni un pecado de ignorancia después del cierre del período de prueba (cf 2 T 691-2; EW 254, 281.5; 1 BC 1104).

En la conversión, Dios escribe Su ley de amor en el corazón mediante el Espíritu Santo (DA 176). El cristiano ahora ama la ley de Dios. Dios entonces procede a poner Su ley en la mente de esa persona. En la creación, Adán y Eva tenían el conocimiento y el amor de la ley de Dios (1 BC 1104; PP 363; 3 SG 295.5). Los años de pecado lo han borrado parcialmente de las mentes de la humanidad (cf PK 376; PP 363-4). A través de un estudio de las Escrituras y de la naturaleza, bajo la dirección de Su Espíritu, Dios revela a Sus seguidores, "... tanto...como puedan recordar y hacer" (DA 313.9). Pero si la humanidad debe abstenerse de ir contra la voluntad de Dios ignorantemente, Dios tiene que poner Sus requisitos en la mente como Él hizo por Adán en su creación. La version de la Biblia, *Dios Llega al Hombre*, expresa el pacto eterno de esta manera: "Por lo cual, este es el pacto que haré con la casa de Israel después de aquellos días, dice el Señor: pondré mis leyes en la mente de ellos, y sobre su corazón las escribiré; Y seré a ellos por Dios, Y ellos me serán a mí por pueblo;" (Hebreos 8:10, 11).El borrar el registro del pecado del corazón y la terminación de la escritura de la ley en la mente, ocurre en conexión con la expiación final y el juicio investigativo, y no antes de ese momento (GC 422, 485; 1 BC 1104).

Después del desarrollo del carácter durante la lluvia temprana, **después** de las pruebas del corto período de tribulación, **después** del sellamiento y el derramamiento del poder espiritual en la lluvia tardía, **después** de borrar el registro del pecado y la colocación de la ley en su totalidad en el corazón y la mente, **entonces, y no hasta ese momento, el carácter de la persona será perfecto** (4 T 367.1, 429.6; 2 T 355.3; 5 T 216.5). Ésto no significa que el carácter no se desarrollará (madurará) más a partir de ese tiempo. Se desarrollará más, pero la naturaleza mental estará perfectamente libre de los efectos del pecado, aunque el poder mental-moral sea, sin embargo, débil a causa de los efectos del pecado en el cerebro físico (cf 1 SM 271.9; DA 117.3; 2 SM 33.7). El carácter se desarrollará más **pero completamente sin pecar** durante el gran tiempo de tribulación y seguirá desarrollandose en el cielo (COL 332.8). El débil poder mental-moral se hace fuerte por el poder impartido de Dios.

En esta etapa de los acontecimientos, el fin del período de prueba para los vivientes, el pueblo de Dios, será como la **humanidad** de Cristo en ciertos modos vitales (5 T 235-7; COL 69.2; GC 623.2). [Nota: Cristo fue divinamente revestido de humanidad, pero la humanidad nunca puede ser ésto (DA 671, 675; 5 BC 1127-8)].

	Los Santos Vivientes	Humanidad de Cristo
Ellos amarán la justicia y odiarán el mal	3T266.8	Hebreos 1:9
Ellos serán sellados	5T212.6	Juan 6:27
El Espíritu Santo los llenará sin medida	MB215 GC477	BC1124 GC477
No tendrán culpa de pecado	GC620.3	DA 685 5BC1114
No tendrán registro de pecado ni en sus corazones ni en la copia en el cielo	5T214.65 GC623 GC421–2	BC1131 GC623
Con el registro de pecado borrado, no tendrán pasiones ni tendencia a pecar	GC623 EW271	5BC1128 5T422
Ellos tendrán naturaleza humana espiritual y pura, y naturaleza humana mental y pura, pero todavía tendrán la naturaleza física pecadora "Él [Jesús] tomó sobre Su naturaleza pura, nuestra naturaleza [física] pecadora...." (MM 181.7)	GC425, 623 5T216, 235 4T366.7 2T355	GC623.1 5T422 MM181.7 MH422.3
Hasta que Jesús venga, ellos todavía tienen las enfermedades de la carne,– la fuerza física disminuída el poder mental disminuído, y el valor moral disminuído que se ha acumulado.	GC491.2 GC645 2SM33	DA49, 117.3 5BC108 l 5BC1127–31 RH 09-04-00
Ellos serán tentados por lo malo y por las cosas del mundo a través de los sentidos, pero ya no serán tentados por el viejo hombre carnal de pecado.	EW271, 277 GC619 GC623, 625 cf.GC489	7BC927, 929 1SM255 DA116.9
Ellos todavía necesitarán el ministerio del espíritu, el ministerio de los ángeles, y el el poder capacitador de Dios	EW271, 279 GC618, 620 GC631 5BC1080	DA114, 126 4T109
Ellos irán directamente al Padre sin un intercesor, en busca de sabiduría necesaria y gracia	EW48.2 EW280, 283 GC 614, 620	PK691.5 AA56.1 5BC1080–2

	Los Santos Vivientes	Humanidad de Cristo
capacitadora (poder) tal como Jesús lo hizo (AA 56.1).	5BC1123 7BC926	7BC929–30 1T339–40
Ellos podrán pecar, pero no lo harán. No hay perdón después de que se cierre el período de prueba.	EW281 5T212–3	DA117.5 5BC1082 5 BC 1128
Ellos pueden tener una "sensación" de pecado, pero tener éso no es ni pecar ni ser pecador.	GC618–9	DA753.6
Ellos, diferente a Jesús, tendrán "un sentido de su indignidad." Ellos recuerdan el "hoyo del que fueron sacados" y se dan cuenta de que su estado de pura perfección de carácter es un regalo del Señor.	EW272 PP202 GC619–20 GC650.1	
Ellos no dirán: "soy puro," porque todavía tienen la carne pecadora.	2SM32–33 AA 562.1	

SOLAMENTE LOS QUE DEBAN SER TRASLADADOS SIN VER LA MUERTE, TENDRAN TANTO LA PERFECCION DEL CORAZON COMO LA PERFECCION DEL CARACTER, DESCRITAS EN ESTE CAPITULO Y LA LISTA ACOMPAÑANTE, MIENTRAS TODAVIA VIVAN EN LA TIERRA, DESPUÉS DEL CIERRE DEL PERIODO DE PRUEBA Y ANTES DE LA SEGUNDA VENIDA DE CRISTO.

Los primeros frutos de este grupo son presentados en las Escrituras como los 144,000 (Apocalipsis 14:1–5; 7 BC 978; GC 649). Podemos decir que Pablo y los otros justos muertos tuvieron un corazón perfecto y desarrollaron un carácter justo, por la gracia de Dios durante su vida, pero su carácter no fue perfecto mientras ellos estaban todavía vivos, porque el borrar el de pecado es una parte necesaria para que ésto exista, y el borrar el registro de pecado no podía ocurrir hasta después del juicio investigativo (PK 591; GC 483–7). El juicio investigativo no comenzó hasta 1,844 (GC 480–3).

Hay dos partes en la perfección del carácter. El hombre hace su parte, con la ayuda del Señor, mientras está vivo. Por este medio, él está preparado para que nuestro Sumo Sacerdote complete el trabajo que solo Él puede hacer; a saber, borrar fuera el registro del pecado y completar la escritura de la ley en el corazón y la mente.

Podemos decir que los precursores, Enoc, Elías, Moisés, y los que estuvieron con Jesús en Su ascensión, tuvieron su juicio investigativo y sus registros borrados más temprano que los que permanecen hasta Su segunda venida, porque ésto tiene que ser hecho para vivir en la presencia de Dios (EW 71; 1 T 705–6; GC 485, 646.9; SL 26.5; 5 T 467.3). No podemos comprobar **cuándo** sucedió ésto a Enoc y Elías antes de su traslado, porque ésto no ha sido revelado a nosotros.

La parte que Dios realiza en la perfección de nuestro carácter que incluye la anulación del pecado del corazón, es hecha para los justos muertos **mientras están muertos**. Esta es llamada la expiación "final" o "especial," una expiación de nuestro Mediador por los justos muertos mientras están dormidos, y luego por los justos que deban ser trasladados sin morir, **mientras están vivos** (EW 251.3, 253.9). Un intervalo de tiempo transcurre después de la expiación "final" de los vivientes, durante el cual los 144,000 viven en la tierra sin pecar (EW 271; GC 485). Seguramente, si Dios puede mantener a Sus santos alejados del pecado en el cielo por mil años o más, Él debería estar capacitado para mantenerlos fuera del pecado por un corto tiempo después de que se cierre el período de prueba en esta tierra.

Perfeccionamiento de la Naturaleza Física: — Cuando Jesús venga en la gloria, los muertos serán levantados. Él crea un cuerpo nuevo para ellos con una formación mucho más fina de materiales, e imprime los pensamientos de su carácter en el nuevo cerebro (6 BC 1093). Sus pensamientos empezarán donde cesaron, al momento de la muerte (GC 550.5). Las facciones físicas serán preservadas lo suficientemente para que los amigos reconozcan a los amigos (6 BC 1092–3; DA 804; LS 66).

Los santos vivientes serán transformados en un momento. El cuerpo nuevo será perfecto. La deformidad, los defectos de las enzimas, las células enfermas, los resultados de la vejez, serán todos corregidos. El tacto final de la inmortalidad es dado a cada uno (6 BC 1093). Nosotros creceremos con estos cuerpos inmortales.

Cristo, en el cielo antes de Su encarnación, era de más altura que el ángel más alto (4 SG 115.5). Mientras Él estuvo aquí durante Sus días de ministerio, fue "solamente un poco más alto que el tamaño común del hombre" en ese tiempo (4 SG 115.5). Cuando Él se levantó de la tumba, era del mismo tamaño que antes de Su muerte (4 SG 119.4). Él apareció glorificado; sin embargo los soldados, y más tarde Sus discípulos, lo reconocieron (DA 780.8, 804). Cuando ascendió al cielo, Él alcanzó la misma estatura que tenía antes de que viniera a vivir entre los hombres (4 SG 119.6). También nosotros creceremos en el cielo (GC 644–5; 4 SG 119.6) El bebé no permanecerá así por siempre.

Comentarios adicionales: — ahora se hace aparente el porqué es importante entender algunas cosas acerca de la naturaleza humana de Cristo. En Su humanidad Jesús tuvo la naturaleza espiritual pura y la naturaleza mental pura como Adán antes de su caída, pero tenía la naturaleza física pecadora de María después del Edén. A menos que entendamos Su naturaleza desde ese punto de vista, tendremos dificultad al explicar muchas declaraciones en la Biblia y en los escritos de Elena G. de White, tales como los siguientes:

"Él tomó sobre Su naturaleza pura, nuestra naturaleza pecadora..." (MM 181).

"... Su *naturaleza espiritual estaba libre de cada corrupción* de pecado" (EGW en *Preguntas en Doctrina*, pp 650–660).

"Él fue el hijo de María; Él era de la simiente de David, según la descendencia humana" (ibid).

"Por cuatro mil años la raza había disminuído en fuerza física, en poder mental y en valor moral; y Cristo tomó sobre Él las enfermedades de la humanidad degenerada" (DA 117).

"... a pesar de la humillación de llevar sobre Sí nuestra naturaleza caída..." (DA 112).

"Él también participó de lo mismo..." (Hebreos 2:14).

"Él *venció a Satanás en el mismo género sobre el cual Satanás obtuvo la victoria en el Edén*" (EGW en *Preguntas en Doctrina*, pp.650–660).

"Tomando sobre Él la naturaleza del hombre en su condición caída, *Cristo no participó en lo absoluto en su pecado. Él fue objeto de las enfermedades y debilidades* por las cuales el hombre es rodeado..." (ibid).

"no se Le señale ante la gente como un hombre con las tendencias del pecado. Él es el segundo Adán." (ibid)

"Cuando Adán fue asaltado por el tentador en el Edén, él estaba sin la mancha del pecado.... Cristo, en el desierto de la tentación, estuvo en el lugar de Adán para soportar la prueba que éste no pasó" (ibid).

"N nunca, de ninguna manera, queda la pequeña impresión sobre las mentes humanas de que una mancha, o inclinación a la corrupción descansó sobre Cristo, o que Él, de alguna manera, produjo corrupción.... dejemos que cada ser humano sea advertido, desde el principio, de hacer a Cristo completamente humano, tal como uno de nosotros mismos; porque ésto no puede ser" (ibid).

"Él nació sin una mancha de pecado, pero vino al mundo de la misma manera como la familia humana" (ibid).

"A pesar de que Él no tenía mancha sobre Su carácter, Él se dignó conectar nuestra caída naturaleza humana con Su divinidad. Mediante esta naturaleza tomada, Él honró a la humanidad. Habiendo tomado nuestra naturaleza caída, Él mostró en lo que ésta puede convertirse, siendo partícipes de la naturaleza divina" (ibid).

"Él es hermano en nuestras enfermedades, pero no en poseer tales pasiones" (2 T 202).

"Él debió sufrir las incomodidades, enfermedades y aflicciones de la familia humana. Él no debía hacer milagros por Su propia cuenta" (1 SM 277).

"Como un miembro de la familia humana, Él era mortal; pero como un Dios, Él era la fuente de vida del mundo. Él pudo, en Su persona divina, haber resistido siempre a los avances de la muerte y negarse a someterse a su dominio; pero Él dió Su vida voluntariamente ..." (RH 07-05-87).

Si tomamos la declaración en MM 181 exactamente, Cristo tuvo que haber tomado sobre Él, algo que era pecaminoso. Sin embargo, la única naturaleza pecadora que tenemos que Cristo pudo haber tomado sobre Él, sin ser un pecador, era nuestra naturaleza física, pecadora.

Si en Su naturaleza humana, hubiera tomado nuestra naturaleza pecadora espiritual sobre Él, se le habría agotado la armonía con Dios y sería así un pecador. Si hubiera tomado nuestra naturaleza pecadora mental sobre Él, hubiera tenido un registro mental de pecado con todas sus pasiones y sus tendencias a lo malo.

Si llevo las declaraciones disponibles, tal como aparecen, a mi razonamiento teológico sin distorsionar su sentido, sin recortarlas para ajustarse a una situación en el cuadro de la naturaleza de Cristo, yo concluyo que Él añadinó sobre **Su naturaleza *espiritual* pura y Su naturaleza *mental* pura nuestra naturaleza pecadora *física*.** Éste es uno de los tópicos profundos. "El estudio de la encarnación de Cristo, Su sacrificio expiatorio y trabajo mediatorio, ocupará la mente de los estudiantes diligentes tanto como el tiempo dure" (GW 251).

Esta gran entendimiento sobre en la naturaleza de la humanidad de Cristo nos ayuda entender y creer cómo la última generación de la tierra puede vivir, **por el poder de Dios, sin pecar** por un período de tiempo, aunque sufra los efectos de seis mil años de disminución de la fuerza física, el poder mental y el valor moral.

Los 144,000, durante el gran tiempo de tribulación tendraín como la humanidad de Cristo, mientras estuvo en esta tierra, en sus naturalezas espirituales, mentales y físicas. Éste viene, no a causa de alguna virtud especial de su parte, sino simplemente porque son la última generación, la que será trasladada (GC 649.3).

La historia de los Israelitas en el camino a Canaán nos enseña muchas lecciones. La salvación es una empresa cooperativa. No seremos capaces de parar el Río Jordán, pero podemos acercarnos, por fe, a la orilla y poner el pie en él. No seremos capaces de causar que las paredes de Jericó se caigan, pero podemos marchar por fe alrededor, según las instrucciones de Dios, mantener nuestras bocas cerradas cuando nos sea solicitado y pedir Su ayuda cuando el tiempo sea adecuado. Él seguramente trabajará con nosotros.

Dios intenta que nadie que sea salvado pueda decir que él alcanzó el cielo en su propia fuerza (4 SG 64.3). En la parábola del juicio, ¿qué dicen, los que están a la mano derecha, al Rey? Se les escucha decir, "Cuándo hicimos nosotros esta acción bondadosa o ese trabajo humano por ti?" ¿Fueron ellos autómatas? ¡No! Ellos se dan cuenta que Dios trabajó en ellos todo el camino después de que ellos se propusieron servirle, porque siempre le pidieron hacerlo así. Ellos le atribuyen el mérito a Cristo. Saben por experiencia que es el Salvador quien hace todo ésto posible. El Padre reconoce la parte de Sus santos. Aunque su parte era pequeña, ésta fue el factor decisivo; ellos hicieron lo decisivo.

¿Qué pasaría si los santos debieran contestar al Rey, "Sí, recuerdo esa vez cuando ayudé a esa gente?. ¿Resultó muy bien, verdad"? No. Dios no puede alabar a Su pueblo ni darle una recompensa si ellos se atribuyen una partícula de crédito a ellos mismos. El reino del cielo no trabaja de esa manera. Jesús no busca Su propia gloria (Juan 8:50). Él glorifica al Padre y al Espíritu Santo (Juan 17:4). El Padre glorifica al Hijo (Juan 17:5). El Espíritu glorifica al Salvador (Juan 16:14). Nosotros debemos glorificar a Dios (1 Corintios 6:20). El Padre alaba Su iglesia. Nosotros honramos a nuestros compañeros de trabajo, y sobre todo a Cristo (1 Tesalonicenses 5:12, 13; Apocalipsis 5:13). Dios llama lo que nosotros hacemos, "las acciones justas de los santos" (Apocalipsis 19:8). Nosotros llamamos ésto, "la justicia de Dios y nuestro Salvador" (2 Pedro 1:1). El círculo de amor, de esta manera, abunda y continúa (DA 21.7). Solamente los pecadores entran y se atribuyen mérito a ellos mismos.

Elías, en el Monte Carmelo, no recibió la respuesta a su oración pidiendo lluvia hasta que él completamente había examinado su corazón de dar honra a Dios; y hasta que él completamente se dio cuenta de que, "él no era nada, y que Dios era todo..." (2 BC 1035).

A veces, cuando escucho algunos Adventistas hablar de perfección, tengo la impresión al oír sus expresiones de que ningún ser creado, ni siquiera un ángel, puede perfectamente obedecer las leyes de Dios. Parecen establecer las normas demasiado elevadas, tan elevadas que únicamente Dios puede guardarlas perfectamente (cf DA 668.5; GC 489.8).

Para quienes dicen que es imposible obedecer la ley perfectamente, recordemos que no es Dios quien dice ésto. Aquí está solamente una de Sus promesas. "se requiere obediencia exacta, y los que dicen que no es posible vivir una vida perfecta lanzan sobre Dios la imputación de injusticia y falsedad" (Manuscrito 148, 1899).

Es el diablo quien dice que las leyes de Dios son defectuosas y no pueden ser guardadas (PP 69.2; DA 761.8). He aquí una declaración a ese efecto. "Por lo tanto él [Satanás] constantemente trata de engañar a los seguidores de Cristo con su fatal sofisma [mentira] de que para ellos es imposible vencer" (GC 489).

En realidad, cuando miro mi fuerza para realizar una acción justa, o a mis compañeros de la iglesia, estoy de acuerdo con el diablo. Yo no veo cómo ésto puede ser hecho. **Pero creo que puede ser hecho simplemente porque Jesús dice que nosotros podemos** (Marcos 9:23, 24; DA 664, 668.4; AA 531-3). Jesús nos ha mostrado que ésto puede ser hecho, y nos promete la misma victoria (DA 24.7, 667.5; 1 SM 409.1). "Jesús, considerado como un hombre, fue perfecto, sin embargo Él creció en gracia" (1 T 339).

La norma que Dios ha establecido para Su pueblo es alta (TM 121). "Más alta que el más alto pensamiento humano pueda alcanzar, es el ideal de Dios para Sus hijos. Santidad– Divinidad– es la meta para ser alcanzada" (Ed 18). Se nos ha prometido que Su gracia es suficiente (2 Corintios 12:9).

"El Señor no pide nada irracional. Él no espera que las vasijas más pequeñas tengan la capacidad de contener lo de las grandes" (MYP 96).

Lo que yo hago es como "trapos sucios," pero **todo lo que Dios hace es perfecto**. Siempre que alguien pregunta si somos o no perfectos, podemos decir que no lo somos. Si alguien pregunta si hemos hecho alguna vez cualquier cosa perfectamente, podemos decir, "No"; pero podemos apresurarnos a agregar que Dios ha trabajado en mí para realizar una acción perfecta, proveniente de un motivo perfecto, porque Le he pedido hacer exactamente éso. **Jesús merece toda la gloria**.

Dios trabaja en Su pueblo. Él no estará satisfecho con nada menos que perfección. Por ésto, nosotros deberíamos estar agradecidos. Cuando el Gran Artesano haya terminado con usted y yo, Él podrá decir, "Aquí están los que guardan los mandamientos de Dios" (Apocalipsis 14:12; MM 184; COL 361). Ellos estarán sin mancha ni arruga (Efesios 5:27).

Sería útil cuando estudiamos, discutimos y escribimos sobre la "perfección," que entendamos qué aspecto de una persona está bajo consideración en el contexto. No podemos usar textos y referencias que hablen de perfección del carácter y aplicarlos, por ejemplo, a la perfección del corazón o a la perfección de la carne, sin causar confusión en nuestro pensamiento y en el pensamiento de otros.

Para ayudar a clarificar estos conceptos, he clasificado los varios tipos de relaciones entre el hombre y su Dios en páginas separadas, que siguen.

DEFINICIONES
PARA LA SIGUIENTE LISTA

"Corazón" –usado en el sentido del asiento de las emociones o determinador de los motivos de la persona

"Carácter" –esencialmente la suma y total de los registros mentales, hábitos, recuerdo de los sentimientos y pensamientos, cuadros en los corredores de la memoria. El "espíritu" del hombre.

"Cuerpo" –los "somas," el cerebro, nervios, huesos, músculos, glándulas y otros órganos físicos.

"Puro" –la condición de estar libre de los efectos del pecado.

"Perfecto" –absolutamente correcto y libre de los defectos o los efectos del pecado.

"Maduro" –relacionado al crecimiento. La hoja madura en la espiga, etc. Un perfecto capullo puede desarrollarse en una rosa perfecta. Éste puede ser perfecto en cada etapa de crecimiento, pero el cambio es llamado maduración. De la misma manera, un perfecto capullo puede desarrollarse en una rosa imperfecta, si el pecado entra.

"Pecador" –el estado de Adán y Eva fectos del Persona no es esa naturaleza. Antes de su el pecado Convertida raleza espiritual son la Pecador n contra Dios y la presencia de culpa. El efecto del pecado en la naturaleza mental es el registro de los recuerdos, los sentimientos (actitudes) y pensamientos que ocurrieron en el tiempo en que sucedió cada acción pecadora o pensamiento. El efecto del pecado en el cuerpo físico consiste en los cambios genéticos, provenientes de los pecados de nuestros antepasados, más los cambios que resultan de nuestra propia desobediencia a las leyes de Dios. Jesús sufrió los cambios genéticos; pero puesto que Él fue obediente a las leyes de salud, el daño fue limitado.

	Adán y Eva Antes de su Pecado	Persona no Convertida
NATURALEZA ESPIRITUAL "Corazón" o "deseo" Actitud hacia Dios	*puro* amaron a Dios perfectamente[1]	*pecador* ama lo malo indiferente a Dios
Relación con Dios	hijo de Dios	"propiedad" de Dios
Relación con el Espíritu Santo	completamente habitando	"limitado por" "tocado por" "ocasionalmente responde a Él"
NATURALEZA MENTAL carácter Justo o "nuevo" hombre en Cristo	*puro* estaba siendo desarrollado	*pecador* no tiene
Sentimientos registrados en el corazón malos hábitos o registro del pecado "viejo hombre de pecado" = "sarx"	ninguno	presentes y vivos estan siendo desarrollados presentes
Pensamientos registrados en la mente	ninguno	
NATURALEZA FISICA Cuerpo incluyendo el cerebro carne y sangre (Gr "soma")	*puro* sin defectos de herencia o enfermedad	*pecador* enfermedades expuesto a dolencias

Persona Convertida	Humanidad de Cristo	Los 144,000 Despues que termina el período de gracia antes de la translación
puro "esforzándose por perfección" hacia Dios[2]	*puro* perfecto hacia Dios[1]	*puro* perfecto hacia Dios[1]
espiritualmente un hijo de Dios	Hijo de Dios	espiritualmente un hijo de Dios
dirigido por el Espíritu tiene la "sinceridad" del Espíritu	completamente habitando	completamente habitando
pecador	*puro*	*puro*
siendo desarrollado	fue desarrollado en la tierra	siendo desarrollado
presente pero cubierto siendo "crucificado" o "vencido"	ninguno	ninguno, -borrado o eliminado
presente	ninguno	"cicatrices" presentes
pecador	*pecador*	*pecador*
enfermedades expuesto a dolencias	enfermedades expuesto a dolencias	enfermedades expuesto a dolencias

1   Perfectamente dedicado a Dios constantemente
2   Intermitente, más o menos. Tiene que ser renovado = reconvertido

Capítulo 17

ORO Y PLATA Y PIEDRAS PRECIOSAS

Consideremos en este capítulo la formación del carácter desde el punto de vista de 1 Corintios 3:9-17. Encontramos que Elena G. de White aplicó estos versículos en dos formas principales. Primero, estos versículos dirigen nuestros pensamientos a la iglesia de Dios en la tierra como una totalidad; y segundo, ellos son aplicados al desarrollo individual del carácter (5 T 466-7; 8 T 173).

La Iglesia como un Templo: — En primer lugar, lo más comúnmente referido en el Espíritu de profecía, sabemos que hay justos y malos en la iglesia. Los obras de los ministros tienen algo que ver con esta situación.

Para santificar Su iglesia, Dios le da oportunidades y permite que la aflicción y las pruebas vengan a limpiar la iglesia. Más que ésto, nosotros somos informados de que habrá una poderosa agitación y zarandeo de la iglesia (5 T 80; 1 T 181). Cuando el "poderoso zarandeo" ocurra, los resultados del trabajo de los ministros y laicos por la iglesia de Dios serán manifestados (5 T 81, 474; PK 589).

El Templo del Carácter: — La otra aplicación principal de estos versículos, tiene que ver con el carácter de cada templo humano del alma (5 T 466-7; 8 T 173.1). Cada uno de nosotros tiene que construir nuestro carácter sobre la base, que es Jesucristo y Su Palabra (DA 314, 599; MB 150.5). Sobre Su puro carácter imputado (**nuestro derecho al cielo**) debemos formar nuestro carácter (**estar preparados para el cielo**). Ambos son regalos. El primero es atribuído a nosotros; el segundo es impartido a nosotros por el Espíritu Santo (MYP 35). Nosotros construimos ladrillo por ladrillo, acción por acción. Cada pensamiento y acción justa, purificados por Sus méritos, es oro, plata, o piedra preciosa en el carácter (5 T 129; 4 T 89). Los pensamientos o acciones equivocadas moralmente, todo egoísmo, toda religión falsa, son comparados con heno, madera y rastrojo.

Ayudándonos a obtener cualidades duraderas en nuestro carácter y mediante aflicciones que consumen la escoria, Dios trabaja con nosotros en la limpieza de nuestro templo del alma. Ésta es la remoción de la "mundanalidad" que es especialmente aplicable a los que serán sellados, a los que les serán borrados sus pecados y vivirán durante el tiempo de tribulación (GC 621.3). Este proceso refinador de prueba empezará pronto y llega a un punto culminante durante el corto tiempo de tribulación (9 T 11; EW 85.8) que precede al cierre del período de prueba (PK 589–90; 2 T 355.5, 430.9; 5 T 214.9).

Cristo vigila cuidadosamente cada alma humana (8 T 123–4; 5 T 754.9; MB 121.8). Él da oportunidades (PP 223.4; 3 T 511.6). Él permite que las pruebas y las tentaciones nos lleguen (4 T 85; DA 301.2; MB 10–11), pero no más de lo que podamos soportar por fe en Él (4 T 89; 1 Corintios 10:13; 5 T 474–5). El verdadero Cristiano superará todo lo que lo acose. Él pondrá ese "viejo hombre de pecado" a muerte. Él no se rendirá al control de lo malo (5 T 474.4). Él puede cometer errores; pero cuando los reconoce, se aleja de ellos con arrepentimiento verdadero (COL 173.2, 332.6). "A menudo tendremos que doblegarnos y llorar a los pies de Jesús, a causa de nuestras debilidades y equivocaciones, pero no debemos desalentarnos." (SC 64.3).

Mediante la **exclusión** de cada pensamiento pecador, obra o acción, y mediante la **incorporación** de lo bueno, la escoria es alejada y las estructuras sólidas son traídas dentro del carácter. Es por esta razón que nosotros deberíamos preocuparnos por el uso de nuestro tiempo y ser selectivos en lo que pensamos, vemos y oímos. En este sentido, el templo del alma está siendo purificado aún hoy, o sea, por la exclusión de lo malo (FCE 428.9; 5 T 72.9, 214.7; DA 161).

Además de la purificación del templo del alma mediante el proceso de santificación, discutido arriba, hay sin embargo otra lección para ser aprendida del texto en 1 Corintios. Si comparamos GC 426.3, 5 T 570.3, Malaquías 3:1–4, e Isaías 4:3,4 con 1 Corintios 3:9–19, encontramos que "**el día**" que declara los trabajos de cada hombre, será el día del juicio investigativo para esa persona. Después del juicio investigativo de la persona, la orden será dada, "quitadle esas vestiduras viles" Zacarías 3:4; 5 T 475; RH 11-19-08). En otras palabras, quema el heno, madera y rastrojo; **o** entierra para siempre ése "viejo hombre de pecado"; **o** borra su registro de pecado. La persona justa entonces será dejada con el "oro, plata y piedras preciosas" en su carácter; será dejada con el "libro del recuerdo"; dejada con el carácter impartido y será salvada (GC 481.3; 6 BC 1088). Dios no recordará sus pecados (Isaías 43:23; GC 483.6), y la persona justa no los recordará tampoco (GC 620.4; PP202.7).

Note entonces el significado de los versículos 16 y 17 en su contexto en 1 Corintios 3. Pablo aquí los aplica al templo del alma cuando dice, "No sabeis que sois el templo de Dios..." (cf 6 BC 1085–87).

Hay algunos estudiantes de la Biblia que dicen que después de que los pecados sean borrados, solamente Dios no podrá recordar nuestros pecados (Isaías 43:25). La referencia (GC 620.5) sencillamente declara que el justo no podrá recordarlos tampoco. Si el borrar el registro del pensamiento fuera solamente hecho en los libros en el cielo, entonces Dios podría saber todavía de mi pecado porque Él puede leer mis pensamientos. Una vez que lea mis pensamientos de nuevo, los recordará entonces. Además, el único registro que Dios tiene de los justos muertos está en el cielo. Si Él borra el registro del pecado de su registro mientras duermen en el polvo, y usa el registro corregido para imprimirlo en su cuerpos resucitados, ellos no recordarán sus pecados, puesto que mientras que el templo del alma aquí existía, la expiación final era hecha en el cielo (EW 253, 254, 280). La anulación o borramiento del registro del pecado tiene que ser hecha para el registro original (el registro mental terrenal) así como para la copia de ese registro en el cielo, en un tiempo exacto, para los que no saborearán la muerte, si ellos deben tener la misma ventaja de los que mueren en el Señor. Y ésta es la promesa, "Los que viven sobre la tierra cuando la intercesión de Cristo termine en el santuario, arriba, deben permanecer a la vista de un Santo Dios sin un mediador. Sus mantos tienen que ser intachables, sus caracteres tienen que ser purificados del pecado por la sangre de la aspersión" (GC 425.5; vea también 5 T 467; 4 BC 1181).

Quizás parte de la confusión de cuando ocurre la anulación del pecado depende de la localización de la siguiente afirmación en el contexto del tiempo de la aflicción de Jacob. "Los asaltos de Satanás son feroces y decididos; sus engaños son terribles; pero el ojo del Señor está sobre Su pueblo, y Su oído escucha sus lamentos. Su aflicción es grande, las llamas del horno parecen consumirlos; pero el Purificador los sacará adelante como oro forjado en el fuego. El amor de Dios para Sus hijos, durante el período de sus más severas pruebas, es tan fuerte y tierno como en los días de su prosperidad; pero es necesario que ellos sean colocados en el horno de fuego; su mundanalidad tiene que ser consumida para que la imagen de Cristo pueda ser reflejada perfectamente" (GC 621.4).

Sabemos, según esa declaración de Elena G. de White, que los "fuegos de la aflicción" continuarán y serán más terribles durante el gran tiempo de tribulación. Después del cierre del período de prueba, a Satanás le será permitido fomentar la aflicción tal como nunca fue en el el mundo entero (GC 614.5). Además, las siete últimas plagas serán derramadas por los ángeles del trono del cielo (GC 627-29). Esta aflicción, con el cuidado vigilante de Dios, es presentada de la siguiente manera: "Y aún después de que los santos sean sellados con el sello del Dios viviente, sus elegidos tendrán pruebas individualmente. Las aflicciones personales vendrán; pero el horno es observado de cerca por un ojo que no permitirá que el oro sea consumido. La marca indeleble de Dios está sobre ellos..." (TM 446.4).

La pregunta es ésta: aunque al "horno de la aflicción" se le permita continuar después del final del período de prueba, ¿experimentarán todavía los justos la limpieza de la escoria? O, ¿es este período de aflicción solamente el tiempo cuando, "El pueblo de Dios tiene que beber de la copa y ser bautizados con el bautismo" (GC 630–31)?

Sabemos que después del cierre del período de prueba, los santos tendrán que "esperar confiadamente que el Señor trabaje." Ellos serán conducidos a ejercitar "fe, esperanza y paciencia" más completamente durante este corto tiempo antes de la venida de Cristo (GC 631.2). Pero, ¿es ésto cuando la mundanalidad será removida?

Yo creo que las anteriores preguntas pueden ser contestadas mejor con una comparación de referencias.

En la discusión de "Josué y el Angel," leemos esencialmente palabras idénticas a las escritas en *El Conflicto de Los Siglos*, en la página 621, acerca de la eliminación de la "mundanalidad" (PK 589.9). En ese contexto el poner fin a lo mundano y a las "vestiduras viles" ocurre en conexión con el sellamiento final y la decisión de retener los nombres de los que reciben ésto en el "libro de la vida del Cordero" (PK 591).

Habrá un tiempo de "purificación," "zarandeo" y "cernimiento" para los vivientes, que los preparará para la Lluvia Tardía y la eliminación de los pecados (EW 50.8, 270–1; 5 T 80.5; 7 BC 911; 1 T 251). La "purificación" que removerá el pecado y la corrupción serán hechas solamente durante las horas de prueba. "El Purificador no se sienta entonces [al momento de la venida en la gloria] a continuar Su proceso de purificación y a remover sus pecados y su corrupción. Todo ésto debe ser hecho en estas horas de prueba. Es *ahora* que este trabajo debe ser realizado por nosotros" (2 T 355.5).

Después del "poderoso zarandeo" y el "sellamiento," la compañía de Dios tendrá "obtenida la victoria" y los ángeles malos no pueden ejercer poder sobre ellos (EW 271). ¿Podemos nosotros entender éso? Acerca de este tiempo para los santos, se nos ha dicho, "El despreciado remanente es vestido con ropas gloriosas, para nunca más ser profanado por las corrupciones del mundo. Sus nombres son retenidos en el libro de la vida del Cordero,... Ahora ellos están eternamente protegidos contra las estratagemas del tentador" (PK 591). Esta "ropa gloriosa" es el inmaculado manto de la justicia de Cristo (PK 591). Sin embargo es llamado "la justificación de los santos" (Apocalipsis 19:8). Ellos han recibido ésto como un regalo, tejido en ellos como ellos lo han escogido momento a momento, día a día. Éste carácter impartido brilla delante de sus caras mediante reacciones exteriores a las pruebas (PK 591; COL 310–12; DA 173.1) "Sus facciones, marcadas con severa angustia interna, brillaron ahora con la luz y gloria del cielo" (EW 271). Éste no es el manto de luz dado a los santos vivientes después de la resurrección de los justos (GC 665.6; COL 310–11; PP 57.5).

Agradezcamos a Dios por toda Su bondad. Ninguno de nosotros se atribuirá salvación a sí mismo. Podemos, sin embargo, cooperar con Dios y dejar que Él trabaje en nosotros. Podemos pedir seriamente que Su poder se manifieste en nosotros por obediencia. Dios nos recompensará inclusive por éso. Alabemos Su nombre. Dios piensa preparar a Su pueblo para que las tentaciones y pruebas de Satanás, directamente, y del mundo, por la vía de los sentidos, no encuentren nota de respuesta en sus mentes después de que se cierre el período de prueba.

Capítulo 18

ÉL FUE RECHAZADO

Cuando pensamos en el pecado y su efecto, a menudo olvidamos el impacto de lo malo en las tres Personas de la Divinidad. Consideremos, por algunos momentos, lo que nuestro Salvador ha soportado. Ésto puede ser resumido en las palabras de Isaías.

"Despreciado y desechado entre los hombres, varón de dolores, experimentado en quebranto" (Isaías 53:3).

El trauma emocional del rechazo es uno de los sentimientos más difíciles de soportar. Un niño no deseado, no amado, soporta las cicatrices, sufre el deformamiento en actitudes mentales a través de su vida.

¿Ha experimentado usted rechazo así como un niño? ¿Ha sufrido la angustia del noviazgo cuándo su prometido(a), sin razón, ya no desea más su compañía? Quizás usted ha educado un niño en el camino que él debería seguir y luego se ha afligido al verlo buscar otra senda. ¿Ha lastimado el compañero de su vida las profundidades de sus emociones hasta que ya no puede llorar más de tristeza? Hay Uno que sabe de su dolor por experiencia.

Desde hace seis milenios, por las visiones de los profetas, vemos el ojo de los cielos vuelto contra Cristo. Lucifer, Su más cercano ayudante, no refrenó la agitación de la envidia (SR 15–6; PP 35–7; GC 494–5). Este poderoso ángel comandante ambicionó la posición de Cristo para igualarse a Dios (PP 35.5, 41.5; GC 495). Y, ¿qué de Cristo? *Él fue rechazado!*

Satanás con sus preguntas sutiles, insinuó dudas, y los engaños (PP 37–8, 41; GC 497) pudieron persuadir casi a la mitad de los ángeles del cielo, para brindarle su lealtad (SR 18.5). En vez de servicio alegre al Manso, ellos volvieron sus espaldas mientras Él pasaba. Ellos decidieron "seguir su propia voluntad, la cual [supuestamente] siempre los guiaría correctamente" (GC 499.8; cf GC 495.7; PP 37.7). O, la angustia en el cielo, *Él fue rechazado*. Ahora el amoroso y misericordioso tiene que soportar, mientras Sus seguidores leales expulsan a éstos, sus amigos íntimos, del cielo (SR 17.5; Apocalipsis 12:9).

Cuando el amoroso Creador vino al jardín en ese día fatal, ¿qué recepcón tuvo? "Adán, Eva, dónde estás tu?" Eva había escogido "ser como los dioses"; Adán había preferido a Eva. *Él fue rechazado*. La Majestad del cielo tiene que encontrar un camino para definir Su propia "ofrenda" de reconciliación, seleccionar el símbolo y, por primera vez, ver la muerte, muerte de un cordero amoroso (SR 42.8).

Y luego, nueve generaciones de gigantes vinieron sobre la tierra. ¿Qué hicieron ellos con El que es puro de corazón? Billones prefirieron sus malos pensamientos (SR 62.6; Génesis 6:5). *Él fue rechazado*. Una familia Lo aceptó y buscó seguridad en Sus promesas.

Él le habló a Abrahám y Sara, los hizo salir de Ur y los llevó a un país nuevo. Sus descendientes se multiplicaron en Egipto y fueron hechos esclavos. Mediante muchos milagros y con una nube como sombra de día y como luz en la noche, Él los libró de la esclavitud. En el Sinaí, los infieles prefirieron la carne, el ajo y el toro sagrado de Egipto. *Él fue rechazado*. En Cades ellos decidieron confiar en su propia fuerza para entrar en el Canaán. *Él fue rechazado*.

Él los estableció en una nación poderosa; inclusive les dio un rey. Sin embargo, ellos decidieron pasar sus hijos por el fuego (3 SG 303–4; PK 57.8). Ellos escogieron la lujuriosa sensualidad de los dioses de fertilidad; ellos prefirieron los brazos ardientes de Moloc para mecer sus bebés (PP 454–5; PK 57–8; CG 277; 2 BC 1039). *Él fue rechazado*.

Él los envió como esclavos a Asiria, Babilonia y Medo-Persia. Sin embargo, Él los preservó, y ellos prosperaron en el país de su cautiverio. Él los hizo salir una vez, sí, una segunda vez, de Babilonia. Algunos regresaron, pero muchos prefirieron la comodidad y propiedad en el país de su residencia, en lugar del sacrificio de reconstruir lugares asolados en Jerusalén, en preparación para la venida del Mesías. A causa de Tamuz y Ishtar, ellos volvieron sus espaldas al templo y adoraron al sol (Ezequiel 8:14–16). *Él fue rechazado*.

"Él también" (Hebreos 2:14) se hizo uno de nosotros, en la carne. Sin embargo nadie colgó una guirnalda en Su pesebre. Nadie decoró un árbol con oropel. Sus únicos regalos vinieron de tres extranjeros. Ningún reportero, solamente un rey monstruoso, verificó el rumor de Su nacimiento (Mateo 2:1–8).

Cuando inició Su ministerio y tuvo una fuerte confrontación con el diablo en el desierto, nadie ayunó y oró por Su seguridad. Nadie envió un equipo de rescate para Él. Ninguno aplaudió cuando Él volvió. Solamente una persona fue a buscarlo (5 BC 1132).

Su madre no comprendió Su misión (DA 56.6, 82.1, 90). Sus hermanos se avergonzaban de Él (DA 87, 88, 321, 325). Los Gadarenos prefirieron los cerdos en vez de preferirlo a Él (DA 339–40).

Ningún coliseo se llenó en Su honra. Los líderes religiosos estaban preocupados con otros asuntos. Los Fariseos conservaron su orgullo y auto-suficiencia (DA 279; COL 278). Los Escribas continuaron estudiando detenidamente el Torah (DA 610, 612). Los Saduceos buscaron ventajas materiales puesto que su Dios se había ido a un país lejano y los dejó que hicieran lo mejor que ellos pudieran (DA 603–5). Cuando la resurección de Lázaro amenazó a estos líderes y les derribó sus doctrinas de muerte, ellos mostraron que sus tradiciones y principios eran más importantes, entonces, que el dador de vida (DA 537–41, 387.3, SR 209). *Él fue rechazado.*

Sus propios discípulos buscaron un rey para conquistar las legiones de Roma (GC 594; DA 378–80). La amenaza de persecución en Getsemaní causó que Sus más cercanos seguidores huyeran. Uno de ellos Lo traicionó por monedas de plata. *Él fue rechazado.*

Caifás prefirió las ganancias de los que cambian el dinero. Herodes regresó a sus Salomés. Pilatos escogió sus políticos. Después de los clavos y la formalidad del levantamiento de la cruz, las manos romanas volvieron a su juego. *Él fue rechazado.*

Jerusalén, Roma, ¿no fue suficiente simplemente alejarse de Él? ¿Fue realmente necesario crucificarle? Escuche su agonía, "**El desprecio ha quebrantado mi corazón**" (Salmo 69:20 DA 746.5, 772.6).

Él fue despreciado y rechazado por los hombres, y sin embargo hay más. Una experiencia más de aflicción está, sin embargo, por venir. En el jardín Él gimió: "Pasa **esta** copa de Mí." En la cruz lloró, "Dios mío, Dios mío, por qué **me Has** desamparado"? Por nuestras transgresiones, *Él fue rechazado!* (SR 225; DA 753–4).

Desnudándose de los atributos de un Padre amoroso, nuestro Dios apartó Sus rayos de amor, luz y gloria, de Su Hijo (TM 246; SR 225; DA 693, 753–5). El tierno Padre agonizó por Su función de juez (5 BC 1114; TM 246). El Cordero no pudo ver más allá de la tumba (DA 753). La copa de rechazo por mi culpa tiene que ser saboreada hasta la última gota amarga. Cuando el Padre tuvo que rechazar a Su Hijo, fue como un cuchillo clavado en Su corazón (Zacarías 13:6,7; DA 686).

¿Por qué sufrió el cielo estas experiencias? ¿Cómo pudo nuestro Maestro resistir ésto sin caer bajo el desaliento? ¡Él nos amó a usted y a mí; sin embargo Él odió el pecado! (DA 462; TM 519; Hebreos 1:9).

En vez de caer en un estado estúpido de descuido (EW 111, 113, 119), en lugar de maldecir el día de Su nacimiento (Job 3:1; Jeremías 20:14), en lugar de injuriar a Sus perseguidores (DA 744), en vez de perder Su temperamento por las injusticias de Su prueba, Él "soportó la cruz" y menospreció el oprobio (Hebreos 12:2).

Cristo prefirió la separación eterna de Su Padre en lugar de un curso contrario a Su Padre (GC 348; Lucas 22:42; DA 693). Sostenido por Su conocimiento del Padre y por el grito de humanidad, "Acuérdate de de mí cuando vengas en tu reino" (Lucas 23:42; 8 T 43–4), Él pudo decir como dijo Job, "Aunque él me matare, en él esperaré" (Job 13:15).

¿Qué podemos decir de este amor? ¿Podemos rechazar tal amor solo para ser los primeros sobre nuestros compañeros? ¿Podrían el orgullo, la autosuficiencia, o los malos pensamientos separarnos de Él? ¿Es el enojo, la discordia y el mal temperamento, o comportamiento violento, digno de tal nobleza? ¿Es la "nueva moralidad" ídolos de sensualidad, malos deseos, adulterio u homosexualidad, tan excitante? ¿Son las casas, o la tierra, o el dinero, dignas del valor de un rechazo más de Él? ¿Qué nos causará el alejarnos de Él? La respuesta tiene que venir de cada persona. La decisión está en cada coyuntura en la senda de la vida (SC 62, 70, 72)

¡Señor, nosotros te elegimos! Tú eres nuestra ayuda. Refuérzanos también para que prefiramos morir antes que rechazarte, una vez más. Digamos: "estoy seguro de que ni la muerte, ni la vida,… ni ninguna otra criatura, podrá separarnos del amor de Dios" (Romanos 8:38, 39).

Sí, Él **fue** rechazado, pero oye **ahora** los mandatos del Padre.

"Así ha dicho Jehová… al menospreciado de alma, al abominado de las naciones, al siervo de los tiranos: Verán reyes, y se levantarán príncipes, y adorarán por Jehová; porque fiel es el Santo de Israel, el cual te escogió" (Isaías 49:7).

"... resucitando a Cristo de los muertos y sentándole a Su diestra en los lugares celestiales, sobre todo principado y autoridad y poder y señorío, y sobre todo nombre que se nombra, no solo en este siglo, sino también en el venidero" (Efesios 1:20, 21).

Cuando nosotros percibimos lo que nuestro Padre celestial y Jesús han sufrido como resultado de la rebelión, ¿podemos alguna vez dudar del amor tierno y cuidado que tienen para cada alma pecadora? Sumemos nuestra voz a ésto, "Señor, digno eres de recibir la gloria y la honra y el poder" (Apocalipsis 4:11).

Capítulo 19

LECCIONES VITALES DE LA EXPERIENCIA DE 1888

Mientras repasamos las experiencias de Israel, desde la esclavitud Egipcia hasta la repartición del Canaán, vemos representaciones de cómo Dios conduce a Su pueblo. Sus experiencias revelaron en dónde faltaban su amor por Dios y la confianza en Él. De ellos podemos también ver algunas de las distracciones de Satanás, no solamente para el individuo, sino también para la iglesia.

De una manera similar, Dios conduce a la iglesia remanente. "Dios me ha mostrado que Él dió a Su pueblo [en 1844] una copa amarga a beber, para purificarlos y limpiarlos. Es un trago amargo, y puede hacerse todavía más amargo murmurando, quejándose y aflijiéndose. Pero los que lo reciben así tienen que tener otro trago,... y otro, hasta que éste consiga su efecto diseñado, o ellos serán dejados sucios, impuros de corazón" (EW 47.1).

En una serie de estudios titulados *El Éxodo y Movimientos de Adviento en Tipo y Prototipo* por Taylor G. Bunch, él comparó la experiencia de 1844 al cruce israelita del Mar Rojo, (GC 457-8) y el episodio de 1888 a la serie de acontecimientos en Kadesh-Barnea. Dios intentó conducir a Su pueblo al Canaán, de tal modo que nadie pudiera atribuirse crédito a sí mismo (TM 214.3). Él tiene el mismo propósito para Su pueblo que entrará al divino Canaán (DA 122; TM 456.5).

Un examen de las cartas de Elena G. de White y las discusiones de A. Jones, E. J. Waggoner, A. G. Daniells, y otros acerca de los acontecimientos en el período de tiempo alrededor de 1888, revelan que puede ser entendido más de los acontecimientos finales de esta historia de la tierra, que simplemente un entendimiento de la justicia imputada e impartida. Otras preguntas pueden responderse, como:– ¿Qué otros puntos principales están en juego? Y, ¿qué distracciones estableció el diablo para contrarrestar la verdad?

Cinco puntos principales surgen notablemente, puntos que Dios necesita hacer comprender a Su iglesia en preparación del cierre de los acontecimientos en esta tierra. En resumen, ellos son:

(1) **Cómo es Dios**: debemos tener una concepción clara y correcta del **carácter** de Dios, no de cómo es Su **esencia**. Uno no puede reflejar, completa ni distintamente, los atributos de Jesús sin conocerlo bien. Dos aspectos importantes de Su carácter, amor y justicia, tienen que ser mantenidos en balance. Éstos son sencillamente mencionados en Éxodo 34:6, 7.

(2) **Cómo somos nosotros**: Éste es el mensaje de cómo el Testigo Verdadero ve Laodicea, la iglesia de Dios en los últimos días. Un mensaje a una iglesia que ha sido descrita variadamente como dormida, indiferente, despreocupada, tibia, establecedora de barreras y confiada en sus propias capacidades inherentes.

(3) **Un entendimiento claro, equilibrado, prático y experimental de Cómo debemos reflejar a Jesús**: Ésta es una comprensión clara de los regalos inseparables, (a) perdón por fe (justificación) y (b) obediencia por fe (el desarrollo del carácter de santificación). En otras palabras, justicia imputada e impartida por fe.

(4) **Un claro entendimiento del evangelio de salvación**: Ésto incluirá un recto y veraz entendimiento de lo que Dios tiene que hacer para separarnos del pecado y remover las consecuencias del pecado en la **triple naturaleza del hombre**

Un correcto entendimiento de los tópicos espirituales, particularmente el servicio del santuario y las profecías de Daniel y Juan.

Un entendimiento balanceado to de lo que Jesús planea hacer para renovar la mente, de modo que los efectos en la naturaleza mental sean tratados, y el carácter de Cristo sea desarrollado en nosotros.

Una presentación exacta del mensaje de salud, de tal modo que Su pueblo aplicará los remedios verdaderos en sus vidas, para una vida saludable (MH 127).

(5) **La necesidad de declararse a favor de Dios**: Una apreciación del privilegio y obligación de declararse a favor de Jesús de tal manera, en cuanto a la salvación de almas y vindicación del carácter de Dios ante el universo.

LA IGLESIA EN 1888

Los planes de Dios y las distracciones del diablo:

El énfasis en justicia por fe, de Elena G. de White, se reforzó por muchos años antes de la confrontación de la conferencia de Mineápolis en 1888 (5 T 84; Manuscrito — 5–89 cf RH 08-13-89). Su primer énfasis en ese tópico fue más tarde asistido por las enseñanzas del ministro A. T. Jones y el doctor E. J. Waggoner (TM 91). También, por más de veinte años, Elena G. de White dió conocimiento a la reforma de los hábitos de salud en las personas (4 SG 120–151). Dr. J. H. Kellogg y sus ayudantes, en gran medida, llevaron la carga de la educación de la iglesia en el mensaje de salud (Manuscrito-13-01).

En la iglesia, sin embargo, hubo una creciente opinión de duda e incredulidad hacia los testimonios (5 T 217). El mensaje a la iglesia Laodicea la representó como en necesidad de oro,– amor que trabaja por fe y purifica el alma, colirio,– comprensión espiritual, y vestimenta blanca,– el carácter impartido de Dios (4 T 88; COL 158). Esta llamada del Testigo Verdadero fue recibida con frío formalismo, legalismo y tibia indiferencia (RH 07-23-89; Carta O — 19–92; RH 12-23-90). El mensaje de justicia por fe fue ignorado o rechazado por muchos, y los mensajeros fueron criticados y ridiculizados (RH 05-27-90; TM 79–80; Carta O — 19–92). Ideas preconcebidas, presión semejante y orgullo de parte de otros, impidieron la aceptación extensa del mensaje (RH 05-27-90; TM 79–80; 1 SM 234).

Muchos ministros se pusieron en contra de la reforma de los principios de salud (MS — 13-01; Carta B — 38–99). Como resultado, Dios no pudo proceder con Sus planes para "el gran pregón" y la finalización del trabajo (RH 11-22-92). La situación parece comparable al tiempo cuando Israel prefirió creer a los diez espías, en vez de creer a los dos fieles y a Moisés (Números 14:5, 6).

Dos citas del mensajero del Señor, brevemente después de 1888, describen la situación.

"La iglesia de Cristo ha realizado su trabajo señalado como el Señor ordenó; el mundo entero ha sido advertido de ésto, y el Señor Jesús habrá de venir a nuestra tierra con gran poder y gloria" (DA 634.1).

"Nosotros tendremos que permanecer aquí en este mundo a causa de la insubordinación, muchos más años como permanecieron los hijos de Israel, pero por amor a Cristo; Su pueblo no debería agregar pecado a pecado cargando a Dios con las consecuencias de su propia línea de conducta equivocada" (Ev 696).

El desarrollo del "Alfa" y otras herejías:

Además del frío formalismo y tibia indiferencia, el diablo tenía otras distracciones. Puesto que muchos ministros de la época no habían aceptado los mensajeros de la reforma de la salud, ellos no apreciaron el trabajo del doctor Kellogg en la educación de la salud (MS — 13-01; Carta B — 38–99). Esto le causó al doctor perder su confianza en el ministerio. Tal relación resultó en un intercambio de criticismo entre el ministerio y los trabajadores médicos (ibid). Para hacer las cosas peores, el doctor Kellogg empezó a fomentar el concepto de que el trabajo del misionero médico debería ser el **cuerpo** del mensaje; él no estaba satisfecho con que éste fuera simplemente "el brazo derecho" (Carta K — 55–99; K — 204–09). Quizás este concepto fomentó las ideas del panteísmo o fue un resultado de ellas, provenientes de la misma fuente.

Este estado de acontecimientos preparó el camino para sus panteísticas especulaciones acerca de la **esencia** o **naturaleza** de Dios, que resultó en el "alfa de herejías mortales" (1 SM 200). En vez de concentrar su pensamiento sobre el carácter de Dios, los involucrados fueron engañados con teorías de que las cosas de la naturaleza, tal como el girasol o el árbol, eran la esencia misma de Dios (Carta B — 242–03; GCB 1901, segundo trimestre). En un discurso en 1901, el doctor J. H. Kellogg afirmó sus ideas panteísticas tales como, "es Dios en el girasol el que hace que haga ésto [seguir el sol]" (D.D. Robinson, *La historia de nuestro mensaje de salud*, 1943, p. 268).

El doctor Kellogg parecía estar diciendo que el universo entero era material, y que cada árbol o flor eran una parte de Dios. En vez de considerar el templo del alma como el lugar físico donde el Espíritu Santo trabaja para desarrollar carácter, éste llegó a ser para él una parte de la esencia misma de Dios. Sus enseñanzas eran tan sutilmente panteísticas que él no pudo distinguir estas ideas de las presentadas en el Espíritu de Profecía (SPT# B 7:60). Los enfoques panteísticos fueron calificados por Elena G. de White como "enfoques espiritualistas" (SPT # B 7:4).

Después de repetidas súplicas por carta al doctor J. H. Kellogg, Elena G. de White fue finalmente llevada a revelar que sus enseñanzas, tal como son representadas en su libro *El Templo Vivo*, eran completamente panteístas (Carta B — 242-03) y que no era seguro para la gente ir a Battle Creek en busca de instrucción (SPT # B 7:15, 33, 34).

También se desarrollaron movimientos secundarios de otros tipos. Por regla general, sus adherentes aparentaron creer en los escritos de Elena G. de White, pero más tarde los repudiaron (2 SM 12–100). La atención fue desviada lejos del estudio del carácter de Dios y cómo llegar a ser como Él, como era expresado en los mensajes de justicia por Fe. Elena G. de White describió la iglesia como "constantemente retirándose hacia Egipto" (5 T 217).

LA IGLESIA EN LOS ULTIMOS DIAS

Los planes de Dios y las distracciones del diablo:

La iglesia en los últimos días será traida nuevamente a un entendimiento de estos cinco puntos principales que la iglesia necesita saber. Satanás obstruye ésto dondequiera que puede.

La última iglesia y el carácter de Dios:

Dios pide a su gente que tenga un entendimiento verdadero de Su carácter para que ellos puedan decir al mundo "la verdad acerca de Dios" (MM 91-4). "Los últimos rayos de luz misericordiosa, el último mensaje de misericordia que debe ser dado al mundo, es una revelación de Su carácter de amor" (COL 415).

Cuando Moisés pidió ver a Dios, le fue mostrado muy poco de Su forma (Éxodo 32: 22,23).

En lugar de eso, Dios le reveló los atributos de Su carácter (Éxodo 34:6,7; Ed 35). Siete frases describen Su amor; dos fases describen Su justicia (ibid). Cuando Felipe quiso ver la forma de Dios, Jesús le señaló el carácter de Dios como fue revelado por Su propio ministerio a la gente de Palestina. (5 BC 1141-2; 5 T 739; Juan 14:8-12).

La descripción del Antiguo Testamento, de Su carácter, muestra Su justicia con misericordia; el Nuevo Testamento, Su amor con justicia.

Satanás ha tratado de describir a Dios como arbitrario, cruel y vengativo (GC 534; 5 T 738). Recuerde a los antidiluvianos; él diría. Si la gente no obedece a Dios, Él los ahogará (PP 99-100). Él hará que otros crean que la justicia de Dios demanda que después de un corto tiempo en esta tierra, el pecador tiene que pasar la eternidad en los fuegos del infierno (GC 535-6). Pero puesto que ese enfoque es tan irracional y desagradable para muchos, Satanás fomentó la doctrina de que todos serán finalmente salvos. Que el ateo e inclusive los opuestos a Dios más vehementemente, no obstante, disfrutarán vidas de felicidad en el cielo (GC 537, 557).

Específicamente, he aquí una declaración de las enseñanzas de Satanás: "El amor es considerado como el atributo principal de Dios, pero es degradado a un débil sentimentalismo, haciendo una pequeña distinción entre lo bueno y lo malo. La justicia de Dios, Su denuncia del pecado, los requisitos de Su santa ley, son mantenidos fuera de la vista" (GC 558).

Satanás propone teorías que son agradables al corazón carnal. Él conduce a algunos a creer que la ley de Dios ha sido suprimida. No hay nada entonces para condenar al pecador. Dios no juzgará. Se nos ha dicho que "Cada mente se juzgará a sí misma" (GC 554).

En cambio, el registro de la Escritura es muy sencillo para estar equivocado. El amor de Dios, como fue manifestado a la nación de Israel y como fue definido por la vida de Cristo, es muy claro. A través de éste, nosotros podemos ver la misericordia que ha dispuesto Su justicia. El señor Dios causó el diluvio, y en este sentido causó la muerte de los antidiluvianos. Solamente ocho creyeron en Dios y entraron en el arca. Los otros dudaron de que Dios haría lo que Él dijo que iba a hacer. ¿Qué hubiera sucedido si Él hubiera permitido que transcurrieran otros 100 ó 1000 años? ¿Hubiera habido una María, un José, o doce apóstoles? ¿Qué opción tuvo Dios?

Dios abrió la tierra bajo los piés de Coré, Datán y Abiram (PP 400-2). El Señor y Sus ángeles destruyeron Sodoma (Génesis 18:1 a 19:25; PP 159–165). Él dirigió a Israel en su derrota contra los cananeos (PP 423, 434, 491). ¿iluminaron estos acontecimientos a los Israelitas? Muchos en Israel todavía siguieron a Astarot, Quemos y Baal.

Dios tuvo que conservar un pueblo para la llegada del Mesías. Saúl fue juzgado severamente por no haber eliminado a Agag y a los amalecitas. (1 Samuel 15:1–16).

¿Por qué ordenó Dios la destrucción de esas personas? Ellos habían desafiado a Dios. Habían hecho un juramento para destruir a los israelitas (PP 300). Años más tarde los parientes de Saúl, Mardoqueo y Ester, tuvieron que enfrentarse a la familia de Agag con Amán (Ester 2:5; 3:1; 3 BC 469, 472).

Se nos plantea otro aspecto del comportamiento de Dios hacia el hombre, en la siguiente afirmación. "Dios no destruye al hombre. Todo el que sea destruído se destruira a él mismo" (COL 84, Vea 5 T 120). ¿Cómo armonizan los ejemplos anteriores, de la fuerza destructora de Dios, con citas justamente como la de arriba?

Dios le dijo a Adán que el pago del pecado sería la muerte, (Génesis 2:17; Romanos 6:23); y sin embargo, los antidiluvianos vivieron 900 años antes de morir. ¿Fue la muerte su castigo?

Muchos reconocen que una vida sin el poder sustentador de Dios resulta en la degeneración de la mente y el cuerpo, con la muerte como el punto final (PP 68.2). Pero parece haber allí un segundo elemento en desobediencia. Es la rebelión contra el Soberano del universo (PK 185; Ev 365; PP 78; 1 SM 222). ¿Y cuál es la pena para la rebelión? ¿Es ésta también solamente una pérdida gradual de la vitalidad hasta que la muerte estrecha su víctima? Si la única pena para el pecado fuera el sufrimiento de los resultados del pecado: — a saber: enfermedad, degeneración de células, y daño en los genes, entonces ¿cuál sería la necesidad de la resurrección de los impíos? ¿Han pagado ya ellos su pena por el pecado?, verdad? ¿Por qué no dejarlos?

No; hay más para ser explicado. Ellos han sido engañados y desviados por Satanás y sus agentes. Ellos han estado en abierta rebelión. Ellos tienen que ver que hay una controversia entre lo bueno y lo malo. Para que Dios sea completamente vindicado, ellos tienen que tener su día en la corte. Ellos tienen que entender el amor de Dios; tienen que tener un visión de las grandezas del cielo, y saber ésto tal como Satanás y sus ángeles lo saben. El hombre no ha visto ésto (DA 761).

No puede haber ninguna duda en la mente de alguien en cuanto a lo qué se trata la controversia y porqué ellos están donde están. Después de ver la ciudad; después de que la ley de Dios es expuesta en los cielos; después de la presentación panorámica ante todo ojo, de los detalles de la creación, el origen edel mal, y la historia del comportamiento de Dios con los santos y los pecadores en todas las épocas, la prueba y crucifixión de Cristo, y después de la revelación del carácter de Dios de amor, ellos se dan cuenta completamente de lo que pudieron haber tenido. Sin embargo, ellos todavía lo rechazan. Todavía están en rebelión. Todavia odian a Dios, pero no tienen amor para el diablo (GC666–672).

¿Entonces se les permitirá a ellos morir de vejez? ¿Se les dará una segunda oportunidad para sufrir las consecuencias naturales del pecado? No, Dios no espera que ellos mueran uno a uno por los estragos de la enfermedad. Ellos empiezan a atacarse, pero Dios dice, "Mía es la venganza." Él es el único que puede parar la prueba. Ellos son envueltos y perecen en las llamas que vienen de Dios para volver a crear la tierra (GC 672). Antes de que mueran, ellos sufrirán sabiendo que su existencia cesará por siempre, pero ¿puede esta sensación igualar a la del Hijo de Dios en Getsemaní y el Calvario? (GC 668).

Quien ama a otra persona no puede soportar el pensamiento de separación. El pensamiento de separación temporal de un ser amado es desagradable, pero el pensamiento de separación permanente es muy terrible de soportar.

¿Pero cómo se siente alguien que odia a otro? ¿Temerá el pensamiento de separación eterna? Quizás, pero sin duda no como el Hijo y el Padre con su gran amor (DA 754; 2 T 207–9). Hubo sufrimiento físico acumulado sobre el Hijo de Dios, pero otros han sido torturados de igual manera. El pensamiento de separación eterna de Sus seres amados, valió mucho más que el sufrimiento físico que Cristo soportó (ibid).

Una pregunta que es difícil de responder es: ¿por qué algunos permanecen vivos en las llamas y sufren más tiempo que otros? ¿Por qué Dios no les da a todos ellos un anestésico? Éstas son preguntas difíciles. Puedo decir, sin embargo, basado en la palabra de Dios, que algunos sufrirán más tiempo que otros (GC 673). Note, sin embargo, la decisión en cuanto a qué tanto castigo habrá sido determinado mediante las cortes del cielo durante el milenio, por los santos vivos que trabajan con Cristo (GC 661). ¿Qué grupo en todo el universo sería más justo, más compasivo y más indulgente con las almas perdidas, que Cristo y Sus seguidores que han vivido en la tierra? El grado de castigo no es un

arbitrario ejercicio de sadismo, sino que es justicia misericordiosa en proporción a su culpa (3 SM 415). Esto es llamado "justa retribución," la "extraña obra" de Dios (1 SM 190; GC 541, 627-8; Hebreos 2:1, 2, margen; Isaías 28:21).

Después de que los malos hayan visto la representación de las escenas de la gran controversia entre Cristo y Satanás y hayan reconocido la justicia de Dios al final de su existencia, la **gloria** de Dios, descrita como fuego, desciende y vuelva a formar la tierra (GC 37, 672).

Algunos dicen que es la revelación del amor de Dios la que destruye a los impíos. La referencia declara, "la manifestación de Su gloria es para ellos un fuego consumidor," para quienes no obedecieron el evangelio (GC 37).

Hay dos aspectos de la gloria de Dios. Dios le reveló a Moisés Su gloria **espiritual** de amor y justicia (Éxodo 33:18 a 34:7). En el Monte Sinaí, Dios también reveló Su gloria **física** como una representación de la gloria que será un fuego consumidor para los impíos (PP 339-40). La descripción de ese acontecimiento y de la destrucción de los impíos al principio y el final del milenio, deja poca duda de que habrá una revelación del carácter de Dios de amor, Su gloria espiritual; pero habrá también una revelación de Su gloria física que ha sido velada y protegida del hombre, por su propia seguridad, hasta el tiempo del juicio ejecutivo (GC 657).

Si Dios no destruye a los impíos con Su gloria física, entonces se nos presenta un problema. ¿Quién los destruye? ¿Se suicidan ellos cuándo ven que todo chance de salvación está agotado? No, ¿dónde en la Biblia o en el Espíritu de Profecía encontramos presentado tal concepto? En lugar de eso leemos que la sentencia de muerte es declarada sobre los impíos, y entonces esa sentencia es ejecutada (GC 661, 668-72). Por amor a Sus seguidores fieles y por justicia a los impíos, Él quita para siempre la maldad del universo (PP 101, 325; GC 543).

Satanás describirá a Dios como si no tuviera nada que ver con esta destrucción (PP 96, 283; GC 557). Leemos en el Salmo 10, "Él, [el malo] piensa, en su insolencia. Dios nunca castiga; sus pensamientos se remontan a ésto: no hay no Dios; Su justicia está lejas de sus ojos" (Ps 10:4 Moffatt).

Puesto que los impíos no se aprovecharon de la salvación, ellos son identificados con el pecado (DA 107; COL 123). Puesto que Dios planea destruir todo rastro de pecado, ellos serán enredados en las llamas que Dios usa para limpiar la tierra del pecado (EW 52, 295; GC

674). Dios causa el fuego de los últimos días (GC 672). Esta no es una consecuencia natural del pecado. Los impíos se destruyen ellos mismos prefiriendo estar fuera de la ciudad que Dios protege del holocausto (7 BC 986; Hebreos 2:2, 3; DA 466, 764; GC 543, 654.6, 668). Los impíos no corren y saltan dentro de las llamas. Para estos que rechazan la misericordia, no hay medio de escape. No, éste no es un tiempo de regocijo. Las lágrimas de quienes permanecen, serán enjugadas por Dios mismo (Apocalipsis 21:4).

La ultima iglesia y la actitud hacia la Biblia y el Espíritu de Profecía:

¿Cuál será nuestra reacción al Espíritu de la Profecía ahora?

"La obscuridad espiritual ha cubierto la tierra, y densa obscuridad ha cubierto a la gente. En muchas iglesias hay escepticismo e infidelidad en la interpretación de las Escrituras. Muchas dudan la veracidad de las Escrituras. El razonamiento humano y las imaginaciones del corazón humano están socavando la inspiración de la Palabra de Dios, y lo que debería ser recibido como verdad, es rodeado de una nube de misticismo. Nada sobresale en líneas claras y determinadas, sobre el fondo de la roca. Ésta es una de las señales notables de los últimos días" (1 SM 15).

CITA; "El último engaño de Satanás será disminuir el efecto de el testimonio del Espíritu de Dios.... Satanás trabajará ingeniosamente, en caminos diferentes y a través de diferentes agencias, para perturbar la confianza de la gente remanente de Dios, en el testimonio verdadero" (1 SM 48).

Es con **palabras** que nos comunicamos con los otros y con nuestro Dios. Es el plan de Satanás destruir la confianza en la Palabra de Dios desafiando las Escrituras o los escritos del Espíritu de Profecía. Cuando falla en ésto, él se esfuerza, a través de la conspiración diabólica del razonamiento humano de la filosofía y el vano engaño, por socavar la confianza en las **palabras** mismas como un medio de comunicación.

De acuerdo a algunos filósofos, la definición misma de las palabras necesita ser clarificada, porque en sus discusiones ellos pueden cambiar el sentido de una palabra para satisfacer sus propios propósitos. Puesto que las palabras pueden tener varios significados, algunos dialécticos pueden socavar tácitamente la confianza en las **palabras** como un medio de comunicación de verdades exactas. Tal filosofía y vano engaño de los significados de las palabras pueden dirigir a los teólogos a debilitar la confianza en las Escrituras. Las discrepancias y contradicciones aparentes en la Biblia (o los escritos de Elena G. de White) son investigados y su significado exagerado. Es de interés que en asuntos cruciales, Dios ha evadido estos desafíos mediante el uso de símbolos (tales como el servicio del santuario), las parábolas y el ejemplo vivo de Cristo.

El mensaje a Laodicea:

El mensaje a la última iglesia del Testigo Verdadero a Laodicea todavía tiene aplicación. Podemos pensar que debido a una buena estructura de organización de la iglesia, un gran número de candidatos bautismales o la riqueza de la iglesia, no estamos más tiempo en Laodicea sino en la Filadelfia o alguna otra iglesia. Individualmente, mientras podemos profesar de otra manera, podemos todavía interiormente ser tibios, pobres, ciegos y desnudos espiritualmente.

Es verdad que algunos creyentes han aceptado el mensaje a Laodicea y han traído sus vidas en armonía con el Señor (2 T 217). Aunque no debemos usar ese mensaje para atacar a la iglesia (TM 23), nosotros deberíamos reconocer que el claro testimonio del consejo del Testigo Verdadero resultará en un "zarandeo" justamente antes del Gran Pregón (EW 270.6). Cuando ésto sea comprendido completamente, muchos dejarán la iglesia. (EW 271; 1 SM 179). Otros aceptarán la llamada y tomarán sus lugares. (EW 271).

Cada uno de nosotros debe orar y estudiar seriamente para obtener comprensión espiritual. Debemos trabajar por amor verdadero y purificar el alma, de cada mancha de pecado. Debemos usar la blanca vestimenta, el impartido carácter de Cristo, para responder a las incitaciones del Espíritu Santo para hacer la voluntad de Dios de amor, dependiendo del poder de Dios para obtener fuerza. La puerta hacia los santos lugares ha sido abierta por nuestro Salvador (EW 42–5; GC 435, 490). Él, como Ejecutor Testamentario de Su estado, llevará nuestra súplica al Padre y nos contestará (Hebreos 8:1; 9:15–24). Dejemos que cada súplica esté de acuerdo a la voluntad de Dios (Mateo 6:10).

La ultima iglesia y justificación por fe:

Muchas y variadas son las desviaciones que Satanás ha puesto para representar mal el perdón por fe y la obediencia por fe. Algunos creen que tienen que esperar hasta que ellos sean "suficientemente buenos" antes de la venida de Cristo. Algunos esperan realizar algunas "obras buenas" y entonces poder ser perdonados.

Otros vienen a Cristo tal como ellos son. Son "nacidos de nuevo," pero paran en ese punto. La justicia imputada constituye su evangelio entero. Creen que Cristo realizó todas las buenas acciones de ellos hace mucho tiempo. Ellos no necesitan trabajar por fe en respuesta al poder del Espíritu Santo. Éstos son cristianos con "casa desocupada" (Mateo 12:44, 45; DA324), cristianos como "vírgenes insensatas" (COL 412.2), que no tienen carácter impartido a ellos por el poder de Dios. No se han encontrado acciones justas registradas en sus corredores de memoria. Ellos "vienen a Cristo" pero no **preguntan** a Dios lo que tienen que hacer; no **buscan** conocer Su voluntad; no ascienden sus peticiones al trono para poder vivir la vida de Cristo en su esfera de influencia (COL 145–8, 77.9).

Hay otros que vienen a Cristo por el regalo del perdón. Ellos ven la ley de Dios; pero a causa de la falta de comprensión espiritual, se proponen hacer la voluntad de Dios en su fuerza propia. Esencialmente, dicen ellos, una persona es perfecta si confía en el perdón por fe y **vive de acuerdo a todo el poder que inherentemente tiene.** El que tiene fuerza de voluntad tiene una forma de santidad. El de poca voluntad se desanima y cae por el camino, al menos que vea que, no en su fuerza propia pero por el poder de Dios, ellos son capacitados para obedecer (SC 47, 63–4; COL 160.1).

Algunos Cristianos hablan mucho de amor, pero omiten las enseñanzas de la ley. Otros reivindican ser "bautizados por el Espíritu"; pero cuando hablan de obediencia amorosa, dicen que los diez mandamientos fueron suprimidos. Otra clase honra la ley de Dios, pero no la obedece (DA 584).

Realmente, muchas y variadas son las desviaciones engañosas de Satanás.

La ultima iglesia y las doctrinas fundamentales:

Las doctrinas características de la Iglesia Adventista del Séptimo Día que han sido estudiadas y que han hecho de la iglesia remanente lo que es, estarán bajo un ataque especial (2 SM 386-95; GC 9-11). Éstas incluyen el día de reposo, el estado de los muertos, el mensaje de los tres ángeles, el juicio investigativo, el servicio del santuario, nuestra interpretación característica de las profecías de Daniel y el Apocalipsis y el mensaje de salud. Nosotros deberíamos esperar que el ataque, al principio, no sea abierto o evidente, sino sutil e indirecto. Nosotros deberíamos esperar que error sea mezclado con las doctrinas verdaderas, de tal modo que ataquen solamente una porción de la verdad (5 BC 1094-5). Por ejemplo, el diablo puede tener sus agentes que presentan las doctrinas del santuario de una manera pura y clara, pero una porción clave será omitida o falseada de una manera semejante a la segunda tentación de Jesús (DA 125). Sus agentes pueden omitir la sangre para la expiación en el lugar santo o el lugar santísimo (Hebreos 9:10-22; 10:19).

Puesto que el propósito del servicio del santuario debía delinear el plan de salvación de tal modo que evitara los cambios que pudieran ocurrir en la definición de palabras, nosotros deberíamos esperar que Satanás ataque las doctrinas basadas en el santuario. Puesto que los velos del santuario representan la carne de Cristo (Hebreos 10:20), él hará que algunos enseñen un falso Cristo, quien fue exento de las pasiones que corrompen la humanidad (estudio M.L Andreasen, *Cartas a las Iglesias*, Leaves of Autum, 1980). La culpa no será trasladada del pecador por el "Cordero de Dios" al santuario en el cielo, y luego dirigida a Satanás en la expiación final, sino que será tratada diferentemente a la que está descrita en el santuario. O quizás el ministerio entero de nuestro Sumo Sacerdote en el altar del incienso, para obediencia por fe, será encubierta o suprimida de la teología. Nuestro entendimiento fundamental de Daniel 8:14 y el servicio del día de la expiación será desafiado. Satanás hará que sus agentes traigan un nuevo entendimiento de los 2300 días, el mensaje de 1844, el juicio investigativo y la expiación final.

El día de reposo del Señor estará bajo ataque especial, porque el cumplimiento de éste es un reconocimiento de la autoridad de Dios (2 SM 105). *El mundo en general será probado en cuanto si hay o no un día de reposo que guardar; el mundo cristiano será probado sobre cuál es el correcto día de guardar, mientras los Adventistas Del*

Séptimo Día serán probados sobre **cómo** el día de reposo debe ser guardado como sagrado.

Al final del siglo XIX, John Bell, de Australia, parece haber escrito un libro con una nueva interpretación de las profecías de la Biblia. ¿Qué evidencia, que podamos encontrar, indica que él estaba tomando los "Acontecimientos en el tren de profecía que se habían cumplido en el pasado" y los estaba haciendo cumplir otra vez en el futuro? (2 SM 102–3; vea A.L White, *Elena G. de White*, Vol. 4, páginas 274–5). Nosotros vemos una cosa semejante, que sucede en nuestra época, con las profecías de Daniel y el Apocalipsis. Hay quienes admiten que los tiempos de las profecías en esos libros, se cumplieron en el pasado, basados en el método de cálculo profético de un día por un año, pero también creen y enseñan que la "historia será repetida," y éstos tiempos de las profecías se cumplirán otra vez con el tiempo, en un literal marco de tiempo de un día por un día. Ellos creen ésto a pesar de la advertencia de que "No habrá nunca otra vez un mensaje para el pueblo de Dios que se base en el tiempo" (1 SM 188, vea también EW 75).

Nuestro mensaje para este tiempo debe ser ante todo el mensaje de los tres ángeles, como si no hubiera habido un lapso de tiempo desde 1844 (1 SM 104–7). Desde 1844, Dios ha tomado tiempo para instruir adicionalmente a Su pueblo, en esta tierra, para los movimientos finales. Cuando Él haya hecho todo lo que considere necesario en este entrenamiento, para que sea completamente vindicado cuando "llame el zarandeo poderoso," entonces los acontecimientos finales procederán como si no hubieran habido grandes lagunas de tiempo entre 1844 y los movimientos finales (1 SM 111–2).

A través de la psicología, filosofía y otras ciencias que tratan con la mente, un entero plan falso para el desarrollo del carácter llegará a las iglesias (2 SM 351). Enseñanzas satánicas que favorecen el existencialismo y la anarquía han sido fomentadas en las escuelas públicas de nuestro país, a través de los conceptos y el papel que juegan las técnicas de "clarificación de valores" o la teoría de seis o siete etapas del "desarrollo moral" propuesto por Lawrence Kholberg de Harvard, etc. Mediante éstos y semejantes métodos "eruditos," las doctrinas del "Manifesto Humanista" fomentan las enseñanzas espiritistas, " 'Que el hombre es una criatura de progresión; que éste es su destino desde su nacimiento el progresar, inclusive hasta la eternidad, hacia la Divinidad.' Y otra vez: Cada mente se juzgará a sí misma y no a otra.' 'El juicio será correcto, porque éste es el juicio de sí mismo...' " GC 554; EV 601).

Kholberg ha sido citado en el *Investigador Nacional* diciendo: "Una persona en la sexta etapa puede y debe violar las leyes que él considera que son injustas. Éste es un principio de justicia moral que consideramos preferible a la moralidad común, como es expresada en la ley de la tierra o los Diez Mandamientos." (Vea D. Schwartz: "Las Escuelas Públicas Enseñan a los Niños Que Está Bien Quebrantar la Ley." *Investigador Nacional*, 11-2-76, p. 44). Según los principios de Kholberg, una persona que está adecuadamente desarrollada moralmente más allá de su cuarta etapa, ya no cree en la justicia retributiva (cf. Hebreos 2:2; GC 540–1)

¿Qué tan extensamente han sido estos falsos conceptos colocados en el material de las clases de Biblia de las escuelas Adventistas del Séptimo Día, academias y colegios? Ésto merece un exámen cuidadoso. Yo tengo un registro de una reunión, en Marzo de 1983, de educadores que eran socios de un comité que fue establecido por la Conferencia General para escribir de nuevo el material del texto del curso de la Biblia, de nuestras escuelas de la iglesia, colegios y universidades. En esta reunión, los méritos de las teorías de Kholberg fueron alabados.[1] De acuerdo a la grabación de esa reunión, estos educadores están en su tercera revisión de esos textos como en 1983. *Padres, ¿están ustedes escuchando lo que está siendo enseñado a sus hijos?*

"Al mismo tiempo la anarquía trata de suprimir toda ley, no solamente la divina, sino también la humana.... la propagación mundial de las mismas enseñanzas que condujeron a la Revolución Francesa,– todas intentan involucrar al mundo entero en una lucha semejante a la que convulsionó a Francia" (Ed 228).

La tendencia entera de la medicina moderna, y las instituciones de cuidado de la salud de la Iglesia son predominantemente orientadas hacia la medicina de "cuidado agudo." En ese sistema de asistencia médica, el paciente vive de un cierto modo; se enferma; consulta a un médico; recibe una prescripción; pero poco o nada es hecho para ayudarlo a corregir su defectuoso estilo de vida. El resultado es que él continúa en su estilo de vida, mal informado y destructor de salud, hasta que el cuerpo degenera en muerte.

---

1 Vea J.K Testerman: *Etapas del Desarrollo Moral, de Kholberg: Implicaciones para la Teología*, manuscrito no publicado, y presentación en la reunión de marzo de1983

El plan de nuestro misericordioso Salvador es medicina preventiva. Las instrucciones que el Señor dió a Israel en el desierto fueron basadas en el lavado, limpieza, aislamiento de las enfermedades infecciosas y una dieta vegetariana.

"Cristo empezó este trabajo de redención por reformar las costumbres físicas del hombre" (3 T 486).

"Dios ha permitido que la luz de la reforma de la salud brille sobre nosotros en estos últimos días, para que andando en la luz, nosotros podamos escapar muchos de los peligros a los que nosotros somos expuestos" (CDF 22)

"Se me ha mostrado otra vez que la reforma de la salud es una rama del trabajo que debe preparar una persona para la venida del Señor. Ésto está tan cercanamente conectado al mensaje del tercer ángel, como la mano está al cuerpo.... Los hombres y mujeres no pueden violar la ley natural consintiendo pervertidamente apetitos y pasiones sensuales, y no violar la ley de Dios. Por lo tanto, Él ha permitido a la luz de la reforma de la salud, brillar sobre nosotros, para que podamos ver nuestro pecado al violar las leyes que Él ha establecido para nuestro ser" (3 T 161).

"La reforma de la salud está íntimamente unida al tercer mensaje, sin embargo no es el mensaje" (1 T 559; Romanos 14:17).

El cuidado agudo de la salud tiene su lugar. No deberíamos descuidarlo por completo. Lo que nosotros tenemos que hacer es construir aspectos preventivos de nuestro ministerio de la salud para balancear el trabajo del cuidado agudo. Ésto tomará trabajo sacrificatorio, perseverancia y paciencia, puesto que la remuneración por el cuidado de la salud, de las compañías de seguro y las agencias del gobierno, es dirigida hacia el pago por el cuidado agudo. Esencialmente nada de ésto es disponible para programas preventivos de salud.

La evidencia que nos ha sido dada, es que Dios no intenta trabajar en nuestra época, como Cristo trabajó cuando estuvo en la tierra. Durante nuestra época, Dios intenta demostrar ante el mundo que Sus leyes son perfectas, y justas, y buenas, y que la obediencia a ellas produce una rica recompensa. Dios podría fácilmente realizar milagros y curar a todo el mundo, pero ¿qué probaría eso? ¿Por qué Él debería hacer éso por ellos, y ellos continúan en la violación de Sus leyes de salud? En el reino de las leyes de la salud, podemos ver los resultados de la desobediencia y de los beneficios de la obediencia, porque ellos pueden ser visiblemente contrastados. Los avances de la ciencia pueden demostrar objetivamente las ventajas de vivir en armonía con las leyes de Dios. Satanás intentará opacar el contraste mediante el trabajo de los milagros; y donde Dios limita éstos, él hará imitaciones de milagros, engaños (2 SM 52–55). Sin embargo, solamente los más obstinados negarán la evidencia.

Dios piensa probar a la humanidad en cuanto a su actitud hacia Sus leyes. ¿Será obediencia amorosa a Sus caminos, o haremos lo que nosotros pensamos que es correcto? No necesitamos temer porque Dios trabajará con sus misioneros médicos, "medios naturales usados de acuerdo a la voluntad de Dios, que efectúan resultados sobrenaturales. Nosotros pedimos un milagro, y el Señor dirige la mente a algunos remedios sencillos" (2 SM 346).

"Que nadie obtenga la idea de que el Instituto es el lugar para ellos venir a ser levantados por la oración de la fe. Ése es el lugar para encontrar alivio de la enfermedad, mediante tratamiento y correctas costumbres de vida, y para aprender cómo evitar la enfermedad" (1 T 561).

"Y Dios se ha empeñado Él mismo en mantener esta maquinaria humana en condición saludable, si el agente humano obedece Sus leyes y coopera con Dios" (MM 221).

"Si nuestra voluntad y camino están de acuerdo con la voluntad y el camino de Dios; si complacemos a nuestro Creador, Él mantendrá el organismo humano en buena condición, y restaurará los poderes morales, mentales y físicos, en orden para que Él pueda trabajar por nosotros hacia Su gloria. Constantemente se manifiesta Su poder restaurador en nuestros cuerpos" (1 BC 1118).

La cita de arriba está cargada de significado. Dios ha redactado una voluntad para Sus hijos. Esos que sean adoptados en Su familia pueden tener acceso a todo el poder y toda sabiduría (MH 514). Dios promete darles **tanto el deseo de cambiar su estilo de vida como el poder mental- moral para hacerlo, si ellos están solamente "dispuestos a ser hechos dispuestos"** (MH 514; MB 142). Dios ha dispuesto el plan de salvación para que toda la gloria vaya a Él. Él no intenta dar Su gloria a otro (Isaias 48:8). Sus siervos, en los institutos de salud, no se acreditan ellos mismos. Ellos deben considerar que después de que ellos han hecho todo, ellos son solamente siervos inútiles (Lucas 17:10). Dios, no el hombre, debe ser reivindicado ante el universo.

En los últimos días, Dios piensa establecer instituciones de tipo sanatorio en muchos lugares donde "el trabajo del verdadero misionero médico" pueda ser realizado. Sus siervos deben "desarrollar un trabajo de curación física, combinado con la enseñanza de la Palabra" (2 SM 54). Esta curación debe ser hecha fundamentalmente con los "remedios verdaderos" de Dios (MH 127). Cuando ponemos en práctica una adecuada nutrición, proveniente de comidas completas, tal como crecen, sin productos animales o comidas refinadas de ningun tipo, juicioso ejercicio, agua, luz del sol, temperancia, aire puro, descanso adecuado, limpieza y confianza en el Divino poder para desear y para poder hacer ésto, vemos resultados dramáticos en muchos de nuestros pacientes con enfermedades crónicas degenerativas que son epidémicas en nuestra época. Vemos ésto tomando lugar ante nuestros ojos, mientras muchos trabajadores sacrificados están uniendo sus talentos en varias instituciones de esta clase.

¿Cuáles son los resultados? En el que yo estoy conectado, nosotros regularmente observamos cómo los pacientes con arterias obstruídas, al punto de que necesitan o han tenido cirujía de desviación de la arteria del corazón, consiguen la regresión de su arteriosclerosis. Vemos que el 65 por ciento de los pacientes que entran con un diagnóstico de hipertensión y bajo medicamentos, pueden tener su presión arterial controlada por debajo de 140/90 sin medicina. Vemos que los dolores punzantes, los ardientes dolores de la neuropatía diabética, desaparecen en 80 por ciento de los pacientes con ése, anteriormente no tratable, problema, en 15 días, y los dolores desaparecen al menos por los cuarenta meses que los hemos tenido en la dieta original de Dios, de no refinada y total dieta vegetariana. Artritis, obesidad y otras enfermedades crónicas degenerativas, responden a la sencilla aplicación de los remedios naturales de Dios, junto con Su divino poder.

Las ventajas del mejoramiento de la salud que han correspondido a los socios de la Iglesia Adventista Del Séptimo Día, han sido publicados en los muy conocidos estudios de salud de la Escuela de Salud de la Universidad de Loma Linda. Los Adventistas que viven en una dieta lacto-ovo-vegetariana, tienen de cinco a diez años más de duración de vida, sobre los que comen carne regularmente. La parte triste de la historia es que solamente alrededor de la mitad de los miembros de la iglesia han desistido del uso de comidas con carne. Otro descubrimiento es que aunque los adventistas lacto-ovo-vegetarianos pueden vivir esos cinco a diez años más, ellos acaban con ataques del corazón, lesiones cancerosas, (salvo por el cáncer de pulmón del fumador), hipertensión y ataques fulminantes, en el mismo porcentaje como lo hacen sus amigos no adventistas.

Dios conduce a Su pueblo de regreso, paso a paso, a Su dieta original de fruta, legumbres, granos enteros y nueces (CDF 380). Decidamos seguir "la nube" de protección que Él ha colocado sobre nosotros en el mensaje de la reforma de la salud para nuestra época. (Para más información, por favor ver Capítulos 20–24 de este libro)

La ultima iglesia testifica a favor de Dios, la expiación vindicativa:

Es durante el ocaso que los rayos del sol reflejan en la tierra. Entonces se puede apreciar el color naranja brillante, con matices amarillos y carmesí que pueden ser vistos con un fondo azul.

Nosotros estamos viviendo en el ocaso del tiempo de esta historia de mundo (Juan 9:4; EW 48.1). Todos nosotros somos llamados a ser parte de esta "nube de testigos" que reflejará el carácter de Dios al mundo (Hebreos 12:1; 9 T 22; COL 415.9). Tal como las nubes en el ocaso tienen que estar en posición para reflejar el sol, así también los testigos de Dios deben permanecer en sus lugares señalados por Él (COL 326–7; PP 638.7). Satanás sabe ésto y redobla sus esfuerzos para estropear este testimonio en cada una de sus vidas (5 T 462; COL 79). También levantará su propia "nube" de falsos Cristianos y milagros, para ocultar la verdad.

Habrá falsas conversiones (Oseas 5:6, 7; RH 04-14-53). El diablo tendrá sus falsas conversiones (GC 464). Sus siervos "hablarán en lenguas" para imitar el Pentecostés. Sus agentes realizarán milagros verdaderos; y donde su poder sea restringido, ellos realizarán imitación de milagros (MM 110; 5 T 698) diseñados para "arrastrar el mundo entero a las filas del espiritismo" (GC 562; Ev 602.9).

La iglesia será dividida en ministros y espectadores. Las doctrinas del panteísmo, que calmarán a los miembros de la iglesia en la sensación de que no es necesario ser un misionero, serán producidas por el diablo. Mediante sus esfuerzos, el verdadero renacimiento y reforma serán clasificados como un movimiento fuera de lugar, o fanaticismo (GW 170; GC 464).

Nosotros debemos esperar que Satanás trabaje en sutil e ingeniosos caminos para nublar nuestro entendimiento del servicio del santuario, confundir nuestro entendimiento de las profecías de Daniel y el Apocalipsis, y socavar nuestra fe en la Biblia y el Espíritu de Profecía. Persona tras persona llegará a socavar las columnas de la fe que Dios ha construído cuidadosamente en nuestro pasado y ha preservado e iluminado, especialmente para el "tiempo del fin" (2 SM 388-9; 1 SM 208).

Dios piensa que el mensaje de los vivientes sanos será parte del mensaje del tercer ángel (CDF 74-7). El trabajo del verdadero misionero médico es enseñar un mejor camino de vida, de la salud del cuerpo y fuerza de la mente, para tomar parte en la salvación de hombres y mujeres contra el poder de Satanás (MM 21, 23). Ésto incluye mucho más de lo que es usualmente hecho en nuestros hospitales (MM 27-8). Puesto que Satanás piensa levantarse él mismo como el gran misionero médico (MM 87-8), ¿no deberíamos nosotros esperar que el diablo use toda táctica para frustrar el desarrollo del trabajo del verdadero misionero médico, como él hizo en los años de crisis, aproximadamente en 1888? Un fuerte y bien balanceado programa de la reforma de la salud mostrará la mentira de la afirmación de Satanás de que las leyes de salud de Dios, así como Sus otras leyes, son defectuosas.

Algunos desdeñarán el consejo las personas saludables (5 T 196; 2 SM 54). Ellos preferirán volverse a ésos que pueden curar con drogas. Ellos pueden volverse a los trabajadores de supuestos milagros, en lugar de seguir hábitos no saludables de comida y vida (5 T 197; 5 BC 1099), y así ellos pueden ser conducidos a poner su confianza en "médicos espiritistas" (CH 454).

Algunos pueden **sobre-espiritualizar** el mensaje de salud. Ellos están en peligro de hacerlo el cuerpo de su mensaje (cf. 6 T 288-93; Carta K — 55-99). Ellos no ven que aunque el mensaje de salud debe ser parte de los mensajes del tercer ángel; éste **no es** ni el evangelio ni el mensaje del tercer ángel (CDF 74-7).

Capítulo 20

EL PROPOSITO DEL MENSAJE DE LA SALUD

Ningún padre que ama a sus hijos los deja sin el conocimiento de lo que ellos pueden hacer para gozar de bienestar físico, fuerte salud mental y vigor espiritual. Nuestro Padre celestial es el primero en cuidar de nosotros. Jesús "anduvo haciendo el bien y sanando a todos los oprimidos por el diablo" (Hechos 10:38). Dios quiere que "prosperemos y tengamos salud," físicamente así como espiritualmente (3 Juan 2). Éste era Su plan para Israel cuando los liberó de Egipto (Éxodo 15:26). Ésto es aún más importante para la iglesia en los últimos días cuando Satanás trata de engañar aún a los escogidos (Mateo 24:24).

El Señor tenía un mensaje único de salud que Él empezó a presentar a la última iglesia, a mediados de 1850. Con el mensaje de salud Él quiso demostrar que la obediencia a Sus leyes conducía a lo bueno. La obediencia a Sus leyes de la naturaleza física conducía a mejorar la salud, algo que podía ser visto, sentido y medido. Este conocimiento abriría el camino de la confianza en Sus leyes para la renovación mental y la salud espiritual.

Cada uno es elegido (predestinado) para ser salvo, pero *ellos* tienen que elegir la salvación. Ellos tienen que "presentarse" a los oficios de "reyes y sacerdotes" que son apartados para ellos (Apocalipsis 1:6). ¿Que está sucediendo para impedir que los habitantes de esta tierra *prefieran ser salvos? Satanás usa engaños y guerras químicas* contra nuestras mentes. Su arma fundamental son las bebidas alcohólicas. En los últimos días él usará cada técnica concebible y agentes químicos para empeorar la capacidad de razonamiento del hombre. Note lo que él hace con el tabaco, alcohol, té y otras bebidas con cafeína, narcóticos, y otras sustancias químicas que alteran la mente. A estos agentes, él agrega dieta defectuosa y vida sedentaria. Con estos instrumentos, Satanás espera arrastrar el mundo entero a su campo, con sus engaños.

El enfoque de Dios es enseñarnos las tácticas de nuestro enemigo y darnos luego el *deseo* y *poder* para superar toda tendencia, natural o cultivada, que vaya en contra de Sus leyes de salud. En la gran controversia entre lo bueno y lo malo, volviéndose de la desobediencia de las leyes de salud a la obediencia de ellas, producirá cambios tan dramáticos en el bienestar físico, que ésto será considerado un milagro. Éste parece ser el enfoque de Dios en el último remanente de tiempo.

"El camino en el que Cristo trabajaba debía predicar la Palabra, y aliviar el sufrimiento mediante milagrosos trabajos de curación, no podemos ahora trabajar de ésta manera, porque Satanás ejercitará su poder realizando milagros. Los siervos de Dios hoy no pueden trabajar por medio de milagros, porque los trabajos de curación, reclamando ser divinos, serían realizados.

"Por esta razón el Señor ha trazado un camino en el que Su pueblo debe continuar un trabajo de curación física, combinado con la enseñanza de la Palabra. Los sanatorios deben ser establecidos, y a estas instituciones deben ser conectados los trabajadores que continuarán el trabajo del verdadero misionero médico. Así una influencia vigilante es hecha alrededor de los que vienen a las instituciones en busca de tratamiento" (2 SM 54).

La medicina preventiva ha sido el método principal de Dios para curar desde el principio del pecado. Ésta es bastante evidente, en las leyes de salud que Dios dio a Israel a través de Moisés en el desierto (vea Levítico y Números). Él ha dado mucha más información específica a la Iglesia en nuestra época.

En 1853, Elena G. de White empezó a escribir contra los males del tabaco. Más tarde, a ella le fue dada comprensión en otras prácticas no saludables, e instrucciones sobre la dieta. En 1865 Elena G. de White publicó seis folletos de salud titulados La "Enfermedad y Sus Causas." Desde esa fecha, ella nos ha dado mucho consejo adicional. Los siguientes son algunos importantes conceptos que fueron puestos en práctica en el sanatorio de "Battle Creek," con gran éxito.

"Me fue mostrado otra vez que la reforma de la salud es una derivación del gran trabajo que debe cumplir una persona para la venida del Señor. Está íntimamente relacionada con el mensaje del tercer ángel, como la mano está con el cuerpo.... Por lo tanto Él ha permitido que la luz de la reforma de la salud brille sobre nosotros, que podamos ver nuestro pecado de la violación de las leyes que Él ha establecido en nuestra existencia" (3 T 161, 1871).

"Una y otra vez me ha sido mostrado que Dios nos volverá a llevar, paso a paso, a Su diseño original — que el hombre debería subsistir de los productos naturales de la tierra" (Moderación Cristiana p. 119, 1890).

"Si *planeamos sensatamente*, lo que es más conveniente para la salud, puede ser asegurado en casi cada país. Las diversas preparaciones de arroz, trigo, maíz y avena, son enviadas a todas partes, también las de fríjoles, arvejas y lentejas. Éstos, con frutas nativas o importadas, y la variedad de legumbres que crece en cada localidad, da una oportunidad de elegir un régimen alimenticio que es completo, sin el uso de carne" (MH 299, 1905).

"Usted no debería admitir grasa en su comida. Ésta ensucia toda preparación de comida que usted pueda hacer" (2 T 63, 1868).

"La grasa cocinada en la comida le produce a ésta dificultad para la digestión" (CH 114, 1890).

"Cuando son adecuadamente preparadas, las aceitunas, como las nueces, sustituyen el lugar de la mantequilla y la carne. El aceite, como es comido en la aceituna, es más preferible al aceite animal o grasa" (MH 298, 1905).

Hay algunos que desean hacer un problema sobre si estas declaraciones acerca de la "grasa" afectan al "aceite" también. El diccionario de Webster no distingue entre aceite y grasa. Grasa= "cebo derretido de animal" o "materia aceitosa". Aceite= "Alguno de los varios tipos de sustancias grasosas combustibles obtenidas de materia animal, vegetal y mineral." La *Grasa* es *aceitosa,* y el *aceite* es *grasoso.* El aceite es un tipo de grasa, y debemos ser exhortados a no usar "grasa de ningún tipo."

Químicamente hablando, la distinción entre una "grasa" y un "aceite" puede ser de importancia académica pero no de importancia dietética, puesto que la grasa aceitosa puede ser convertida en un aceite grasoso, mediante calentamiento. Si un ácido graso compuesto es más de un gel o un líquido, depende del largo de las cadenas del ácido graso y del número de enlaces dobles, no saturados. Una cadena larga de grasas saturadas (18 carbones o poco más) que sería grasienta a temperatura ambiente, es disuelta en la mezcla de la larga y corta cadena de grasas saturadas. Esto puede tomar, gramo a gramo, menos emulsores para preparar una cadena larga de aceite líquido para la digestión, de los que tomaría una larga cadena de "grasa dura" saturada; pero, que yo sepa, ésto no ha sido demostrado.

Básicamente, el aparato intestinal trabaja en un ambiente de agua y no en un medio de aceite. Todas las características grasosas de las grasas libres, sean líquidas o grasosas, necesitan ser tratadas antes que la digestión de proteínas, hidrato de carbono, o inclusive la grasa puede proceder adecuadamente.

Aún así, nosotros no necesitamos adivinar lo que Elena G. de White quiso decir con respecto al uso de azúcar y "grasa de cualquier tipo." Dr. J.H. Kellogg fue un cercano contemporáneo de James y Elena G. de White. En realidad, ellos lo motivaron para llegar a ser un médico y le ayudaron economicamente a serlo. El Dr. J.H. Kellogg estaba contra del uso de azúcar refinada y el aceite, en el sanatorio de "Battle Creek". Cuando, alrededor de 1904, su hermano Will, agregó azúcar a la receta del cereal de copos de maíz, J.H. Kellogg desaprobó fuertemente ese movimiento. Además, él tiene que haber entendido las declaraciones de arriba, de Elena G. de White, acerca de la "grasa" queriendo decir todo tipo de grasa libre. En 1877, Él escribió:

"La objeción no está contra la grasa, por sí misma, sino contra el tomarla en un estado libre. Cuando son tomadas en la forma en que la naturaleza las presenta, contenidas en las células en tales comidas vegetales como maíz, harina de avena, nueces, y algunas frutas, las grasas son elementos de comida sanos y nutritivos. Es solamente cuando están separadas de los otros elementos y tomadas en un estado libre que se se convierten en no saludables. Cuando son llevadas al estómago en la forma en que la naturaleza las surte, no ofrecen obstáculo para la digestión. Es solamente cuando son tomadas como grasas libres que se hacen un medio de producción disturbadora de funciones digestivas. Cuando son tomadas en su estado natural, las grasas vegetales deben ser probablemente tomadas solamente en tal cantidad como puedan ser digeridas.... Hace una pequeña o ninguna diferencia, tanto como concierne a la intervención con la digestión, si la grasa es animal o vegetal.... Los esfuerzos persistentes de los individuos para descubrir algun barato substituto vegetal para la mantequilla y la manteca de cerdo, son dolorosamente absurdos.... Nosotros no recomendamos el uso de ninguna grasa libre" (J.H Kellogg, *Reformador de Salud*, Mayo, 1877).

Las grasas libres fueron excluídas de la comida en "Battle Creek," por lo menos cuatro años antes de 1875 cuando J.H. Kellogg se graduó en la escuela médica y fue conectado con "Battle Creek". Notamos el menú para una comida en en el sanatorio de "Battle Creek," tal como es reportado por un editor amistoso del diario local de "Battle Creek," el 21 de julio de 1871. El comentó: "debe ser notado que la mantequilla, *grasa de toda clase*, té, café, especia, pimienta, jengibre y nuez moscada, fueron *enteramente descartados del arte culinario, y no estaban en uso sobre las mesas*...." (DE. Robinson, La historia de Nuestro Mensaje de la Salud, Asoc. Pub. Meridional 1943, p. 161).

Elena G. de White dijo: "Frutas, granos y legumbres, preparados de una manera sencilla, libre de especia y grasa de todo tipo, hacen con leche o crema, la más saludable dieta (CDF 92).

También dijo, "Que la reforma de la dieta es progresiva. Que se les enseñe a las personas cómo preparar comida sin el uso de leche o mantequilla. Que se les diga que pronto vendrá el tiempo cuando no habrá seguridad en el uso de huevos, leche, crema, o mantequilla, porque la enfermedad en los animales crece en proporción al incremento de la maldad entre los hombres....

"Dios dará a Su pueblo, habilidad y tacto para preparar comida sana sin estas cosas. Que nuestra pueblo descarte todas las recetas no saludables" (CDF 349).

Algunos responden a la pregunta del aceite diciendo: "el aceite fue usado en los tiempos de la Biblia, como comida. En realidad, en la época de Elías y Eliseo, Dios ayudó a las dos viudas supliéndolas milagrosamente con aceite." Sí, éso es verdad, pero tenemos que recordar que la Biblia registra lo que fue hecho. Éso, sin embargo, no puede ser interpretado como consejo dietético.

A pesar del hecho de que Dios les había dicho que no comieran la grasa o sangre de animales (Levítico 7:22-27), Israel la comió de todos modos. En su insistencia, Dios les dio carne (Salmos 78: 17-31).

Nosotros podemos leer el menú, una lista de comida frecuente, que ellos eligieron. Ésta incluía productos del campo, miel, "aceite del duro pedernal," mantequilla, leche y la "grosura de corderos y carneros" (Deuteronomio 32:13,14).

Aunque todo eso vino de Dios, ellos sufrieron las consecuencias de la dieta que escogieron. Sus propios cuerpos sufrieron debido a la grasa libre, y sus propias almas sufrieron debido a la falta de fe y confianza. Ellos "engordaron y tiraron coces; engordaron, y se cubrieron de grasa." Entonces ellos abandonaron a Dios (Deuteronomio 32:15). Sea por ataques del corazón o por, infartos no sabemos, pero Salmos 78:31 nos dice que Dios "hizo morir a los mas robustos de ellos."

En Proverbios se nos ha dado dos pedacitos de juicio. "El que ama el vino y los ungüentos no se enriquecerá"; y "comer mucha miel no es bueno" (Proverbios 21:17; 25:27).

Los estudios arqueológicos del Faraón nos dicen que sus hábitos de comida eran bastante semejantes a los de la gente civilizada de nuestra época, aún para el uso de harina refinada. El examen de miles de momias egipcias nos dice que tenían obesidad, aterosclerosis, diabetes y artritis degenerativa tal como nosotros tenemos ahora.

Capítulo 21

COMO ES QUE EL COLESTEROL Y LA "GRASA LIBRE" CAUSAN LAS ENFERMEDADES

Los libros de fisiología nos hablan de cinco interesantes, y muy importantes puntos en el estudio del colesterol. Primero: el cuerpo puede crear y crea colesterol en muchas células diferentes. Segundo: el cuerpo no puede romper la estructura del anillo de colesterol, una vez que éste es hecho. Tercero: entre más comida aceitosa-grasosa comamos, más colesterol produce el cuerpo en el hígado y en el intestino delgado. El hígado produce colesterol y convierte más de la mitad de éste, en sal bilia. Éste es el "jabón" de los intestinos, para emulsionar la comida aceitosa-grasosa que comemos. El intestino delgado absorbe parte del colesterol de los productos animales (carne, productos de la leche, o huevos), parte de la bilis, pero **ésta también produce algo más de colesterol** para ser una parte constituyente de las lipoproteínas de baja densidad (LDL). Estas partículas de LDL son partículas, realmente pequeñas, de grasa, proteína y colesterol, contenidas por el tipo de alimentación. Cuarto: el camino principal por el que el colesterol sale del cuerpo es en la bilis y saliendo de los intestinos en fibra y plantas esteroles fitosteroles. Otras partículas de grasa llamadas lipoproteínas de alta densidad (HDL), tienen la propiedad de extraer el colesterol extra de las celulas, llevándolo hacia el hígado, donde es eliminado en forma de sales biliares. Quinto: algunas personas tienen un defecto hereditario de la enzima, o adquieren un defecto de la enzima, que les causa que produzcan demasiado colesterol. [1]

El resultado es que una dieta constante de comidas que son bajas en fibra y altas en grasa libre, causa que algunos miligramos de colesterol sean formados, más de los que son removidos por el cuerpo mediante la fibra y fitosteroles. Día a día, el colesterol de este natural, lipoproteína de baja densidad (LDL) que contiene colesterol, alimento de las células gradualmente se acumula en el cuerpo. Ésto es de importancia especial para el músculo trabajador y las células elásticas en las paredes de la arteria. La presión normal pulsátil en las arterias dobla los cristales de colesterol en las células, y por un efecto piezoeléctrico daña las células en las paredes de las arterias. Algunas células mueren y obstruyen el interior de la arteria. Algunas células crecen e inducen el endurecimiento endurecimiento de las fibras de la arteria. El extra colesterol en la bilis se deposita en la vesícula biliar para formar cálculos. [2]

Si nuestra dieta usual también incluye carne, pescado, aves, leche y huevos, comidas que contienen bastante grasa libre y dieta de colesterol sin fibra, la arteriosclerosis procede a una velocidad acelerada. Los vegetarianos que comen leche y huevos, pero no carne, tienen una esperanza de cinco a diez años más de vida [3-5] que lo que tiene la gente civilizada, consumidora de carne. El otro lado de la moneda es que, con algunas excepciones, los vegetarianos mueren de las mismas enfermedades y con el mismo grado de arteriosclerosis como lo hacen los omnívoros. Solamente las sociedades primitivas están notablemente libres de enfermedades vasculares degenerativas. Generalmente, esos nativos subsisten de una dieta vegetariana libre de comidas refinadas, con quizás solamente diez por ciento de sus calorías que provienen de productos animales. [6]

Cuando los animales experimentales, tales como conejos o monos, fueron alimentados con su comida regular de fruta y cereal más extra colesterol, equivalente en el humano a dos a tres yemas de huevo por día, junto con grasa agregada, ellos desarrollaron aterosclerosis. La grasa, en el estado libre (fuera del muro celular), causó que sus arterias desarrollaran fibrosis y espesamiento en la pared arterial y/o la obstrucción del interior de la arteria, proveniente de este material de colesterol unido a las grasas y de escombros celulares. La clase de aceite de coco más el colesterol, causó la típica lesión ateroma (obstrucción); el aceite de maní con colesterol estimuló un crecimiento excesivo de las células de la pared arterial con rigidez y extraordinaria tendencia a formar tejido colageno cicatrizado; la grasa de la leche mas el colesterol produjo una acumulación de material adiposo en la pared arterial. [7] Las buenas noticias son que estos cambios de grasa libre y colesterol gradualmente se invirtieron cuando el colesterol y el aceite fueron suprimidos.[8] Las lesiones coronarias de las arterias en el humano también pueden ser invertidas en base a una dieta baja en grasa, baja en colesterol, alta en fibra,[9-10] o mediante una dieta de grasa limitada, más medicamento para bajar el colesterol.[11-12]

1. W.F. Ganong: *Repaso de Fisiología Médica*, 8 edición. Pub. Médicas Lange, Los Altos, CA, 1977, pp. 228–3, 356–58, 378–9.
2. G.S Boyd: En, A.J. Vergroesen, *El Papel de la Grasa en la Nutrición Humana*, Academic Press, Londres, 1975, pp. 353–80.
3. Padre. Lemon y R.T. Walden: *JAMA* 198:117, 1966.
4. R.L. Phillips, F.R. Lemon, W.L. Beeson, J.W. Kuzma: *Am J Clin Nutr* 31: S 191, 1978.
5. J.W. Kuzma: Por qué los Adventistas Viven Más largamente, *Ministry*, Sept, 1989.
6. A. Keys, N. Kimura, A. Kusukawa, etal.: *Ann Intern Med* 48:83, 1958.
7. R.W. Wissler: In, E. Braunwald, et al: *Enfermedades del Corazón*, Vol. 2, W.B. Saunders CO, 1980, pp. 1221–1245.
8. M.C. Armstrong, E.D. Warner, y W.E. Conner: *J Atherosclerosis Res* 8:237, 1968.
9. D. Ornish, S.E. Pardo, L.W. Scherwitz, J.H. Billings, W.T. Armstrong, T.A. Ports, S.M. McLanahan, R.L. Kirkeeide, R.J. Brand, y K.L. Gould: *Lancet* 336:129, 1990.
10. M.G. Crane y G. Shavlik: *Informe Preliminar*, Oct 1, 1989.
11. C.R. Ost: Scandinav *J Clin & Lab Investig*, Sup 93:241–45, 1967.
12. D.H. Blankenhorn, S.A. Nessium, y R.L. Johnson: *JAMA* 257: 3233–40, 1987.

Capítulo 22

OTROS MEDIOS POR LOS CUALES LA "GRASA LIBRE" CAUSA ENFERMEDAD

El aceite que usualmente obtenemos en la dieta viene en diferentes longitudes de cadenas de carbono. Éstas pueden ser 12, 14, 16, 18, o 20 átomos de carbono en la cadena, enganchados con un único o doble enlace entre ellos. Dos átomos de oxígeno se enlazan en un extremo. Dondequiera que haya un enlace único entre los carbonos, hay también dos hidrógenos enganchados a cada átomo de carbón, directamente opuestos el uno del otro. Dondequiera que haya un enlace doble, solamente un hidrógeno se engancha al carbono, y ese doble enlace es llamado "no saturado". Ésto es muy importante porque cuando hay un doble enlace con solamente hidrógeno, la cadena da una vuelta de 60 grados en cada uno de los carbonos. Si los átomos de hidrógeno se proyectan en las mismas direcciones de los carbonos en el doble enlace, ésto es llamado un orden "cis". Este orden cis da un giro de 120 grados, en forma de "U" en la cadena. La grasa en las plantas ocurre solamente como el cis isómero. Si los átomos de hidrógeno se proyectan en direcciones opuestas, hacen un dentado en forma de "Z" a través de la grasa. Los ácidos grasos Trans son formados cuando las grasas son calentadas en el proceso de refinamiento, o cuando van por el estómago de un animal rumiante. [1-2]

El número de átomos de carbono en la cadena, el número y sitio de los enlaces dobles y la dirección de los átomos de hidrógeno son muy importantes porque éstos determinan el tamaño y forma de las moléculas de grasa. Volveremos a ésto más tarde.

El cuerpo puede producir grasas saturadas y monoinsaturados, pero ellas no pueden producir ácidos grasosos con dos o más enlaces dobles, llamados grasas poliinsaturadas. Hay dos aceites principales que tenemos que obtener de la comida porque no podemos producirlos. Estos aceites "esenciales" son dieciocho carbonos largos, con dos o tres enlaces dobles localizados con precisión. Nuestros cuerpos tienen una necesidad diaria de tres gramos de ácido omega-6, linoléico o ácido gamma linoléico y un gramo de ácido omega-3 alpha-linoléico.[3-4] Estos son usados para producir sustancias químicas muy importantes llamadas prostaglandinas, tromboxanos, leucotrienos, y 18 grasas hidroxiladas.

La mayoría de las frutas, legumbres, granos, tubérculos y frondosas legumbres verdes, son relativamente bajos en contenido de grasa, usualmente por debajo del 20 por ciento de las calorías. En cambio, las nueces, aceitunas, aguacates y semillas de alto contenido de grasa, tales como soya o semillas de girasol, son altas en grasa. En producto de plantas, los acidos grasos esenciales generalmente se producen en mas de la mitad de ácidos grasos. Ésto no se aplica a las grasas en la carne, leche y huevos. La mitad o más de las calorías de la carne de res, carne de cerdo, leche y huevos provienen de la grasa, y menos del 12 por ciento de los ácidos grasos de la carne de res, carne de cerdo y mantequilla son del tipo esencial.[5] Los animales han agotado las grasas esenciales y han almacenado en sus tejidos otros tipos tales como grasas monoinsaturadas o completamente saturadas.

El proceso de refinamiento de soya a margarina de soya, complica más el problema de obtener grasa buena y otros nutrientes de grasa soluble. Más de la mitad de los aceites esenciales en la soya han sido cambiados a aceite saturado o monoinsaturado, y por encima del 25 por ciento de esas grasas con dos o tres enlaces han sido desviadas de su forma del cis a la forma trans.[5-6] Además, muchos enlaces dobles se oxidan.

Mediante nueve caminos principales, el exceso de grasas refinadas y grasas animales pueden trastornar nuestra salud. Estos son discutidos a continuación.

Obesidad: El primer problema es "calorias vacías". Las grasas proveen nueve calorías por gramo, lo cual es dos veces más de lo que provee la proteína o el carbohidrato. Para ser negociadas en el estado libre, necesitan ser "refinadas" para remover ciertas sustancias químicas que descoloran el aceite, lo hacen salpicar en la sartén, o causan que el aceite se ponga rancio fácilmente. Durante el procesamiento, casi toda la proteína, hidrato de carbono, minerales, vitaminas, fibra y esteroides de la planta, son removidos. Entonces, otras comidas tienen que proveer este desequilibrio. La persona común que vive en los Estados unidos agrega alrededor de una onza de esta alta caloría, material aceitoso grasoso, diario a su comida. Uno tendría que comer quince mazorcas medianas de maíz o cuatro onzas de soya para obtener tanto aceite como ése. Uno de los serios malestares que afligen a las naciones civilizadas, es la obesidad. Nosotros podemos entender qué tan fácil es para una persona hacerse demasiado pesada mediante alimentos grasos de altas calorías.

Interferencia con la Digestión: Cuando está en el estado libre, fuera de las células de la planta, la grasa aceitosa interfiere con la digestión. Las grasas tienen la más alta densidad calórica de todas comidas. Ellas prolongan el tiempo de vaciar el estómago, [7-8] cubren las comidas, e interfieren con la acción adecuada de las enzimas digestivas sobre la proteína en el estómago. Se necesita hacer estudios para determinar el efecto de las grasas libres en la absorción de grandes complejos de amino ácidos, macromoléculas que pueden ser absorbidas tal como son y trastornar el sistema inmune. Además, se deberían hacer estudios para determinar de qué manera el intestino delgado absorberá la grasa. ¿Será absorbida dentro de los canales linfáticos como colesterol-conteniendo quilomicrones y VLDL, o absorbida en la vena porta como lecitina–, como los fosfolípidos. Poniéndolo de otra manera, si la grasa es presentada más despacio al intestino, como mediante una descarga gradual de grasa dentro de la fibra de la planta, ¿va directamente al hígado, mediante las venas portales, en lugar de ir a los pulmones y cuerpo, primero pasa por el sistema linfático como lo es cuando se come grasa libre? [9] Ésto haría una diferencia en la manera como el cuerpo metaboliza la grasa.

Creación de Colesterol en los Tejidos del Cuerpo: La combinación de la incrementada formación de colesterol para emulsionar y utilizar las agregadas grasas libres, junto con la disminuída entrada de fibra, resulta en una acumulación gradual de colesterol en las células de cuerpo. En las arterias, el cambio repetido de la presión con cada latido del corazón, deforma el tejido fibroso y los cristales del colesterol. Parece que en la pared arterial, esta repetitiva irritación del cristal del colesterol, a través de su efecto piezoeléctrico, induce al endurecimiento ó rigidez del tejido fibroso y causa la muerte de los fagocitos cargados de colesterol. El resultado es el endurecimiento de las arterias y/o la obstrucción del interior de la arteria. [10]

Los Acidos Grasos Forman Membranas Celulares: Los ácidos grasos son usados como más de una fuente de energía. Cada célula tiene un doble revestimiento de lecitinas que son ácidos grasos químicamente conectados a un complejo de fósforo. Algunas células cambian sus paredes celulares cada cinco minutos. En el interior de esta pared celular doblemente alineada hay un número de talleres de células los cuales también tienen un doble revestimiento de lecitinas. El cuerpo no usa las lecitinas directamente de la comida, sino que las acaba y fabrica sus propias lecitinas, diseñadas especialmente para nuestros cuerpos, de la grasa, proteína y glucosa que comemos.

La cosa importante es ésta. Si comemos demasiadas grasas saturadas trans, y las ponemos en las paredes celulares, éstas estarán muy rígidas para trabajar adecuadamente. Una excesiva acumulación de colesterol también causará que las paredes celulares se pongan rígidas. Las grasas poliinsaturadas en la pared le ayudan a ser flexibles. Las paredes celulares rígidas son víctimas de un fácil ataque de virus y germenes. Éstas deben probablemente sucumbir al cáncer y otros problemas. [11] De los estudios que Aloia y yo hemos hecho sobre grasas las trans en reservas de grasa y membranas celulares, estas grasas trans gradualmente salen de las reservas de grasa del cuerpo de modo que en un año ellas han sido cambiadas por las nuevas de la dieta. [12]

Grasas Adecuados De La Célula Producen Células Químicas Adecuadas: [13-14] Las células usan ácidos grasos de sus paredes celulares y de otros sitios como material crudo para la formación de cuatro clases de sustancias químicas, claves en el funcionamiento del cuerpo. Éstas son prostaglandinas, tromboxanos, leucotrienos, y 18 — grasa hidroxiladas. Las grasas Omega-6 son encauzadas a través del flujo del ácido araquidónico y las grasas Omega-3 son encauzadas a través del flujo del ácido eicosapentanóico. Si el principal flujo de sustancias químicas es a través del ácido araquidónico, los tipos de prostaglandinas y tromboxanos causarán que las arterias se opriman y que las plaquetas sean pegajosas. [15] La carne, la leche y los huevos son una fuente de ácido araquidonico preformado, y el pescado es una fuente de ácidos eicosapentanoico preformados.

Hay mucho que aprender, pero la evidencia disponible señala que los ácidos grasos en la membrana celular, son de gran importancia en la química celular. ¿Cómo es ésto exactamente? necesita ser resuelto; pero sí sabemos cómo obtener la mejor fuente de ácidos grasos. Si vamos a los animales, obtenemos un tipo de grasa de ácido eicosapentanóico araquidónico predominante. Si vamos al pescado, obtenemos el tipo de grasa eicosapentanóico predominantemente. Si vamos a los aceites procesados, los productos provenientes de las grasas omega-6 predominarán. Si vamos a las plantas, el cuerpo puede elegir un flujo que va a través de esas grasas de carbono-20; si no, van a través de flujos enteramente diferentes, comenzando por la fuente de sustancias químicas 18C:2 w6 o 18C:3 w3. ¿Quién entre nosotros puede decir que éso no es importante? En un estudio "el 1% del incremento absoluto en el ácido a-linoleico (reservas adiposas), fue asociado con una disminución de 5 mm Hg en la presión arterial."[16] Se ha demostrado que una dieta vegetariana puede cambiar dramaticamente las plaquetas de ácidos grasos y la función de las plaquetas.[17]

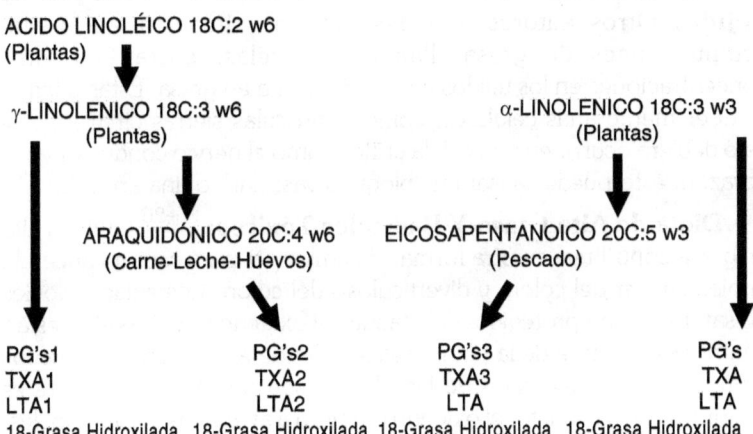

Grasas Adecuadas Necesarias Para el Sistema Inmune: [18-20] En el cuerpo, ciertos linfocitos llamados células T, usan los leucotrienos de las grasas para comunicarse con otros linfocitos llamados células B, y células polimorfonucleares (polys). Así, la clase de grasas que comemos afecta la manera como nuestro cuerpo responde a agentes infecciosos que pueden causar enfermedad, ya sea un resfriado común o un cáncer. Por ejemplo, en la artritis articular el cuerpo parece responder al agente infeccioso de este modo.[21] Los linfocitos T dirigen los linfocitos B, con un leucotrieno, para formar anticuerpos contra el bacilo de la artritis. Los linfocitos T también dirigen los polis por un leucotrieno para descubrir el complejo de los anticuerpos de las bacterias, fagocitarlo y digerirlo. Si una grasa inadecuada está en la dieta, el sistema no realiza su trabajo, y el microbio continúa causando peligro. Si la persona consume dulces de azúcar refinada, los polis son cegados y tienen dificultad para encontrar el complejo de los anticuerpos de las bacterias, para que ese sistema de defensa no trabaje.[22]

Transporte de Grasa y Oxígeno: Las dietas que son altas en grasas libres o visibles, aumentan el nivel de grasa de la sangre y causan que las células rojas de la sangre se peguen en lo que es llamado formación rouleau, o, pila de monedas. Esta situación puede durar tanto como doce horas después de una comida grasosa. [23] Mientras ellas están en esta condición, no pueden llevar el oxígeno fácilmente al pulmón, ni pueden entrar libremente en los pequeños vasos capilares, y ceden su oxígeno fácilmente.

Las Acumulaciones de Grasa (Micelas) Destruyen el Tejido: Otros autores han descrito una situación en la que acumulaciones de grasa, llamadas micelas, entran en altas concentraciones en los tejidos en una dieta alta en grasa. Éstas pueden romper membranas celulares, como minúsculas sierras circulares. Si ésto debiera ocurrir en una célula crítica como el nervio conductor en el corazón, ésto puede causar un "bloqueo vascular" o una arritmia. [24]

Dieta de Alta Grasa Y Radicales Tóxicos: [25-26] La dieta alta en grasa contribuye en otra forma, sin embargo, para causar cáncer de la piel, cáncer del colon, y diverticulosis del colon. Los enlaces dobles no saturados son protegidos del ataque del oxígeno mientras ellos están dentro la estructura de la planta celular. Desde el momento en que los granos u otros materiales de las plantas son molidos, o el aceite es exprimido del producto, el oxígeno empieza a atacar los enlaces dobles. Entre más enlaces dobles haya en el aceite, más grande será el número de enlaces dobles oxidados. Estas grasas oxidadas, entonces, producen las membranas celulares, un lugar peligroso para ellas.

Cuando hay una alta concentración de poliinsaturados, trigliceridos o colesterol en la sangre y la piel, éstas pueden ser irradiadas por luz del sol y convertidas en radicales tóxicos. Estos radicales tóxicos destruyen las células de la piel, de modo que estas células llegan a ser cancerosas. Una situación algo semejante ocurre en el intestino grueso. Cuando una persona está bajo una dieta que es baja en fibra y alta en grasas poliinsaturadas, los enlaces dobles de la grasa, las sales biliares y el colesterol pueden ser atacados por bacterias en el colon con la formación de venenosos radicales tóxicos. Estos radicales tóxicos pueden causar daño a la cubierta del intestino grueso, de modo que el pequeño diverticulo, forma una bolsa, debido al crecimiento de las paredes del colon, o empieza el cáncer del colon. El cáncer de la piel, pecho, ovarios, páncreas, próstata y colon, han sido todos atribuídos a una dieta alta en aceites poliinsaturados o grasas animales.[27] Para hacer las cosas peor, estos radicales tóxicos provenientes de la grasa y el colesterol rancio, incrementan el riesgo de enfermedad coronaria del corazón.

1. D. Sgantas y F.A. Kummerow: *Am J Clin Nutr* 23:1111–1119, I 975.
2. R.L. Anderson, C.S. Fullmer, Jr., y E.J. Hollenback: *J of Nutr* 105:393–400, I 975.
3. L. Anderson, M.V. Dibble, P.R. Turkki, H.S. Mitchell, y H.J. Rynbergen: *Nutrición en Salud y Enfermedad*, 17 edición. J.B. Lippincott CO, Philadelphia, 1982, p. 44.
4. R.J. Holman y S.B. Johnson: En *Grasas Dietéticas y Salud*, eds. E.G. Perkins y W.J. Visek, Am Oils Chemists' Society, Champaign, Illinois, 1983, pp. 247–266.
5. F.N. Hepburn, J. Exler, J.L. Weihrauch: *JADA*
6. D.L. Carpenter y H.T. Stover: *J Amer Oil Chem Soc* 50:372–376, 1973
7. J.N. Hunt y D.F. Stubbs: *J Physiol* 245:209–225, 1975.
8. R. Jian, N. Vigernon, Y. Najean, y J.J. Bernier: *Enfermedades Digestivas y Ciencia* 27:705–711, 1982.
9. C.M. Surawicz, D.R. Saunders, J. Sillery, C.E. Rubins: *Am J Physiol* 240: G 157–162, 1981.
10. W.A. Boyd: *Un Libro de Patología*. Lea & Febige, Philadelphia, PA, 1943, p. 395.
11. R. Aloia: Loma Linda VAH, Loma Linda, CA, Comunicación Personal.
12. M.G. Crane, R. Zielinski, y R. Aloia: *Am J Clin Nutr* S 48:920, 1988.
13. J.E. Kinsella, G. Bruchner, J. Mai, y J. Shimp: *Am J Clin Nutr* 34:2307–18, 1981.
14. Marshall, LA, A. Szczesniewski, y PV Johnston: *Am J Clin Nutr* 38:895–900, I983.
15. S. Moncada y J.R. Vane: *NEJMed* 300:1142–1147, I979.
16. E.M. Berry y J. Hirsch: *Am J Clin Nutr* 44:336–340, 1986.
17. M. Fisher, P.H. Levine, B. Weiner, I.S. Ockene, B. Johnson, M.H. Johnson, A.M. Natale, C.H. Vanderil, J Hoosgasian: *Arch Int Med* 146:1193, 1986.
18. P.V. Johnston: In *Advances in Lipid Research*, Vol. 21, ed. R. Paoletti y D. Kritchevsky, Academic Press, Orlando, 1985, pp. 103–141.
19. J. Merten: *Prog. Lipid Res* 20:851–856, I98I.
20. F.V. Chisari, L.K. Curtiss, y F.C. Jensen: *J Clin Invest* 68:329–336, 1981.
21. J.H. Vauhan: *Hospital Practice* 19:101–107, I984
22. E. Kijak, G. Foust, y R. Steinman: *Calif. State Dental Assoc* 32:349, I964.
23. M. Friedman, S.O. Byers, y R.H. Rosenman: *JAMA* 193: 882–86, I965.
24. A.M. Katz y F.C. Messineo: *Hospital Practice*, julio, 1981, pp. 49–59.
25. H.S. Black, J.T. Chan, y G.E. Brown: *Cáncer Res.* 38:1384, 1978.
26. F.A. Kummerow: *Amer. J. Clin. Nutr.* 32:58–83, 1979.
27. E. Wynder: *J Amer Diet Assoc* 71:385–392, 1977.

Capítulo 23

LOS AUTENTICOS REMEDIOS DE DIOS= EL SECRETO DEL ÉXITO

Los auténticos remedios de Dios: En la búsqueda de la salud hay muchas voces. Cada mes me llaman la atención las nuevas drogas o tratamientos que ofrecen una medida de alivio de los síntomas de enfermedad. No todos éstos están equivocados. Los pacientes son provistos de un medio de alivio inmediato o corrección temporal, pero la tragedia es que poco o nada es hecho para señalar la causa y el remedio verdadero. Muchas vitaminas preparadas, pociones de yerbas y fórmulas secretas son vendidas como los elíxires de vida. Éstas pueden ser útiles bajo algunas circunstancias, pero, aquí también, a menos que la causa principal de la enfermedad sea corregida, el paciente continuará sufriendo los resultados de la continua desobediencia a las leyes de la salud.

Por ejemplo, la cirujía coronaria de desvío, o la remoción de cálculos biliares puede ser necesaria, a veces bajo circunstancias amenazantes de vida, pero esas dos operaciones no abordan la causa de la acumulación de colesterol en el cuerpo y la obstrucción de las arterias. Ellas solamente las posponen, y a menos que el médico y el paciente se propongan a corregir la causa de la enfermedad, una condición peor resulta pronto. ¿Cuáles son los "remedios auténticos" que deberíamos tratar como la base de cada enfoque terapéutico?

Cuando estudiamos las Escrituras encontramos que Dios presentó a Israel, leyes de salud que eran muy adelantadas para su época. En su gigantesco viaje, dos millones de Israelitas se enfrentaron con un problema de sanamiento. ¿Cómo contiene usted una epidemia de disentería, cólera o parásitos intestinales? Ellos debían designar un lugar para defecar. Ellos debían usar una estaca en su cinturón, cavar un hoyo, realizar sus necesidades y cubrir su excremento (Deuteronomio 23:13).

Antes de que comieran, ellos debían lavar sus manos hasta el codo. Una de las razones era que ellos usaban su mano izquierda para limpiarse, después de una evacuación intestinal. Recuerde, la teoría del germen no fue aceptada hasta le época de Koch y Pasteur, en 1860. A Israel le fueron dados los principios de limpieza mediante el lavado y la cuarentena, para impedir la propagación de agentes infecciosos (Levítico 11:13–15).

A la madre y al recién nacido se les aplicaba una forma sencilla de protección contra la infección. Ellos debían ser tratados como "inmundos," durante varias semanas después del parto (Levítico 12).

En nuestra época, después de más de tres mil años de degeneración de la raza humana, Dios nos ha dado aún más información específica sobre Sus auténticos remedios higiénicos. Éstos incluyen los siguientes:

Una conciencia limpia (2 SM 281).
Limpieza, pureza de vida, limpias y dulces premisas (2 SM 287).
yerbas sencillas (2 SM 289,293–4).
Paños calientes y compresas calientes y frías (2 SM 290).
Alegría (2 SM 298).
Carbón de leña (2 SM 298–9).

Nosotros enfatizamos una lista especial que incluye siete remedios **naturales** y uno **sobrenatural**. "Aire puro, luz del sol, abstinencia, descanso, ejercicio, dieta adecuada, el uso de agua, confianza en el poder divino, — éstos son los remedios auténticos. Cada persona debería tener un conocimiento de la naturaleza de estos agentes, y cómo aplicarlos" (MH127). Éstos fueron transformados en las siglas NEWSTART, para ayudarnos a recordarlos.

NUTRICION: Una dieta más saludable puede ser obtenida si usted, (a) evita todas las comidas refinadas; (b) escoje productos agrícolas adecuados, preferiblemente cultivados orgánicamente, que le brindarán un adecuado y balanceado consumo de amino ácidos, aceites esenciales, vitaminas, minerales y elementos constituyentes; (c) elija los tipos de nutrientes que le ayudarán a perder o ganar peso, tal como lo necesite, a reforzar el sistema inmune, y limpiar el cuerpo del exceso de colesterol y grasa que empeora la circulación y causa degeneración.

Se recomiendan los siguientes principios orientadores:

1. Seleccione comidas exquisitas y sabrosas, de los artículos registrados debajo:
   Toda fruta, **no azucarada**, preferiblemente fresca, pero también congelada o envasada en jugo de fruta o empacada en agua.
   Todas las verduras, especialmente hojas de nabo, brócoli, col, hojas de mostaza, repollo y rábano, etc.
   Use moderadamente comidas que tienen mucho oxalato, tales como espinaca, remolacha, maní o ruibarbo.
   Todas las hjerbas que sean moderadas
   Todas las leguminosas (habas, guisantes, lentejas y garbanzos)
   Todos los granos integrales. Usted necesita diariamente dos tipos más una legumbre o verdura para obtener óptimo balance de los amino ácidos.
   Nueces en moderación; las mejores son almendras, avellanas, pacanas y nueces. **mantequilla de Maní o maní, no es recomendado.**

2. No coma productos animales Nada de carne
   Nada de yemas de huevo
   Nada de productos de leche

3. No consuma comidas refinadas:
   Nada de aceite, margarina, materia grasa
   Nada de azúcar, almíbar, o almidón libre
   Nada de pan blanco, arroz blanco
   Nada de harina de maíz
   Nada de gluten o substitutos de carne, de soya.

4. Todas las nececidades nutritivas en una "adecuada" dieta **PREVENTIVA**, pueden ser aseguradas con una porción **diaria** de las comidas registradas debajo:
   Una fruta cítrica o una fuente alterna de vitamina C
   Una porción adicional de fruta
   Un vegetal amarillo tal como zanahorias, calabazas, etc.
   Un vegetal verde, de hojas bajas en oxalato, — 2 tazas (vol. cocinado)
   Una leguminosa, tal como habas, guisantes, lentejas, garbanzos, etc.
   Dos a tres diferentes granos enteros

Tubérculos, nueces, aceitunas y aguacates pueden ser comidos como sea deseado

5. Para los que estén bajo una "adecuada" dieta **TERAPEUTICA** para la enfermedad coronaria del corazón, diabetes, hipertensión, artritis degenerativa y otras condiciones con las arterias obstruídas, sería sensato que restringieran las comidas abundantes en grasa, de la dieta preventiva (vea más arriba) como sigue:

> No aceitunas, aguacates, nueces, o semillas ricas en grasa
> No soya o tofu.

6. Suplementos Alimenticios:
> Vitamina B-12– tome 50–500 miligramos una vez a la semana, **mascada** en la comida. (La vitamina B-12 es hecha solamente de gérmenes o levadura)
> Sal yodada. – SI la sal es restringida, dos kelp píldoras diariamente
> Vitamina D (400 IU diarias– SI no puede obtener adecuada luz del sol
> Fluoruro– agua con fluoruro, excepto en áreas con abundante fluoruro
> Calcio y magnesio– SI no puede obtener buenos vegetales diariamente.

ALGUNAS REGLAS GENERALES PARA UNA BUENA DIGESTION SON:

- Coma despacio, mastique la comida completamente para permitir que la saliva se mezcle con la comida. Cuente de 30 a 40 masticadas con cada bocado
- Evite los líquidos con las comidas. Éstos disminuyen el flujo de la saliva con sus enzimas digestivas.
- Dos comidas al día es mejor que tres. La comida de noche, si se come completamente, debería ser una fruta y/ o tostada seca.
- Coma una variedad de frutas, legumbres, granos enteros, tubérculos y leguminosas durante la semana, de diferentes áreas de cultivo, pero una variedad limitada de cuatro o cinco de cada comida.
- Suficiente sodio (sal) es usualmente disponible en las comidas en su estado natural. Condimente su comida con limón, cebolla y yerbas saludables. Si tolera la sal, use sal yodada. Del mar SI usted restringe la sal, tome dos kelp píldoras diarias para obtener yodo.

Evite pérdidas de los minerales esenciales, vitaminas y elementos complementarios, causados por el lavado abundante, la excesiva pelada, o el mal cocimiento. Guise o cocine al vapor los vegetales o fruta, con un mínimo de agua. Agregue el jugo cocinando a la comida. No los cocine demasiado.

EJERCICIO: Ejercicio adecuado es lo que se necesita. He aquí tres guías para ayudarlo a ejercitarse a un nivel óptimo, sin peligro:

1. La frecuencia del pulso, en diez segundos, durante el ejercicio. Aprenda cómo contar su pulso en diez segundos exactamente y entonces úselo. Ejercítese, pare, cuente su pulso durante diez segundos, empiece de nuevo el ejercicio. Objetivo: Mantener la frecuencia del pulso durante el ejercicio, duración del ejercicio debe ser de 20 a 30 minutos diariamente.

Frecuencia del Pulso en Diez Segundos 50–60 años = 23–22 latidos/ 10 seg.
(guía aproximada) 60–70 años = 21–20 latidos/ 10 seg.
70–80 años = 19–18 latidos/ 10 seg.

2. Ejercítese de acuerdo a la intensidad en que usted sea simplemente capaz de sostener una conversación con alguien mientras realiza el ejercicio.
3. Si usted contrae dolor en el pecho, brazo izquierdo o la garganta, o pesadez durante el ejercicio, pare y descanse. Consulte a su médico.

Meta: Ejercítese un mínimo de 20 a 30 minutos, al nivel óptimo de resistencia, al menos cinco días a la semana. El cuerpo tiende a "escaparse" fácilmente del acondicionamiento. Caminar es un buen ejercicio. Use un bastón para caminar. La jardinería o la bicicleta estática son buenos métodos alternativos de ejercicio.

AGUA: El cuerpo necesita agua para la limpieza interna y externa. Beba de seis a ocho vasos de agua pura diariamente, o más si usted suda mucho. Beba agua en incremento, entre las comidas, pero lo suficientemente antes de la hora de acostarse para evitar la interrupción del sueño. El beber agua durante el ejercicio incrementa la resistencia. Usted necesita suficiente agua para tener de medio a dos galones de orina en un período de 24 horas.

LUZ DEL SOL: La luz del sol tiene varios beneficios para el cuerpo. Surte la natural vitamina D mientras baja el colesterol. Obtenga toda la que pueda modestamente; sin embargo, evite quemarse. Usted necesita exponer su cara al menos de diez minutos a media hora para obtener suficiente vitamina D. La vitamina D puede ser conservada por semanas en la grasa. Adecuadas vitaminas C y E, de los cítricos y granos completos, junto con la corrección del alto colesterol y los niveles de trigliceridos en la sangre y los tejidos, pueden ayudar a proteger contra el cáncer de la piel.

MODERACION: Necesitamos alejarnos de todas las drogas perjudiciales. Nosotros deberíamos eliminar todo el té, café, bebidas no alcohólicas y bebidas alcohólicas, de nuestra dieta. Use simplemente agua pura en su lugar. Aún las cosas buenas deberían ser usadas en moderación.

AIRE: El aire puro y fresco es necesario. Esto significa, no humo de tabaco o de otras sustancias. Esto significa aire bueno con partículas negativamente ionizadas como las que se presentan en el aire cerca de los bosques, lagos y océanos. Respire profundamente como parte de los ejercicios.

DESCANSO: Obtenga adecuado sueño tranquilo. Una cena ligera, no muy cerca del momento de retirarse a dormir, es de ayuda. Trate de evitar circunstancias que causan tensión. Establezca buenos hábitos y ésto le ayudará. "los cambios occuridos en los viajes aereos de larga distancia (jetlag)" nos enseñan que el cuerpo trabaja mejor con buenos hábitos. Un relajante baño en agua tibia puede ayudarle a tranquilizarse bastante después de un día lleno de tensión, de modo que usted no necesitará esa píldora para dormir.

CONFIANZA EN DIOS: Ponga su vida en las manos de Dios. Una fe perdurable en un amante Dios, le ayudará a descansar física y mentalmente. Él está completamente listo para perdonar todos nuestros errores pasados, a pesar de lo terribles que ellos puedan ser. Él ha prometido quitar nuestra culpa de nosotros y limpiarnos, como si nunca hubiéramos pecado. Pregúntele a Él. Él promete renovar la mente, e inclusive borrar todos esos registros mentales de nuestros pecados (Cf. 1 Juan 1:9; Salmos 103:12; Romanos 12: 1, 2; Salmos 51:1–13).

Si nosotros estamos simplemente "dispuestos a ser hechos dispuestos" (2 Corintios 8:12; Filipenses 2:5) Él trabajará en nuestras mentes para que deseemos hacer lo correcto, y con su poder nos capacite para obedecerle (Hebreos 8:10–12; Filipenses 2:13; Colosenses 1:11,12,29). Todas Sus leyes son realmente promesas. Cada promesa que Él ha hecho por medio de una ley, es **parte de nuestra herencia** (Deuteronomio 33:4; Gálatas 3:17–19). Nosotros podemos comenzar **ahora** a obtener nuestra herencia del Padre divino (Efesios 1). Cuando Cristo murió, Su voluntad y testamento entraron en completa vigencia. (Hebreos 9:15–17). Nosotros podemos ser adoptados en Su familia, "nacidos otra vez" (Juan 3:3-13; Colosenses 1:12). Entonces tenemos el derecho de ir, mediante la oración, a Su trono en las cortes del cielo y presentar nuestra súplica a Jesús, el Ejecutor y Mediador de to dos los bienes del universo (Hebreos 8:1-6; 4:16).

Si vamos por fe, después del arrepentimiento y dedicación a Él, nosotros recibimos la bendición prometida, si pedimos de acuerdo a la *voluntad* de Dios (Santiago 4:3).

Jesús dijo en Su oración para los discípulos: "Venga tu reino; hágase tu *voluntad* como en el cielo, así también en la tierra [en nosotros]...." (Mateo 6:9-13).

Nosotros debemos poner nuestro nombre en la promesa, nuestro nombre propio en la voluntad, cuando la leemos. Por ejemplo, "Porque de tal manera amó Dios a [incluya su nombre] que ha dado a Su Hijo unigénito, para que [incluya su nombre] en Él crea, [incluya su nombre] no se pierda, mas tenga vida eterna" Juan 3:16.

"Para que dé [su nombre], conforme a las riquezas de su gloria, el ser fortalecidos con poder en el hombre interior por su Espíritu.... Para que Cristo habite por la fe en [su nombre], etc." Efesios 3:16-20.

Capítulo 24

LOS BENEFICIOS DE LOS VERDADEROS REMEDIOS DE DIOS

En la década pasada los miembros del equipo de salud en el Instituto Weimar ha notado un gran beneficio para muchos pacientes que vinieron, aprendieron y luego aplicaron los remedios verdaderos. Nosotros podemos darle promedios y porcentajes de cambios, pero éstos no representan adecuadamente el incremento en sentido del bienestar y los notables resultados en el alivio del dolor y sufrimiento. El resumen siguiente presenta los principales resultados que hemos visto.

Lípidos séricos: Los siguientes cambios ocurrieron en lípidos séricos, en dos semanas, en aquellos con niveles anormales al momento de ingresar a las sesiones:
19.4% disminución de Colesterol, si el valor inicial era de 180 mg% o más.
31.3% disminución de trigliceridos, si el valor inicial era de 150 mg% o más.
22.3% incremento de HDL-Col., si el valor inicial estaba por debajo de 30 mg%

Capacidad de hacer trabajo o ejercicio: La habilidad de los pacientes para realizar su trabajo mejoró en un promedio de 40% en veinticinco días, tal como fue medido por la prueba electrocardiografica de esfuerzo (Bruce protocolo).

Control de Sobre Peso:
Por encima del peso (10 al 19% sobre el peso ideal) Promedio de Pérdida = 4.2 libras.

Obeso (20% o más sobre el peso ideal) Promedio de pérdida = 10.8 libras.

¡Y todo ésto en 25 días sin sensación de hambre!

Enfermedad Coronaria del Corazón: Los que entraron con angor, como un síntoma, tuvieron los siguientes cambios: cincuenta y tres por ciento quedaron sin síntomas, y un adicional 26 por ciento definidamente fueron mejorados antes del día dieciocho. El veintiuno por ciento no cambió en ese período de tiempo. Tenemos estudios de más larga extensión en algunos pacientes, que muestran regresión limitada de aterosclerosis, tal como es evidenciada por el aumento en el ejercicio en la prueba ergométrica y/ u otras pruebas. Actualmente estamos preparando para obtener información de seguimiento en todos los que tienen enfermedad coronaria del corazón. Espere los resultados de este estudio.

Hipertensión: De los que entraron con el diagnóstico de hipertensión, 50 por ciento eran normotensivos (por debajo de 140/90) después de dos semanas, el 65 por ciento eran normotensivos después de tres semanas en el programa, **sin medicamento**.

Diabetes: Diez por ciento del tipo juvenil y 33 por ciento del tipo de adulto principiante (AODM) mantuvo una disminución de azúcar en la sangre de 120 mg% o por debajo, **sin** insulina o hipoglicemiantes orales. Los que siguieron requiriendo insulina o medicamento, necesitaron solamente la mitad de su dosis anterior para mantener el azúcar en la sangre en mejor control.

Ochenta por ciento de 21 diabéticos con neuropatía diabética se libraron de su ardor, inyecciones, doloroso agotamiento después de cuatro a diecisiete días en el programa NEWSTART. Su parálisis persistió, pero aún ésto fue notablemente mejorado. Seguimientos por dos o más años han mostrado que el mejoramiento continuó en la casa.

Enfermedad Degenerativa del Disco y Artritis: Hubo mejoramiento sintomático sobre la mitad de los pacientes antes del décimoctavo día. Además, el agotamiento de las articulaciones mejoró lentamente en cuestión de meses y años. Algunas personas han mencionado un empeoramiento del dolor en las coyunturas, si usaban un "poco" de azúcar o un "poco" de aceite en la dieta.

Un médico de 29 años de edad ha quedado esencialmente libre de dolor durante los pasados seis años y ha conseguido la completa desaparición de su hernia de disco lumbar observada, mediante tomografía axial computarizada (CAT). (Vea casos ilustrativos debajo)

Artritis Reumatoidea: Durante 1988, dos de seis pacientes con esta condición, no necesitaron más medicamento para el dolor y la hinchazón, y cuatro de seis pacientes tuvieron un marcado progreso para el día dieciocho.

A pesar de que las articulaciones dañadas permanecieron deformadas, el proceso básico de la enfermedad había disminuído.

Otras Enfermedades: Algunas otras enfermedades dan la esperanza, en un período de meses, de ser curadas en los pocos casos que hemos tenido. Éstas incluyen Síndrome de fatiga crónica (E.B. síndrome viral, esclerosis múltiple, estados alérgicos, polimialgia reumática (necesita varios meses), y lupus eritematoso.

CASOS QUE ILUSTRAN LOS BENEFICIOS DE LOS VERDADEROS REMEDIOS DE DIOS

Los siguientes resultados individuales ilustran el tipo de mejoramiento que hemos observado.

Enfermedad Coronaria del Corazón: El paciente D.C. era un industrial de Michigan, de 62 años, que desarrolló intenso dolor anginal mientras trotaba, a mediados de enero de 1984. Cuando consultó a su médico, él podía tolerar solamente cuatro minutos de la prueba (Bruce) de ejercicio de rutina antes de que él tuviera señales en su ergometría de inadecuada circulación al corazón. Los angiogramas coronarios demostraron 75% de estrechamiento de la arteria coronaria derecha y varias áreas de comparable estrechez de las ramificaciones de la arteria coronaria izquierda. Su colesterol era 220 mg% y su colesterol HDL era de 25 mg%. Se le aconsejó tener cirujía coronaria de desvío de arteria, pero prefirió seguir el programa Weimar NEWSTART. Cuando él llamó desde su casa, le fueron dadas instrucciones preliminares para comenzar en nuestra dieta terapéutica inmediatamente.

En Abril de 1984, después de tres semanas en la casa y veinte días en el Instituto Weimar, en la dieta terapéutica baja en grasas, él pudo andar diez millas un día, sin dolor en el pecho. Su colesterol había disminuído a 141 mg% y su HDL era de 27 mg%. Su tiempo en el ergómetro había aumentado de seis a nueve minutos, antes de que ocurrieran comparables cambios en su electro cardiograma. El paciente ha permanecido en la dieta y programa de ejercicio fielmente, aún en sus safaris. Después de un año en el programa, él pudo tolerar doce minutos ergométricas antes de tener 2-3 mm ST de presión.

Después de dos años, él pudo tolerar 12 minutos en el protocolo Bruce con solamente mínimos cambios ECG, y la prueba de rutina fue descontinuada porque había alcanzado una frecuencia de pulso de 150 (85% de la frecuencia máxima de su corazón).

Sin pedir consejo médico, él volvió a su pasatiempo favorito de cazar, a grandes altitudes. En el verano de 1986, él acampó y cazó en Tibet, a una elevación de 12,000 a 16,000 pies, sin dolor anginal. Al año siguiente, él realizó un viaje de cacería semejante, en Nepal, aproximadamente a la misma elevación. Desde entonces, él ha estado en excursiones similares a iguales altitudes en los Andes de Sur América. El colesterol ha sido nivelado a aproximadamente 170 con un HDL de 34 mg%.

El paciente M.H. era un administrador de un hospital, Adventista Del Séptimo Día. Puesto que su serum colesterol estuvo siempre en la escala de 130–160 a través de los años, él se sintió completamente seguro contra un ataque al corazón. Su desayuno típico consistía en una mezcla de leche de soya y cereal, dos huevos fritos, papas fritas y tortilla o tostada francesa. Su almuerzo favorito era un sandwich de mantequilla de maní y mayonesa, en pan blanco. Su bocado favorito entre comidas era papas fritas. Él ejercitaba esporádicamente. Durante una caminata matutina, él sintió dolor de pecho que lo condujo a consultar a un cardiólogo. Se le encontró un severo bloqueo por medio de angiografía y evidencia por scanner cardiaco con talio de un infarto cardiaco con marcada constricción del ventrículo izquierdo. Él prefirió el plan para cambiar su estilo de vida, en vez de la recomendada cirujía coronaria de desvío. Su colesterol inicial en el Instituto Weimar después de dos semanas a dieta en la casa, era 120 mg% con un porcetaje de riesgo de Colesterol/ HDL de 5.2, a causa de un bajo HDL (23 mg%). Su porcentaje de riesgo permaneció elevado en 4.8* después de dos semanas en el programa NEWSTART. Nosotros agregamos cromo GTF (Factor de Tolerancia Glucosa) y suplementos alimenticios de niacina para bajar su síntesis de colesterol y aumentar su síntesis de HDL. En este programa, su colesterol bajó a 95, su HDL aumentó a 60, y él tuvo una proporción de riesgo de 1.5. Después de ocho meses en el programa, su repetido examen con tálio reveló que el corazón era enteramente normal. Toda evidencia anterior de escasa circulación al corazón, desapareció. Él ha continuado entusiastamente en el programa. (* nos gusta que la proporción de riesgo esté en o bajo 3.5.)

Hipertensión: R.M. era un conductor de camión, de 57 años, que vivía en Pensilvania. Él había tenido síntomas de tensión desde su servicio con el ejército en la segunda guerra mundial, en la invasión a Normandía. Durante los últimos veinte años, gradualmente ganó peso hasta que llegó a 257 libras. (70 pulgadas de alto). Por ocho años, él había tenido hipertensión y cuando entró al programa de salud estaba bajo una dosis completa de 3 medicamentos debido a ésto. Además de estos problemas mayores, él también tenía artritis del cuello, ataques de artritis de gota y se sentía confuso y olvidadizo a veces. Él entró al programa tomando 43 píldoras en un día, de once diferentes medicamentos. Los resultados comparativos de las observaciones al principio del programa y al final de los veinticinco días, son clasificados de estamanera:.

	A la entrada	Dia 14	Día 21
Peso (kg.)	117	108	107
Presión arterial	176/108	148/96	130/90
Azúcar en la Sangre mg% (en ayunas)	127	127	156
Trigliceridas mg%	500+	239	217
Colesterol mg%	307	289	296
HDL colesterol mg%	18		
Ergometría (METS)	5		12
Total de pastillas/día	43	0	0

Su confusión mental se clarificó después de que los medicamentos fueron suspendidos y él se sintió mucho mejor. Al final de una semana, él ya no tenía dolor artrítico en su cuello ni angina al hacer ejercicio. Cuando regresó a su médico al Hospital de los Veteranos, en Pensilvania, su médico lo exhortó, "Lo que esté haciendo, por favor continúelo."

R.K. era un vendedor de 54 años de edad que había sido demasiado pesado durante 25 años; había tenido hipertensión por 20 años con presiones arteriales sobre 200 sin medicamento, y por siete años sufrió de fácil agotamiento. Él padeció angor cinco años antes, tuvo cirujía coronaria de desvío de arteria, tres años antes, y tuvo depósitos de colesterol removidos mediante cirugía de ambas arterias caróticas, dos años antes. A su entrada, hasta el día 25 del programa, él hizo muy poco ejercicio a causa del dolor de angor. Para el final del programa, él caminaba 14 millas al día, y necesitaba menos de dos píldoras de nitroglicerina al día. La lista siguiente presenta sus resultados.

	A la Entrada	Día 14	Día 21
Peso (Kg.)	103	91	88
Presión arterial	160/104	148/90	138/90
Azúcar en la Sangre mg% (en ayunas)	103	92	
Trigliceridos mg%	183	102	
Colesterol mg%	451	152	
HDL Colesterol mg%	35	52	
Col/ HDL Proporción de Riesgo	12.8	2.9	
Ergometría (METS)	8		9
Total de pastillas/día	24	5	7

Al final de la sesión, él tomaba la mitad del medicamento antihipertensivo que cuando entró.

Diabetes Mellitus: H.J. era un hombre caucásico de 62 años de edad cuando lo conocí en el programa de acondicionamiento, Nameless Valley cerca de Austin, Texas. A través de los años, él había ganado peso gradualmente hasta que alcanzó 240 libras. Él había desarrollado diabetes, y verificaba el azúcar en su sangre tres veces al día. En una dosis de 180 a 200 unidades de insulina diariamente, él pudo controlar su glucosa en ayunas en un rango de 140 a 160 mg% sin reacciones de insulina.

Él llegó entusiasmado al día 25 del programa y perdió 35 libras durante ese período. Para el quinto día, él tuvo reacciones de insulina, y su insulina tuvo que ser completamente descontinuada. Cinco unidades al día del mismo frasco de insulina NPH, le causaron hipoglicemia. De ese tiempo en adelante, durante los siguientes catorce meses, su glucosa permaneció por debajo de 120 mg%. Su peso se estabilizó en 190 libras.

Él entonces viajó en un crucero a Nueva Zelandia. Durante el viaje, él ganó diez libras y tuvo que reiniciar la insulina. Durante los siguientes diez meses, su peso aumentó a 223 libras. Sus necesidades de insulina se acumularon a 60 unidades al día para mantener el azúcar de la sangre en la escala de 140 a 160. Otra vez, entró al Instituto Weimar, y continuó una dieta baja en grasa, alta en fibra y un programa de caminar de 6 millas al día, él empezó a perder peso. Para el quinto día, él ya no necesitaba insulina para mantener su FBS en un rango de 90 a 117. Durante esta sesión de 25 — días, él perdió 24 libras, su presión arterial rebajó de 138/78 a 106/54, su colesterol disminuyó al 22%, y el porcentaje de riesgo de su Col/HDL rebajó de 12.6 a 7.4. Él resolvió quedarse en el programa de ahí en adelante.

Neuropatía Diabética: K.M. era una enfermera de 58 años de edad, cuando ella vino por primera vez al centro de salud en busca de ayuda. Durante los últimos 25 años, su peso había aumentado gradualmente hasta alcanzar 190 libras, que pesó al momento de su admisión. (61 pulgadas de altura). Ella había sabido de su alta presión arterial durante 15 años y tomaba dos diferentes clases de medicamento para ésto. Durante diez años, ella había tenido diabetes mellitus y había estado tomando cloropropamida para ésto.

Durante cinco años, ella había tenido sensaciones de entumecimiento y hormigueo, y sensasiones de lentitud en sus pies y piernas. Durante tres años, el dolor en sus pies había sido tan severo que ella tenía que tomar medicina para el dolor que contenía codeina, todas las noches para poder dormir.

Cuando ella vino por primera vez a mi oficina, me dijo que sentía sus pies y tobillos como si estuvieran quemados por el sol.

Cuando ella caminaba, se sentía como si estuviera andando sobre cuchillas de afeitar, aún sobre una alfombra, o con sus pantuflas más suaves.

Para el día decimo, ella estaba libre de sus ardorosos dolores en sus pies y piernas. El entumecimiento permaneció, pero se estaba apaciguando. La presión arterial de su sangre fue controlada por debajo de 138/88, sin medicamento. Puesto que la máximas dosis de cloropropamida no controlaban el azúcar en la sangre, ella inició insulina regular y , en una dosis total de 30 a 35 unidades por día. Ella ha continuado recuperándose de su durante los siguientes cuatro años, a pesar de una actitud crítica y no solidaria, de su familia.

Estenosis de la Arteria Carótida: J. L. era un hombre de 49 años de edad, dedicado a la importación. Él era caracterizado como un trabajador exagerado, fumador por largo tiempo y gran bebedor de café. Durante 25 años, él había tenido hipertensión, indigestión e insomio. Poco antes de que él ingresara al programa NEWSTART, él empezó a tener episodios de visión borrosa y debilidad transitoria de la extremidad superior derecha. Los médicos le descubrieron una difusión facilmente audible sobre la arteria carótida izquierda. Un exámen ultrasónico, en dos laboratorios diferentes, reveló 70% estenosis de la arteria carótida izquierda.

Él permaneció fielmente en el programa, por más de un año. Cuando el solicitó un nuevo chequeo, sus médicos notaron que no había señales de estenosis de la arteria carótida. Su repetido exámen ultrasónico no reveló evidencia de obstrucción de las arterias carótidas. La conclusión de su médico fue que el exámen ultrasónico inicial estaba equivocado, pero él les recordó que ellos habían realizado las pruebas en dos laboratorios diferentes.

A causa de su ocupación que requería visitas a China, él descuidó su programa. Sus síntomas de isquemia transitoria cerebral, volvieron después de un año. Él solicitó otra vez la ayuda del equipo del instituto Weimar, y fue restablecido en el programa. La lista de abajo revela algunos de sus resultados.

	2-3-87	2-17-87	2-26-87	2-9-89
Peso (kg.)	70		66	80
Presión arterial	120/80	115/80	100/70	170/100
Triglicéridos mg%	219	156		200
Colesterol mg%	218	167		241
Colesterol HDL mg%	33	41		40
Proporción de riesgo Col/HDL	6.6	4.0		6.6
Ergometría	10		11.3	
Total de pastillas/día	5	0	0	0

Enfermedad Degenerativa del Disco: D. E., de 31 años de edad, era un estudiante en tercer año de medicina cuando él empezó a tener dolor en la parte baja de la espalda, que se difundía al glúteo derecho. El dolor alcanzó tal intensidad que él ya no pudo cumplir más con sus obligaciones. Tomografía axial computarizada (GATO) y un análisis de la espina lumbar verificó lo que su médico sospechaba, una hernia de disco vertebral. Cuando él me llamó por teléfono, él me contó su historia y me preguntó: "Hay algo que pueda ser hecho con dieta y ejercicio?" Él temía que tuviera que desistir de su ambición de llegar a ser médico.

Yo le conté de mis estudios que mostraban que de todos los factores que causaban discos herniosos, los factores más importantes no traumáticos eran una pérdida gradual del flujo de la sangre a la columna vertebral, cuando la persona persistía en el uso severo de la espalda. Yo le dije que de 170 pacientes hipertensivos entre las edades de 35 y 69 años a quienes había seguido en mi práctica en el hospital de Loma Linda VA., 25 por ciento tenían la molesta enfermedad degenerativa del disco (DDD), 44 por ciento tenían enfermedad degenerativa de las articulaciones (DJD) de las rodillas, caderas y/o espalda. Una tercera parte había tenido que abandonar un empleo lucrativo prematuramente a causa de los problemas de la espalda. Mediante un examen sencillo con Rayos X, más del 75 por ciento de 170 tenían enfermedad degenerativa de discos vertebrates o ambos, de la espina lumbar, en grado moderado o severo.

La mitad de todas las personas mayores de 50 años, en los países civilizados, muestran cambios degenerativos característicos en los rayos X degenerativos de las caderas, rodillas y/o espalda. La mitad de las personas con cambios en los rayos X tienen también el grupo de síntomas que va junto con la enfermedad. En cambio, esta enfermedad es relativamente rara en sociedades primitivas o nativas. Pero ésto no es un problema nuevo. Casi todas las momias de los ancianos egipcios de hace mucho tiempo, tenían osteoartritis de la columna vertebral de grado moderado a severo.[1]

Un reciente libro de ortopedistas hace este comentario sobre la enfermedad degenerativa "Las causas para la degeneración de coyunturas mayores son aparentemente numerosas y variadas, pero el tipo más común de la enfermedad es el resultado de la continua demanda de una función excesiva; excesivo uso de la coyuntura, en el aspecto de una eficiencia disminuída u obstrucción del suministro de la sangre."[2]

Los patólogos nos dicen que las arterias más severamente involucradas con atero-arteriosclerosis son las arterias hacia la columna vertebral, particularmente hacia la espina lumbar.[3]

Silberberg[4] informó que los ratones que fueron alimentados con una dieta normal de ratón, con colesterol agregado, desarrollaron espondilosis de la espina, y algunos de ellos tenían discos herniosos.

Con esta información en mente, el joven estudiante de medicina empezó un programa de baja grasa, terapia y dieta de comidas naturales, combinados con un sistema de tracción usando un sencillo tablero inclinado.[5] Él realizó rápidamente éstos e incluyó un programa de ejercicio de reforzamiento de la espalda.[6]

Al mes de comenzar estos sencillos recursos, él estaba esencialmente libre del dolor de espalda. Desde entonces, él ha permanecido en la dieta y los ejercicios de la espalda. Él encuentra que si trabaja excesivamente largas horas durante varios días, sin sueño adecuado, le regresa el dolor de espalda. Ésto puede ser prontamente corregido mediante un estilo de vida más moderado. Un repetido análisis CAT de la espina lumbar, después de casi seis años en el régimen, mostró solamente protrusión del disco.

El paciente M.G. era un médico de 57 años de edad cuando desarrolló un disco hernioso en la espina lumbar después de pesado trabajo manual. A él le fue realizada una cirujía en el disco, en 1977, después de meses de empeoramiento progresivo del dolor. Él había sido un lacto-ovo-vegetariano toda su vida, pero en 1980 él empezó a eliminar todas las comidas refinadas y productos animales. Cito las palabras del médico-paciente:

"Cuando supe que la escasa circulación hacia la columna vertebral era una causa importante de discos herniosos (vea arriba), yo examiné largamente mi estilo de vida. Me dí cuenta que tenía que hacer algunos cambios en mi forma de vivir, si iba a ser más sano y evitar la muerte prematuramente. Vea usted, yo era un consumidor de leche pasteurizada, de queso y helado, un consumidor de 'poco' aceite y azúcar, amante de los substitutos de carne y mantequilla de maní, aficionado al huevo frito, lacto-ovo vegetariano Era un atleta durante los fines de semana, maestro de la reforma de salud, médico Adventista.

"Entonces yo suprimí la leche de vaca y me cambié a leche de soya. Después de leer los ingredientes de la leche de soya pensé,' Ésto es principalmente aceite. Yo no estoy nada cerca de mi meta de tener una dieta sana para prevenir arterias obstruídas.'

"Solamente una conclusión pareció correcta: suprimir todas las comidas refinadas y productos animales. Nada de huevos, leche, queso, mantequilla, aceite, margarina, materia grasa, azúcar o almíbar. No más pan blanco o arroz blanco. Cambié del maní y la mantequilla de maní a las almendras y otras nueces. Empecé a caminar dos millas al día animadamente, en una base regular diaria. Puesto que yo tenía peso normal para mi altura, no tuve que eliminar las aceitunas o aguacates. Por supuesto, continué confiando en el poder divino proveniente de Dios para darme el deseo y el poder de seguir Sus leyes de salud todo el tiempo.

¿Cuáles han sido los resultados? Mi espalda se ha hecho gradualmente más fuerte. Ahora soy capaz de llevarle a mi esposa los comestibles, del carro a la casa. Puedo llevar mi maleta cuando viajo a un discurso. Inclusive puedo llevar una bolsa de cemento de 100 libras, por una corta distancia, con postura propia de la espalda. Después de la cirujía y antes de la dieta, yo era incapaz de hacer todas esas cosas sin sufrir dolor persistente en la pierna derecha, por varias horas. Levantar 30 libras era casi lo máximo que yo podía hacer sin dolor. El mejoramiento ha sido gradual y firme, notablemente evidente después de alrededor de dos años en el programa y progresivamente mejor después de los cinco años."

Artritis Reumática: J.S. era una joven dama de 30 años, lisiada, cuando entró a las sesiones NEWSTART en 1987. Ella nació en Nueva Inglaterra y creció allí en una fuerte dieta de carne y mariscos. A la edad de 18 meses, ella desarrolló fiebre reumática. Un año más tarde, ella tenía artritis juvenil (reumática). Esta condición le dañó gradualmente varias articulaciones en su cuerpo, incluso los hombros, columna, muñecas, manos, pies, rodillas, dedos de las manos y los piés. En total, ella había tenido veinte operaciones en diez articulaciones.

Cuando entró al programa, ella necesitaba que las enfermeras le dieran la primera dosis de medicamento para el dolor en la mañana. Después de que el dolor fue controlado lo suficiente, ella podía levantarse, vestirse e ir a desayunar. Después de cinco días en la dieta preventiva del programa NEWSTART, ella ya no necesitaba ningún medicamento para el dolor. En el día décimo, ella pidió permiso para ir con el grupo de caminantes al acostumbrado picnic cerca del Río Bear. Ella caminó las seis millas sin dificultad o inconveniente después de los efectos. Mientras estaba en el Instituto, su peso permaneció en 114 libras, su presión arterial permaneció igual en 100/60 y sus niveles de [lípidos séricos] permanecieron iguales. Uno de los resultados que ella más agradeció fue la habilidad dearrodillarse a orar por primera vez.

Ella volvió a su casa en Colorado, y regresó a su trabajo de vender libros religiosos. No necesita decirse que ella permaneció en el programa. Un año y medio más tarde, ella y su esposo decidieron tomar vacaciones. Ellos pasaron por el Gran Cañon en Arizona. Mientras estaban allí, ellos caminaron las siete millas y media desde la orilla al Río Colorado, pasaron la noche y salieron al día siguiente. Ellos volvieron al Instituto Weimar a contarnos las buenas noticias. Ella no había tenido que tomar ningún medicamento para el dolor desde el comienzo del programa, y estaba llena de alegría con la habilidad de ver el Gran Cañón de esa manera.

Esclerosis Múltiple: C.H. era una feliz y enérgica joven vendedora, de 37 años, cuando desarrolló progresivamente aumento de fatiga, dolores punzantes, visión borrosa, entumecimiento y hormigueo de los miembros inferiores, urgencia urinaria e incontinencia y confusión mental. A los seis meses del principio de la enfermedad, ella escasamente podía moverse Ella esperaba que pronto estaría en un silla de ruedas. En sus propias palabras, ella estimaba su salud en ese tiempo en "5", en una escala de 0 a 100 (con cero siendo la muerte y 100 la salud perfecta). Después de muchas pruebas de varios expertos, ella supo que el diagnóstico era esclerosis múltiple. Como si éso no fuera suficiente, ella también tenía alergias múltiples.

Un amigo de ella, de la Iglesia Adventista, la convenció para continuar en en la dieta terapéutica NEWSTART. Al mes de estar en esta dieta, ella había tenido un claro mejoramiento, pero todavía padecía entumecimiento y fatiga. Ella se sentía mejor a veces y peor otras. Ella empezó a mantener un registro de lo que comía, cómo se sentía, y lo que hacía. Un estudio de ésto indicó que había algunas comidas que le causaban síntomas de esclerosis múltiple en cuestión de horas.

Mediante la ayuda de una combinación de una dieta de rotación y diversificación de comidas, ella pudo determinar el tipo de comidas que podía tolerar. Si ella suprimía todas las comidas refinadas (particularmente azúcar), productos animales, aditivos alimenticios, levadura y otros productos fermentados, y eliminaba las comidas naturales a las que era sensible, ella conseguía un mejoramiento constante.

En esa dieta, ella recobró gradualmente su salud, hasta que al final de tres meses, el entumecimiento desapareció. Al final de diez meses, ella pudo volver a trabajar, pero requiría un par de períodos de descanso durante el día. Después de catorce meses, ella pudo regresar a un empleo de tiempo completo. Para entonces ella estimó su salud en 95, en una escala de cero a 100.

Su régimen alimenticio básico es de selectos granos integrales, verduras y legumbres. Ella no puede comer ciertas combinaciones alimenticias en la misma comida. Ahora ella se ha recobrado lo suficiente, de modo que puede comer uno que otro pedazo de fruta fresca baja en azúcar. Ella encuentra que las ensaladas y un pan especial sin levadura le dan más energía. Su ejercicio consiste en caminar dos millas al día, o una cantidad equivalente de ejercicio en bicicleta estática. Ella se las arregla para tener descanso adecuado. Especialmente el agua purificada para cocinar y beber, es importante. Si ella se aparta de este sencillo programa, el entumecimiento y la fatiga la ponen sobre aviso del peligro en cuestión de horas.

Aunque no es miembro regular de iglesia, ella confía en Dios para darle el deseo y poder para vivir correctamente. Ella ha utilizado los "Doce pasos sugeridos" de los servicios mundiales de Alcohólicos Anónimos para su propio problema. Yo los he parafraseado como sigue:

1. Admito que soy impotente sobre mi dieta defectuosa y estilo de vida — que mi vida se ha vuelto incontrolable.
2. Yo llegué a creer que un poder más grande que yo podía devolverme la cordura.
3. Yo tomo una decisión de entregar mi voluntad y mi vida al cuidado de Dios, tal como yo lo entiendo.
4. Hago un minucioso y audaz inventario moral de mí mismo.
5. Reconozco ante Dios, ante mí mismo y ante otro ser humano, la naturaleza exacta de mis equivocaciones.
6. Estoy completamente listo para que Dios quite todos estos defectos de carácter.

7. Le pido humildemente que remueva mis debilidades.
8. Hago una lista de todas las personas a las que les he hecho daño, y estoy dispuesto a compensarlos a todos.
9. Compenso directamente a tales personas dondequiera que sea posible, salvo cuando al hacerlo las perjudique a ellas o a otros.
10. Prosigo a hacer inventario personal y cuando me equivoco, prontamente lo admito.
11. Busco mediante la oración y la meditación [sobre Su palabra] mejorar mi contacto consciente con Dios tal como lo entiendo, orando [y examinando Su palabra] solamente por el conocimiento de Su voluntad para mí y el poder de realizar eso.
12. Tengo un despertamiento espiritual como resultado de estos pasos, trato de llevar este mensaje a los alcohólicos y otros vinculados por malas costumbres y de practicar estos principios en todos mis asuntos.

La autora Elena G. de White lo pone de este modo:

1. Usted desea entregarse a Dios, pero es débil en poder moral, en la esclavitud de dudar y controlado por malas costumbres.
2. Sus promesas y resoluciones son como cuerdas de arena.
3. Usted no puede controlar sus pensamientos, su impulsos, sus sentimientos.
4. El conocimiento de sus promesas rotas y garantías perdidas debilita su confianza en su propia sinceridad.
5. El conocimiento de sus promesas rotas hace que sienta que Dios no puede aceptarlo, pero no necesita desesperarse.
6. Lo que usted necesita entender es la verdadera fuerza de la voluntad.
7. La voluntad es el poder gobernante en la naturaleza del hombre, el poder de decisión o de selección.
8. Todo depende de la correcta acción de la voluntad.
9. El poder de escoger a Dios ha sido dado a los hombres; es de ellos para ejercitarlo.
10. Usted no puede cambiar su corazón, no puede por sí solo brindar a Dios sus sentimientos, pero usted puede elegir servirle.
11. Usted puede brindarle su voluntad. Él tomará su voluntad, la purificará y se la devolverá.

12. Entonces Él trabajará en usted, tanto para desear como para hacer (vivir) de acuerdo a Su buena voluntad.
13. Así, su naturaleza entera será traída bajo el control del Espíritu de Cristo.
14. Sus sentimientos serán centrados en Él, y sus pensamientos estarán en armonía con Él.

1. D. Brothwell y A. Sandison: *Diseases of Antiquity*, Charles Thomas, Springfield, Illinois, 1967, p. 363.
2. E. Aegeter y J.A. Kirkpatrick, Jr.: *Orthopedic Diseases*, 4 Ed, W. B. Saunders CO, 1975, p. 639.
3. W. Boyd: *Textbook of Pathology*, 4 Ed, Lea & Febiger, 1943, pp. 390–1.
4. R. Silberberg; *Pathol Microbiol* (Basil), 43:625–75, 1975.
5. C.V. Burton: *Postgraduate Medicine* 70:168–183, 1981.
6. R. McKenzie: *Treat Your Own Back*, Spinal Publications, LTD, P.O. Box 93, Waikanae, New Zealand.
7. E.G. White: *Steps to Christ*, Pacific Press Pub. Assoc., 1956, page 47.

Si desea más detalles acerca del tratamiento de múltiple esclerosis, puede comunicarse con el paciente al Box 3076, Redwood City, CA. 94064. Para más información sobre el programa completo de salud, comuníquese con el autor en el Weimar Institute, Weimar, CA, 95736.

Capítulo 25

DESARROLLO DE LA DECEPCIÓN OMEGA

Las ideas panteístas en cuanto a Dios en la naturaleza fueron originadas por Lucifer (SPT# B 7:49). ¿Por qué? Con tales ideas se exalta a la naturaleza por encima de Dios (MM 91). Satanás ha usado estas ideas a través de las épocas para degradar a Dios. Es su intento sutil suprimir a Dios y Su gobierno. ¿Deberíamos nosotros esperar que él cambie al final del tiempo?

Elena G. de White fue llamada a reprender las doctrinas erróneas tales como un "Dios impersonal extendido por toda la naturaleza," brevemente después de 1844 (8 T 292). En 1890, ella había sido advertida que de ese tiempo en adelante habría una "controversia constante" entre ciencia, así llamada, y religión (MM 98). En una carta en 1903 a los líderes en el trabajo misionero médico, ella comentó acerca de las teorías que tratan con la naturaleza de Dios y Sus prerrogativas: "La iglesia está ahora comprometida en una guerra que aumentará en intensidad en el punto en que ustedes han sido engañados" (MM 96). Más tarde ella escribió: "Una y otra vez nosotros seremos llamados a enfrentarnos a la influencia de los hombres que estudian las ciencias de origen satánico, a través de las cuales Satanás tratará de nulificar a Dios y a Cristo" (9 T 68.5). Nosotros hemos sido advertidos de que los sentimientos que se encuentran en el *Templo Viviente* han sido preparados por Satanás como una trampa para los últimos días (1 SM 202).

Elena G. de White indicó en conexión con la discusión del "alfa de herejías mortales" que habría otra herejía en esta conexión, la cual ella llamó "el omega" (1 SM 202–3). El omega fue descrito como "una de naturaleza más asombrosa" (1 SM 197). Fue pronosticado que ésta "resultaría dentro de poco," y "sería recibida por los que no están dispuestos a hacer caso de la advertencia que Dios ha hecho" (1 SM 200).

Como veremos en el capítulo siguiente, hay una lucha sobre las ideologías en el mundo, entre los partidarios del panteísmo ateo quienes consideran el universo entero como de naturaleza material y los que adoptan la forma supernaturalista de panteísmo quienes consideran que el universo entero es de naturaleza espiritual. Dentro de las iglesias cristianas parece que la controversia estará entre el deísmo en un extremo, la forma espiritualista de panteísmo en el otro extremo y la recta verdad Bíblica de Dios en medio.

El deísmo no debería plantear amenaza a las doctrinas del adventismo. El deísmo sería el extremo que acentúa la trascendencia de Dios y minimiza Su inmanencia, lo cual está en contraste con el panteísmo que hará un Dios impersonal inmanente, sin mantener Su trascendencia.

Si estudiamos las secciones en el Espíritu de Profecía que tratan de las caprichosas teorías espiritualistas de la naturaleza de Dios, encontramos varias consecuencias que vienen al aceptar tales teorías falsas. La creencia de tales teorías resultaría en lo siguiente:

1. Tiende a causar controversia sobre la presencia y personalidad de Dios (1 SM 202–3).
2. Quita a Dios de Su posición de soberanía (8 T 292).
3. Suprime la totalidad de la economía cristiana y del evangelio (1 SM 204; 8 T 291).
4. Resulta en un cambio en nuestra religión, renunciando a las doctrinas que son columnas de nuestra fe, e involucrándose en un proceso de reorganización (1 SM 204, 205, 208; STB# B 7:40).
5. Suprime la necesidad de la expiación, degrada el servicio del santuario y el ministerio de Cristo ante Dios, y hace del hombre su propio salvador (8 T 291; STB# B 7:17).
6. Hace que el creyente dependa del poder humano, en lugar del poder Divino (8 T 292).
7. Estima como nada la luz que Cristo le dió a Juan en Apocalipsis y hace de ningún efecto las verdades de origen divino (1 SM 204).
8. Despoja al pueblo de Dios de su experiencia en el pasado. (1 SM 204).

9. Enseña que las escenas justamente ante nosotros no son de suficiente importancia para dárseles atención especial (1 SM 204).
10. Un sistema de filosofía intelectual sería introducido (1 SM 204).
11. Los libros de un nuevo orden serían introducidos (1 SM 204).
12. Estas creencias serían considerados por algunos como grandes verdades. (1 SM 204).
13. La virtud sería considerara mejor que el vicio (8 T 291).
14. Los sentimientos contendrían tanto lo verdadero como lo falso (1 SM 199).
15. Los fundadores irían a las ciudades y harían un trabajo maravilloso (1 SM 204-5).
16. El día de reposo sería considerado ligeramente (1 SM 204-5).
17. A nada se le permitirá que se interponga en el camino del nuevo movimiento (1 SM 205).
18. Los que continúen creyendo esas teorías falsas echarán a perder su experiencia cristiana, romperán su conexión con Dios, serán conducidos eventualmente a considerar la Biblia como ficción (un mito), y perderán su vida eterna (8 T 291-3).
19. Teniendo como resultado el "amor libre", (encubierto al principio como "impío amor espiritual,") apostasía y espiritismo (8 T 292).

Debería notarse que fue la desconfianza entre los trabajadores en las ramas médicas y el ministerio, sobre sus actitudes respectivas acerca de la reforma de la salud, la que jugó un papel importante en el desarrollo de las teorías panteístas en Battle Creek. (STB# B 7:48; MS -15-01). ¿Podría ser que la desconfianza y el rencor, entre algunos del ministerio o el trabajo educativo y aquellos en el trabajo médico, sobre asuntos semejantes contribuirá al desarrollo del omega?

En un manuscrito no publicado, el pastor Julius White, un maestro de la Biblia en el Colegio de médicos evangelistas hace varias décadas, proponía que el interés marcado y el miedo engendrado en el ministerio sobre la herejía del doctor J. H. Kellogg y aquellos en Battle Creek, habían dejado una actitud más dañina en el ministerio hacia los trabajadores médicos. Él pensó que ésto establecería el ambiente para el desarrollo del omega; y a menos que ésta fuera quitada, habría quienes en el ministerio acentuarían excesivamente lo espiritual e introducirían en la iglesia otra herejía basada en el panteísmo.

Poco importa por cuál persona o grupo el omega entra a la iglesia. Ni el ministerio ni los trabajadores médicos fueron inmunes a las decepciones del alfa. ¿No debería lo mismo aplicarse también al omega? Según la experiencia personal de este autor, serias incursiones ya han sido hechas en las doctrinas del protestantismo y roen las columnas de fe en la Iglesia Adventista. Ahora parece que mientras nuestros ojos han estado examinando el ministerio y el trabajo médico del próximo "Omega," éste ha entrado furtivamente en el campo a través del trabajo EDUCATIVO. En las escuelas de América, estas enseñanzas han sido impuestas a los jóvenes de nuestro país. Bajo la influencia de nuestras escuelas públicas, nuestra nación se ha encaminado lejos de una sociedad de orientación cristiana, hacia una sociedad humanista/socialista (para más información, ver Barbara M. Morris, *Change Agents in the Schools*, Barbara M. Morris Report, Upland, CA). Y éstas enseñanzas humanistas tienen propagación en el campamento de Israel.

¡LEVÁNTESE EL VERDADERO OMEGA, POR FAVOR, E IDENTIFÍQUESE!

Capítulo 26

LAS INCURSIONES DEL PANTEISMO EN LA ACTUALIDAD

Introducción:

Muy frecuentemente uno lee en la literatura ecuménica e inclusive en publicaciones evangélicas frases que, aunque parecen altisonantes e inocentes, se originan y se basan en conceptos panteístas. Estas frases han aparecido aún en la literatura Adventista Del Séptimo Día. Muchas de estas frases han sido sacadas enteramente de los escritos de filósofos que son defensores del panteísmo.

¿Qué tiene alguien fuera de nuestras filas, quien puede haber sido impregnado de la terminología y las creencias del panteísmo, que pensar que creemos, cuando para nuestra selección de frases usamos ideas panteístas para presentar el evangelio? ¿Es razonable para un autor dejar que su lector decida "por el contexto" exactamente lo que las creencias del autor son? ¿No estamos nosotros obligados a cerrar las puertas a las teorías falsas, en lugar de abrirles una rendija para darle paso al engaño?

Formas doctrinales del panteísmo:

Los conceptos del panteísmo han estado con nosotros durante siglos. Cuando examinamos los artefactos de arqueología, encontramos que el Dios de los panteístas fue representado como grotesco y comúnmente asociado con la adoración del sol. Campbell Bonner [1] describe varios de éstos, de origen egipcio, en su libro acerca de amuletos mágicos. Uno de tales seres elaborados tiene tres cabezas.

Una cabeza es un hombre barbado, una es calva con un mentón barbado y la tercera es juvenil en carácter. Esta figura tiene cuatro alas y cuatro brazos sosteniendo objetos. La figura tiene una cola de pájaro de la que sale una culebra derivándose de la parte baja de la espalda. Tiene cabezas de león en las rodillas y cabezas de chacal por pies. Tales monstruosidades nos recuerdan la representación hindú de Siva y otros de sus dioses. Verdaderamente, las bestias de Daniel y Apocalipsis que luchan contra Dios, tal como son presentadas en Daniel 7 y Apocalipsis 13 y 17, se parecen a tales monstruosidades.

El panteísmo implica unidad de naturalezas, aunque puede negar la unidad de naturalezas. Muy a menudo el panteísmo, en contradicción con sus propios principios, cae en lo que es requerido para una afirmación consistente acerca de lo que es la trascendencia. La inmanencia no es un vago enlazamiento entre la Existencia Divina con los seres creados.[2] El panteísmo especula en cuanto a la naturaleza del universo. Ciertas frases del panteísmo especulan en cuanto a la naturaleza de Dios, y es esta especulación es la que representa, en mi opinión, el daño principal de las frases mismas.

La definición dada habitualmente es que el panteísmo es una teoría que considera que la presencia de Dios está en la naturaleza, en el árbol o en la flor. Hay algo más involucrado que simplemente ese concepto. El panteísmo, por medio de la gimnasia mental de redefinición de palabras, intenta consolidar la triple naturaleza del hombre en una esencia. El panteísmo, por esta razón, es evidente en tres formas; las primeras dos de las cuales son más ampliamente propagadas.

(1) Una forma, en efecto, **Materializa** las naturalezas espirituales y mentales y, en análisis final, considera que todas las tres naturalezas son **Físicas**. Los defensores de esta forma hacen declaraciones tales como: "Solo los mundos son reales; Dios es solamente la suma de todo lo que existe." Otros defensores dicen: "Dios es solamente las necesidades del hombre y tan pronto como éstas son satisfechas, no hay más necesidad de Dios." El comunismo marxista representa la corriente defensora de esta forma. Cuando los cosmonautas rusos rodearon la tierra, Khruschev se burló de la ideología occidental diciendo: "Ellos estuvieron allá por horas y nunca vieron un ángel o el Jardín del Edén."

(2) La segunda forma, en efecto, **Espiritualiza** las naturalezas físicas y mentales para que el universo sea **Espiritual** únicamente. Ésta forma dice esencialmente que "Solo Dios es real; el mundo es solamente una colección de manifestaciones o emanaciones de Dios que no tienen ni realidad ni substancia definida." Esta forma es representada por las doctrinas de autores tales como Platón, Spinoza o

Hegel. De esta forma nosotros obtenemos frases tales como "Dios es la realidad final" o "Realidad final es voluntad" o "La voluntad de Dios es la existencia final y realidad absoluta." Según la *Enciclopedia Británica* (1952) esta forma es la más ampliamente sostenida por los filósofos occidentales.

(3) La tercera forma **Mentaliza** las cosas físicas y espirituales del universo y llama al universo entero, naturaleza **Mental**. Lógicamente esta forma también tendría que existir puesto que ha sido revelado a nosotros que la naturaleza del hombre es triple (FCE 57). La Iglesia Cristiana Científica defiende esta forma. Ellos concluyen: "Mente es todo lo que existe," que "La materia es una ilusión irreal sujeta al deterioro y la disolución" y que "Mente es sinónimo de espíritu."

Si alguien considera los escritos de los panteístas, él se da cuenta de que tales autores no siempre presentan los conceptos de modo que puedan ser claramente categorizados en una de las tres formas, y puedan aún profesar su creencia en una "Existencia Divina" personal.[3] Las palabras pueden ser redefinidas por el uso, y el razonamiento se complica y confunde. Básicamente, cada forma suprime la creencia en los tres seres de la Divinidad y su capacidad para crear las cosas, y tiene relaciones interpersonales con los seres creados de su imagen. Para el panteísta declarado no hay ley de Dios, ni pecado, ni redención. Todas las cosas continúan evolucionando como lo han hecho.

1. C. Brown: *Studies in Magical Amulets Chiefly Graeco-Egyptian*. The University of Michigan Press, Ann Arbor, Michigan, 1950, p. 317.
2. Vea, Regis Jovilet: *The God of Reason*. Burns & Oates, London, 1958.
3. A. W. Spalding: *Origen & History of Seventh-day Adventists*, Vol. 3 Review & Herald Pub. Co. Maryland, 1962, p. 138.

Capítulo 27

ALGUNAS TEORIAS Y MANIFESTACIONES DEL PANTEISMO

Cosas Comunes y Cosas Sagradas:

El panteísmo no hará distinción entre cosas sagradas y cosas comunes; ellas serán consideradas como una en su naturaleza. Las discusiones científicas que tratan con las ciencias físicas o mentales llegan a ser propias para presentarlas en el día de reposo, el Sábado. No es hecha ninguna distinción entre discursos bíblicos espirituales, o sermones, sobre vida saludable, por un lado, y las exposiciones en anatomía y fisiología del cuerpo, o causas y prevención de enfermedad, por el otro.

Es verdad que el mensaje de la salud y las corrientes de salvación deben ser mezclados; no deben estar divorciados (MM 250; 1 SM 112; Ev 519). Y sin embargo nosotros nos damos cuenta de que el evangelio de salvación del alma y la instrucción acerca de la reforma de la salud deben ser una en propósito, carácter y mente, pero **no** una en esencia. No podemos igualar el "evangelio" del colesterol y la enfermedad del corazón (como ha sido llamado por algunos Adventistas) con el evangelio del Calvario. No podemos convertir un buen tópico común en uno sagrado solamente combinándolo o entremezclándolo con una parte del estudio de la Biblia, de una serie evangelística. Si presentamos ambos en el Sábado, podemos dar la impresión a nuestra audiencia de que no hay diferencia entre cosas comunes buenas y cosas sagradas (1 SM 39.1).

Si alguien no entiende claramente la diferencia entre cosas espirituales y cosas materiales, entonces será difícil para él percibir y separar en su pensamiento la diferencia entre cosas sagradas y comunes.

Las cosas y actividades comunes buenas son adecuadas en su lugar. Es bueno ser un carpintero, pero no es propio que un carpintero instale su mesa de trabajo en el santuario de Dios en el Sábado para martillar, aserrar y adaptar en ese día, esté o no consagrado a Dios. En el campo de lo físico y mental, nosotros tenemos seis días laborales de la semana señalados para el trabajo común y el cuidado opcional de los enfermos. Nosotros reconocemos que hay ocasiones cuando algunas actividades comunes son correctas y adecuadas, aún obligatorio que sean hechas por razones apropiadas, en el día Sábado.

Las cosas sagradas son apropiadas en su lugar. Ellas deberían ser manejadas de la manera prescrita por Dios, con el respeto debido. En el campo de las cosas sagradas, nosotros tenemos las santas horas del día Sábado y la ciencia de salvación que trata del alma. Por supuesto, las cosas espirituales no necesitan ser hechas solamente en Sábado. Las horas sagradas del día de reposo son señaladas por Dios para que sean un período de tiempo de énfasis especial en asuntos espirituales, mientras que solamente esas cosas físicas que ayudan a obtener el logro espiritual de la gente de Dios deben ocupar nuestro tiempo y atención en ese día.

De Jesús está escrito que "hacía el servicio de Dios justamente tanto como muchos cuando trabajan en la mesa del carpintero, como cuando hacía milagros para las multitudes" (DA 74). Y sin embargo, todos nosotros nos damos cuenta de que Él no hubiera puesto el banco de Su carpintero y los instrumentos en el santuario de Dios y construido muebles en el día Sábado. Nosotros podemos adorar a Dios todo el tiempo mientras estamos alrededor de nuestras tareas comunes, pero la ejecución de estas tareas no son actos de adoración.

El césped de la iglesia puede necesitar ser cortado, pero no en el día Sábado. Ésto es verdadero aún a la luz de la declaración: "Todo lo que está conectado a la causa de Dios es sagrado, y debe ser así considerado por Su pueblo" (2 SM 160).

Recientemente ha habido una tendencia en varias de nuestras iglesias a presentar conferencias o seminarios que tratan sobre el cuidado del cuerpo o el cuidado de la mente, durante las santas horas del día Sábado reposo. En esta coyuntura, nosotros deberíamos hacer una clara distinción entre tres tipos de conferencias que pueden ser involucrados en esta cuestión de los servicios de la iglesia o las series evangelísticas.

(1) **Discusiones Bíblicas espirituales**: — Éstos son sermones tradicionalmente dados en series evangelísticas o en una iglesia. Tratan directamente con tópicos de salvación eterna. Las ilustraciones pertinentes del mundo de la naturaleza pueden ser usadas para clarificar el entendimiento de cosas de interés espiritual, tal como Jesús lo hizo cuando habló de un sembrador que salió a sembrar, pero el énfasis del mensaje debería ser de asuntos espirituales (Mateo 13:3–13).

(2) **Sermones sobre vida saludable**: — Éstos deberían estar basados en la Biblia. Ellos son llamamientos basados en la Escritura exhortando a una vida saludable, llamando la atención sobre las indicaciones del Creador para una vida sana feliz. Ejemplos de tales sermones nos han sido dados en el libro, *Ministerio de Curación*, de E. G. White.

(3) **Discusiones científicas de tópicos de salud**: — Al incluír la palabra "científicas" yo no quiero decir que los puntos 1 y 2 arriba no son científicos, puesto que hay una ciencia de salvación. Las discusiones científicas aquí consideradas, en contraste con las otras dos, tratan básicamente sobre la naturaleza física y/o la naturaleza mental del hombre. Éstas se expondrán en la anatomía, fisiología o química del cuerpo o en las causas y tratamiento de enfermedades del cuerpo o la mente. **Todo** buen médico, sea un Cristiano o un ateo, podría presentar tal discusión. Un médico Adventista puede usar el conocimiento agregado de medicina como es ilustrado por la Biblia y el Espíritu de Profecía en su presentación, pero éstos usualmente no se referirán directamente a citaciones de ellos, cuando el prejuicio puede cerrar los oídos. Los médicos cristianos se dan cuenta de que la buena salud del cuerpo y de la mente conduce a una mejor comprensión espiritual, pero reconocen que los enfermos pueden ser salvos y los sanos pueden estar perdidos.

El cuerpo es la "habitación de la mente" (FCE 426). Éste debe ser el "templo del Espíritu Santo," pero tal relación no hace sagrada a la carne. Lo físico es inferior a lo espiritual, tal como la naturaleza humana es inferior a la naturaleza divina. (1 SM 247). Ésto es independiente del pecado.

El cuerpo debe ser reservado para el uso santo (santificado); sin embargo el fortalecimiento y el cuidado del cuerpo y/o la mente es común en su naturaleza Tal como los alrededores consagrados de la iglesia pueden necesitar ciertas alteraciones o reparaciones, algunas inclusive en el día de reposo, así también puede necesitarlas el cuerpo físico. Nosotros no deberíamos caer en en la trampa de negarnos a cuidar de las necesidades mentales o físicas de nuestros cuerpos en el día Sábado, pero tomando éso en consideración no deberíamos cegarnos en cuanto a la diferencia entre un sermón sobre vida saludable y una discusión científica de la reforma pro-salud.

Yo no desconozco la precisa clasificación de una conferencia individual de salud, pero creo que no podemos tomar una plática sobre artritis o úlceras gastroduodenales, por ejemplo, e igualar éso con el evangelio de la cruz, en cuanto concierne a la categoría. Un médico educador de la salud lo plantea de este modo: "yo podría hablar de salud a los que padecen de artritis, y hacer sugerencias en cuanto al tratamiento médico y terapia física en alguno de los seis días laborales de la semana, pero en el día de reposo mi plática sobre artritis sería de cristianos tercos."

¿Es adecuado presentar en las horas del día de reposo esa buena película mormona de la fisiología y los provechos del ejercicio llamada "Corre Dick: Corre Jane," como ha sido hecho en nuestras iglesias? ¿Supercede el motivo de educación de la salud y santifica la película? ¿La oración al principio y al final de un juego de voleibol, lo convierte en un ejercicio religioso? ¿Méjoraría la situación sí los jugadores gritan "Aleluya" cada vez que golpean la pelota?

Esta mezcla de tópicos médicos con un mensaje espiritual para la presentación del día Sábado puede ser tan astutamente hecha que la información científica es escasamente distinguible del mensaje espiritual. Digamos que el conferencista diseña su plática de modo que él presenta claramente material científico sobre membranas celulares, la anatomía de la mitocondria o el metabolismo del colesterol, y usa entonces esa información de fondo para desarrollar alguna lección espiritual aplicable. ¿Es ésta una plática acerca de las cosas materiales, es de asuntos espirituales, o es una mezcla alternada de las dos, o el conferencista considera que las dos son solo una esencia?

Si presentamos información médica en nuestras pláticas del día Sábado estrechamente entremezcladas con el mensaje espiritual, ¿dispondrá ésto lo suficientemente para justificar el dar la información médica en el día de reposo? Yo no puedo ver exactamente cómo puede ser ésto. Me parece que tal camino es perjudicial a los principios dados por Dios acerca de como guardar el día de reposo. Ésto parece ser un intento para justificar el dar la información médica en Sábado. Cuando Jesús se refirió a la siembra del grano en Sus parábolas, Él hizo ésto para poder representar un mensaje espiritual del trabajo, pero no tuvo un motivo secundario de enseñar agricultura. Él usó ese trabajo común como una ilustración de paso. "No se deje engañar, Dios no es una imitación."

Pero yo oigo que algunos dicen: "Siempre lo hemos hecho de este modo" o, "Ése es el mejor momento para tener un auditorio" o, "todo el mundo lo hace." La tradición nunca ha santificado nada. Nuestras conciencias necesitan ser educadas sobre este asunto. Ore para que el Espíritu Santo nos ilumine.

Yo asistí a una reunión, un viernes por la noche, en la universidad de Loma Linda en la que el tema era: "Aceite en la Biblia." Durante el período de preguntas y respuestas más tarde, la discusión se inclinó en varios tópicos médicos comunes tales como, el problema de la grasa en la leche, ¿propaga la leche de vaca el virus del cáncer?, ¿destruye la pasteurización los virus del cáncer?, etc. Alguien en el auditorio eventualmente protestó diciendo: "Porque el reino de Dios no es comida ni bebida, sino justicia, paz y gozo en el Espíritu Santo" (Romanos 14:17 NKJV).

¿Puede un motivo bueno justificar los métodos usados? En uno de nuestros colegios, los estudiantes ofrecieron sus servicios la tarde del Sábado para enseñar a los estudiantes desventajados en una ciudad vecina, las materias de matemáticas, lectura y geografía. Ésta podría haber sido una acción noble para un domingo. Piense, ¿por qué ésto no fue hecho en ese día? ¿Fue hecho ésto en el día de reposo porque ellos tenían que trabajar en los otros días? Cosas extrañas son hechas cuando no hacemos distinción entre lo sagrado y lo común. Sin embargo, la desobediencia aun cuando tenemos amor agape como motivo es todavía presunción.

Haciendo de Dios una nulidad:

El panteísmo puede desarrollar una u otra de dos direcciones. Por un lado, sus defensores pueden intentar hacer una unidad de la triple naturaleza de las cosas en el universo o suprimir la distinción entre lo sagrado y lo común y de ese concepto hacer una nulidad de Dios. Por otra parte, sus defensores pueden suponer que Dios es una nulidad, y de allí derivan la filosofía panteísta de la unidad de las triples naturalezas.

Una variación de esto sería la suposición de que solamente una persona de la Divinidad es una nulidad. A causa del papel único del Espíritu Santo, el razonamiento panteísta podría teorizar que Él es una influencia toda difundida, en lugar de una Persona con poderes de autoridad y una función especial en el plan de salvación. Tal razonamiento podría ser hecho mientras, al mismo tiempo, se mantienen las personalidades del Padre y el Hijo. El plan del diablo parece ser éste: si una persona no puede vencerlos en la gran controversia, entonces trata de convencer al mundo de que una o más de las tres Personas en la Divinidad no existe. Parece que él trata de evitar la autoridad de Ellos. (GC 498.8).

La Biblia y el Espíritu de Profecía son muy específicos para estar equivocados. "Hay tres personas vivas del divino trio; en el nombre de estos tres grandes poderes– el Padre, el Hijo y el Espíritu Santo– Debajo de los cuales los que reciben a Cristo por fe viva, pueden ser bautizados..." (Ev 615).

Naturalismo contra sobrenaturalismo

Algunos filósofos enseñan que tenemos que creer en "sobrenaturalismo" o "naturalismo". Yo sostengo que hay una tercera alternativa. El Espíritu de Profecía sencillamente afirma que Dios hizo tanto cosas espirituales, o sobrenaturales, como cosas materiales, o naturales. (MH 414). Nosotros, como Adventistas Del Séptimo Día, no podemos aprobar ni la filosofía sobrenaturalista de la naturaleza del universo, ni la filosofía naturalista.

Sencillamente, los sobrenaturalistas creen que solo Dios es real y todo lo demás es solamente una emanación o una manifestación de Él; mientras que los naturalistas creen que el universo consiste solamente de materia, y que no hay nada sobrenatural. Ahora, la alternativa verdadera es creer en las tres Personas de la Divinidad que hicieron tanto las cosas espirituales como las cosas materiales, y las mantienen mediante el poder espiritual y físico.

Evolución:

Si por su razonamiento, usted ha determinado que no hay Dios, entonces las cosas de la naturaleza y la vida tienen que ser explicadas sobre alguna base diferente a la de la creación. La mayoría de los lectores están bien familiarizados con la teoría evolutiva del origen de la vida. Los filósofos tienen una teoría, basada en la segunda forma del panteísmo, que especula que **la materia** misma evoluciona. Según la "Teoría de la Realidad" "lo real" no es una "cosa" o un "estado en descanso," sino una "actividad o un proceso," un "devenir incesante," si le parece. Esta idea es llamada "evolución dialéctica". Esos autores declaran además: "Verdaderamente la tendencia completa de la ciencia actual es considerar los acontecimientos, en lugar de las cosas, como los componentes finales del mundo de realidad." [1]

Ésto puede ser ilustrado as; Los que aceptan la evolución dialéctica miran una mesa o una silla y dicen: "Ésa no es una cosa real; es solamente un acontecimiento. Antes de su forma actual, era un árbol y mineral de hierro; luego será cenizas y moho." Esa teoría intenta suprimir la habilidad de Dios para crear átomos y permitirles que se conviertan en componentes de objetos, con varias formas y funciones separadas de Él mismo.

El difunto Dr. A.W. Truman reportó acerca de lo que ocurrió en una clase de Biblia en la universidad de médicos evangelistas en Los Angeles. Él declaró que mucho tiempo del período de clase se centró alrededor de una discusión de si una mesa y silla, en el cuarto, eran una "cosa" o no.

"Dios es la máxima realidad"

Esta frase, "Dios es la máxima realidad," fue originada por los que creen en la forma sobrenaturalista del panteísmo. Ellos crearon la frase y le dieron su significado. **La Frase misma especula en cuanto a la naturaleza de Dios**. Va más allá de lo que nos ha sido revelado en la Biblia y el Espíritu de Profecía. Las diversas palabras que han sido usadas en la Biblia y el Espíritu de Profecía que nombran o identifican a Dios sirven, casi sin excepción, para describir lo que Él ha hecho o es capaz de hacer. Ellas no tratan de describir Su naturaleza. Por ejemplo, Dios es llamado "el Creador," "nuestro Rey," "Gobernante del universo," "el Omnipotente." Es coincidencia, el que los nombres de Dios usados por los profetas no especulan en cuanto a Su esencia?

La frase: Dios es la realidad máxima, verdaderamente dice que nada es real y que nada existe aparte de Dios. Algunos pueden dar una definición diferente acerca de ésto, pero si uno analiza la frase hasta su punto final lógico, la más razonable conclusión que uno puede sensiblemente descifrar sobre esa frase es ésta:— cuando finalmente uno encuentra algo que es real, esa cosa es Dios. La frase está, en efecto, diciendo que Dios es incapaz de crear un mundo o una persona, o crear una ley o amar; y sin embargo estas tienen esencia y separación de Él mismo.

La frase parece ser buena teología para los Hindúes, los Católicos y otros. "El hinduísmo enseña que la esencia de cada cosa viva es *atman*, su espíritu o alma, que viene del Brahman." Además enseña: "El Brahman forma la más profunda esencia de todo." [2] Cuando El Papa visitó Nueva Delhi en 1964, una de las frases que él acentuó repitiendo, cuando se bajó del avión fue ésta: "Dios es la máxima realidad." Una de las doctrinas católicas es la de que, por milagrosa transubstanciación, la hostia y el vino se convierten en la carne y la sangre de Cristo.

Desequilibrando los atributos de Dios:

¿Por qué estos conceptos falsos, que desafían el método que Dios usa para tratar con la culpa del pecado y la destrucción de los impíos al final del milenio, son relacionadas con esta filosofía panteísta? Esta pregunta ha sido en otra parte, pero podemos resumir algunos pensamientos discutidos:

Si aceptamos un dios para adorar, un dios que difiere, en aspectos importantes, de lo que está escrito en la Escritura, éso es idolatría (RH 12-03-08).

Si creamos un objeto material o cosa y negamos lo sobrenatural, éso es **panteísmo materialista**.

Si establecemos la mente como el universo y negamos lo físico y lo sobrenatural, éso es **Ciencia Cristiana del panteísmo**.

Si por razón y/o especulación optamos por los atributos espirituales de Dios, que difieren de los revelados en la Escritura, nosotros creamos un Dios que difiere del Dios verdadero. Así, la ley, el amor, o la fe pueden ser el nuevo Dios.

Si ese dios es un dios de justicia, sin amor, "LEY" es el dios.

Si ese dios es un dios de amor, sin justicia, "AMOR" es el dios.

Si ese dios es un dios de razón, sin revelación, "RAZON" es el dios.

Si usted cree, como algunos, que la única pena para la transgresión son las consecuencias naturales de causa y efecto y nada más, entonces usted está, en realidad, creyendo que la única relación que tiene es con la ley, y no con el Dios de ley. Tal creencia conduce a la adoración de una idea que es falsa, y ésa es una adoración a "Baal"(RH 12-03-08). En un análisis final, tal concepto conduce a suprimir a Dios de la posición de legislador único, y coloca al hombre en la posición de legislador.

El Dios verdadero puede existir en el propio pensamiento de una persona, pero si esa persona superpone al Dios verdadero un dios de amor sentimental sin justicia bíblicamente definida, él es, en realidad, un partidario de esa forma de panteísmo que hace el universo entero espiritual en esencia. Ésto es atentar hacer a Dios a nuestra propia imagen.

Dios es amor; amor es Dios:

En un sermón presentado en *La Hora Adventista*, programa de televisión desde hace más de quince años, fue declarado por el pastor que: "Dios es amor; Amor es Dios," "Dios es ley; Ley es Dios," etc. Dios fue representado como uno que no juzgó; y si debiera destruir a los impíos mediante el fuego, Él sería calificado como sadista por el conferencista.

Para clarificar lo que las frases de arriba acerca de Dios tratan de hacer comprender, ilustremos ésto con una situación más familiar. La frase "veo a Dios en el girasol," puede ser tomada de dos maneras. Primero, en un sentido panteísta, uno puede entender que esta declaración significa que una cosa tal como una flor sería una real parte física de Dios. Segundo, en un sentido **no panteísta**, la frase significa que podemos percibir cómo es Dios mirando lo que Él ha hecho. Este concepto posterior mantiene la condición de creador y la trascendencia de Dios.

De igual manera, cuando digo "Dios es amor," la Escritura es citada; pero ésto, además, puede ser tomado en dos sentidos. Primero, en un sentido panteísta, uno puede considerar que Dios es una influencia totalmente difundida tal como el amor; por lo tanto, dondequiera que uno vea amor ve a Dios. Quien sostiene tal concepto podría simplemente declarar también que el amor es Dios en cuanto dice que Dios es amor. Segundo, en un sentido **no panteísta**, la frase significa que Dios es una persona que genera amor. Tal como Él puede crear una flor o un árbol, Él puede también crear cosas espirituales tal como ley, amor, fe y juicio. Por el contexto de 1 Juan 4:8, nosotros podemos decir que la frase, "Dios es amor," debería ser tomada para describir un Dios personal que origina amor. Es interesante notar que los escritos de Elena G. de White, en cuanto al panteísmo, tratan casi enteramente con esta forma espiritualista de panteísmo. "El gran poder que trabaja a través de toda la naturaleza y sustenta todas las cosas no es, como algunos científicos representan, solamente un principio totalmente difundido y energía actuante. Dios es un Espíritu; sin embargo es un ser personal porque Él mismo se ha revelado así" (MH 413.2).

El predicador adventista que dió el, sermón de televisión y sermones semejantes se complicó con ideas de amor libre, y se alejó del camino.

La Luz del mundo:

El panteísmo malinterpreta Juan 1:9, de tal modo que Cristo es una luz completamente difundida. Ellos dicen: hay una "chispa de divinidad" en cada persona (cf. 8 T 291.8).

Hace algún número de años, algunos Adventistas en la Escuela De Medicina de la Universidad de Loma Linda empezaron a decirle a los estudiantes médicos que no había razón para ellos ir a campos extranjeros o al vecino con el evangelio, mientras esa persona estuviera interesada. Cuando le pregunté a uno de ellos por qué hicieron tales declaraciones, la respuesta fue: "Dios está en cada uno. Nada de lo que usted haga conducirá a la salvación de ellos o hará que se pierdan."

Tal filosofía, si es creída, suprimirá el programa del misionero, que Dios ha diseñado para la salvación de la humanidad. Jesús es la "Luz del mundo" (DA 463, 475). Nosotros debemos ser luces inferiores para llevar indiferentes y despreocupadas "monedas perdidas" hacia Cristo (COL 194–6; 9 T 171). Nosotros debemos buscar la "ovejas perdidas" (COL 192). Debemos acoger los hijos e hijas pródigas mientras regresan a su Salvador y Padre. (COL 209–10). Ésta "Luz" que ilumina a cada hombre tiene que ser llevada a ellos, o puede que ellos no la vean (COL 413–21). Dios se ha puesto a Sí mismo bajo obligación de usar Su iglesia para propagar el mensaje de salvación (4 BC 1151; cf. COL 79; 1 SM 99; DA 297).

Participando de Divinidad:

He escuchado proponer que las analogías y símbolos que Cristo usó para describir la interrelación entre Él y sus seguidores, debería ser interpretada en el sentido de que en la participación de la divinidad nosotros, entonces, deberíamos ser divinos como Cristo fue divino. La idea es de una "chispa de divinidad" pantísta en cada uno.

Jesús dijo: "Yo soy la vid, vosotros los pámpanos" (Juan 15:5). También: "Si no coméis la carne del Hijo del Hombre, y bebéis Su sangre, no tenéis vida en vosotros." (Juan 6:53). El apóstol Pablo escribió: "Porque somos miembros de Su cuerpo, de Su carne, y de Sus huesos" (Efesios 5:30).

Puesto que el Señor es transcendente, ¿cómo debemos nosotros tomar parte de la divinidad? ¿Comiendo a Dios? En la cena del Señor, ¿estaba Él realizando una transubstanciación? Cómo pudo Jesús decir "Yo soy en el Padre, y el Padre en mí," y todavía enseñar que Él y el Padre eran dos Personas diferentes? (vea Juan 14:10, 20; Ev 614). Simplemente; cómo debemos "estar en Cristo" y cómo Él "está [permanece] en nosotros" (Juan 15:4).

Jesús discutió estos puntos importantes con Sus discípulos justamente antes de Su muerte. Él declaró que Sus **palabras** y el ejemplo de Su vida, "Son espíritu y son vida" (Juan 6:63; cf. Ev 614). "Si vosotros permaneciereis en mi palabra, seréis verdaderamente mis discípulos" (Juan 8:31).

Jesús dijo en cuanto a **Su permanencia en nosotros**, "Si permanecéis en mí, y mis palabras permanecen en vosotros, pedid todo lo que queréis...," y "que llevéis mucho fruto" (Juan 15:7, 8).

En cuanto a **nuestra permanencia en Cristo**, Él dijo: "Si guardareis mis mandamientos, permaneceréis en mi amor..." (Juan 15:10).

Las esencia de las declaraciones de Cristo no necesita y no connota una mística unión panteísta de la divinidad y la humanidad. Es el espiritismo el que enseña, "... es su [del hombre] destino... progresar, aún hasta la eternidad, hacia la Divinidad" (GC 554).

Dios crea un ser humano, una independiente y libre persona moral, separada de Él mismo y capacitado para ser independiente en pensamiento y acción (Ed 17.5). Dios habla; Él actúa y sus palabras tienen significado. Nosotros tomamos parte de la divinidad recibiendo estas expresiones en nuestras mentes con buen ánimo, recibiendo a Cristo como nuestro Salvador (DA 389.6, 675.8), y tomando parte de Su poder ofrecido para pensar y actuar de acuerdo a Su voluntad (DA 676.4). Ésta es esencialmente la relación del pacto nuevo (Jeremías 31:33, 34).

Unidad de naturaleza e integridad :

En el uso de estas dos palabras "unidad" y "totalidad," como son aplicadas al hombre, nosotros llegamos a un área del panteísmo que es bastante sutil. Estas palabras pueden mejor ser reconocidas tal como son usadas en un sentido panteísta, en el cual ellas son encajadas en el contexto de otras frases panteístas y la terminología de ciertos autores.

El panteísmo mira al hombre como una "unidad" y, por inferencia o por significado absoluto, presenta el concepto de que la naturaleza del hombre es una. En su razonamiento, las otras dos naturalezas del hombre son, en definición "fundamental," realmente las mismas que la naturaleza, que ellos consideran que constituye la totalidad. Por ejemplo, el panteísta diría que la naturaleza del hombre es espiritual y nada más. Él puede también usar los términos "mental" y "físico," pero cambiaría el significado de mental y físico mediante la redefinición de palabras, y tratar esos dos como si fueran espirituales.

Cuando los teólogos panteístas consideran la "integridad" en el sentido de unidad, o indivisibilidad de la naturaleza, la ciencia de la salvación que trata con el pecado, la expiación y la redención, necesita ser renovada. Desde su punto de vista, el pecado es definido como "la partición en pedazos de la unidad del hombre y la producción de guerra civil dentro, guerra entre las partes de la vida." Yo deduzco de sus escritos que el pecado sería una guerra entre las tres naturalezas del hombre, tal como la guerra entre la naturaleza espiritual y la naturaleza mental o la guerra entre las naturalezas físicas y espirituales. En el el pensamiento del panteísta, la redención solamente consistiría en razonar con la persona a fin de parar, por algunos medios, este conflicto personal e internatural.

Esos conceptos necesitan ser resistidos. El hombre fue creado como una **unidad** con una naturaleza física, espiritual y mental. Cada una de éstas sufre los efectos del pecado. El pecador está en enemistad con un Dios personal, no en guerra con sí mismo. La persona que no está convertida puede tener conflictos internos pero estos no causarán su destrucción al fin del tiempo. Si el hombre carnal pudiera, le quitara de Su trono a Dios. La naturaleza espiritual tiene amor al pecado y culpa de la transgresión. La naturaleza mental tiene las propensiones y tendencias del recuerdo, del "registro" de pecado. El cuerpo físico sufre el daño de los genes debido a la desobediencia de sus antepasados y la enfermedad y debilidad de su cuerpo que son resultado de su propios delitos. La redención corrige los efectos del pecado en la persona. El amor al pecado y la culpa, son removidos en la conversión y el arrepentimiento; el registro de pecado será tiempo de "eliminación" en los "tiempos de vivificación," y los defectos físicos serán eliminados en la segunda venida, por Dios, a través del ministerio de Cristo y del Espíritu Santo.

El diablo ha tratado de oscurecer nuestro entendimiento de esta restauración del pecador, de los efectos del pecado y del estado de la muerte, mediante las doctrinas del panteísmo y el dualismo. Cuando una persona está muerta física y mentalmente, no hay vida en cuanto a esa criatura se refiere. Nada queda, excepto los componentes que fueron usados por Dios (Salmo 146:4; Eclesiastés 2:7). No hay esencia física, ni mental, ni espiritual que siga viviendo después de la muerte. La existencia de las personas "nacidas otra vez" requiere la presencia de la triple naturaleza como una unidad. Dios tiene un registro de los caminos de la mente, llamados el "espíritu" o "carácter" (cf. 6 BC 1093; 5 T 310.3; COL 356.6, 332.7; 4 T 606.8), así como un registro de nuestras características físicas, y con éstas Él puede reproducir la misma persona al momento de la resurección. El registro mental, los sentimientos y pensamientos combinados, están allí como "registros" en el cielo, pero no están "vivos" después de la muerte mental de la persona (cf. 5 T 310.3; CG 562).

La Universidad de Loma Linda tiene un propósito que es "Hacer al Hombre Íntegro." En años recientes el sentido de este lema ha sido debatido girando sobre la palabra "íntegro". Algunos consideran ya al hombre como una totalidad y hablan de "tratar al hombre íntegro." Cuando "íntegro" es igualado con la palabra "entero," entonces no hay problema; pero éste no es siempre el caso. Algunos quieren usarlo en el sentido de unidad de naturalezas.

El uso de la palabra "íntegro" en conexión con el lema, me parece que es tomado de las palabras de Cristo (Mateo 9:12, Marcos 2:17, o Lucas 5:31). Estos temas se refieren a nuestra comisión para trabajar con Dios corrigiendo los efectos del pecado en las naturalezas físicas, mentales y morales del pecador. En otras palabras, debemos cooperar con Dios para hacer al hombre tan sano (íntegro) físicamente como sea posible aquí y ahora a través del conocimiento y la obediencia a las leyes físicas de Dios; debemos hacer al hombre sano (íntegro) mentalmente a través del conocimiento y la obediencia a las leyes mentales de Dios; y hacer al hombre sano (íntegro) espiritualmente mediante el conocimiento y la obediencia a las leyes espirituales de Dios. Debemos introducir a los hombres a la gracia perdonadora de Dios para el renacimiento espiritual y la gracia capacitadora, así ellos pueden experimentar la alegría de la obediencia a todas las leyes de Dios, por Su poder.

Medicina holística:

Dios ha revelado que la naturaleza del hombre es triple. El hombre es un **conjunto, no una unidad**. El hombre está en rebelión contra Dios, espiritualmente, mentalmente y físicamente. El panteísmo mira al hombre como una unidad y, por inferencia o por sentido absoluto, presenta el concepto de que la naturaleza del hombre es una. Oímos y leemos acerca de la medicina holística. Algunos hablan de tratar al "hombre íntegro."

Como es mencionado en la sección anterior, algunos igualan correctamente "íntegro" con la palabra "entero," pero éste no es el intento de todos los conferencistas y autores. Algunos consideran al hombre como unidad, de una esencia. El enfoque de los enfermos y el ministerio religioso, son diferentes si usted considera una persona como una unidad en vez de una persona con triple naturaleza.

Los ejemplos de la medicina unitaria holística son evidentes en un folleto que describe un seminario del Centro Mandeville de la Universidad de California, en San Diego. Éste es publicado como "El Modelo Médico del Porvenir– Un profundo estudio de la salud holística."

En el simposio programado para Septiembre de 1977, vemos una mezcla de artes curativas orientales tales como Jin Shin Jyutsu, "el arte antiguo... relacionado con un proceso de encauzamiento del flujo de energía dentro del cuerpo para establecer balance." Hay una sesión en "meditación tibetana Gong y otra titulada 'imposición de las manos iluminadas.' " Un examen de la sucesión de descripciones indica que mucho de ésto es espiritualista-panteísta en su naturaleza. La sesión, "Psicología Integral y La Curación Esotérica," por Robert Gerard, presidente de la Fundación Internacional de Psicología Integral, está definida para "compartir cómo ponerse en contacto y canalizar energías psico-espirituales para el provecho de individuos y grupos. La presentación incluirá una experiencia meditativa, en orden de contribuir como un grupo a un proceso planetario de renovación."

¿Cuál puede ser el significado de este énfasis repentino en la medicina holística?" sabemos que Satanás planea arrastrar al mundo entero en las filas del espiritismo (GC 588). ¿Puede ser éste un camino?

Los que están enfermos probablemente son mas receptivos a las cosas religiosas. Los que están seriamente enfermos o tienen una enfermedad médicamente incurable, tienden a apegarse a curas milagrosas y tratamientos tales, casi sin tener en cuenta los gastos.

Dios prefirió usar milagros en el tiempo de Cristo para demostrar la bondad y el poder de la divinidad (DA 368, 406). Satanás se ha esforzado por imitar y falsificar el trabajo de los milagros (5T 696-7). Un ejemplo son los trabajos de los hechiceros del Faraón contra Moisés (PP 264-5).

¿Cuál será el estado de los milagros en nuestra época? Un estudio de escritos disponibles indica que ahora Dios planea un énfasis diferente (2 SM 54; CH 469). A Satanás y sus agentes se les permitirá hacer milagros reales (1 T 302; 5 T 698). Además de éstos, él realizará engaños, imitación de milagros (MM 110; 5 T 698; 9 T 16). Él puede lanzar un maleficio sobre una persona, y hacer que se enferme, y luego "curar" la persona favorablemente removiendo el maleficio (GC 588-9; 2 SM 53).

Consideremos cómo "la medicina holística" cabe en el cuadro. Una persona se enferma mediante el desconocimiento de las leyes de la salud. Él busca el consejo de un buen médico Adventista que traza el cambio necesitado en el estilo de vida del paciente, para que él pueda recobrar una parte de su salud perdida. El paciente se opone a este cambio con su modo de comer, beber y vida sedentaria. Él desea una píldora que lo cure. Si él se niega a cambiar su estilo de vida, y las pastillas no son efectivas, ¿qué le queda a él por hacer? (CH 458). Él oye hablar de un "médico" que tiene resultados buenos con sus pacientes. Él lo visita. Mediante la "imposición de las manos iluminadas," él es curado por un milagro de espiritismo. (CH 455-61). ¿Se alejaría él más tarde de tal practicante? Probablemente no.

Dios dice que el mensaje de la reforma de la salud **no** es el mensaje del tercer ángel (CDF 77), pero que la presentación de los principios de salud tiene que estar unida a este mensaje. "La reforma de la salud debe ser hecha una parte del mensaje del tercer ángel," como una "palanca de apoyo" o una "mano derecha" para disminuir el sufrimiento en el mundo y para purificar la Iglesia (CDF 77). "El cuerpo es el único medio por el que se desarrollan la mente y el alma, para la construcción del carácter" (CDF 73). Una mala salud no conduce a un esfuerzo mental o crecimiento espiritual.

Además, las ventajas que ofrece un cuerpo sano – reforma de la salud mediante los remedios verdaderos de Dios– compromete los apetitos y pasiones al sometimiento a los poderes más altos de la mente (AA 311; 3 T 491-2). Cuando el apetito domina la razón, la persona no es libre como Dios quiera que sea. Dios planea que nuestra razón, dirigida por Su palabra y el Espíritu Santo, tenga control en nuestras vidas (MH 130-1). Tal preparación es necesaria para estar listo para participar en el fuerte pregón del mensaje del tercer ángel (CDF 32, 69).

Cuando Dios dice: "La glotonería es el pecado más predominante de esta época," nosotros deberíamos alabar a Dios (CDF 32). Nosotros ahora podemos ir a Él con completa confianza, en busca de suficiente juicio y poder para controlar nuestros apetitos (CDF 17; MH 130–1). Daniel oraba tres veces al día buscando control del apetito y las pasiones, aún con la amenaza de la guarida del león (MM 144). ¿Deberíamos nosotros hacer menos?

Dios tiene leyes que tratan tanto con la salud mental y física como con la salvación del alma (MM 10; CDF 69; 6 T 306). En el último remanente de tiempo, ¿pasará Dios por alto la desobediencia de Sus leyes para el cuidado del cuerpo con tal que reconozcamos el día de reposo y no recibamos la marca de la bestia? La evidencia parece ser clara de que no podemos desconocer Sus leyes naturales (CDF 17, 118, 120) La desobediencia de las leyes naturales conduce a la enfermedad y muerte prematura, pero hay más que ésto. ¿Podemos mostrar creencia en Dios si continuamos usando carne, la cual Él declara que es la causa del cáncer (CDF 388). ¿Y qué le parece el té, el café y las comidas abundantes? (CDF 123–4, 425). ¡Nosotros no creemos, o no nos importa lo que le pasa a nuestra salud! Ambas posiciones muestran indiferencia hacia el Creador.

En cuanto a las curaciones milagrosas, ¿cuál es el énfasis de Dios en el último remanente de tiempo? Primero, Dios no quiere que nosotros oremos por la curación de los que planean desatender Sus leyes de salud (CDF 26, 401). Segundo, Él no se propone usar el trabajo de los milagros como una prueba de Su participación en el cuidado del paciente (2 SM 55). Tercero, Él quiere que Su pueblo combine el mensaje de los vivientes sanos por medios naturales con la enseñanza de las Escrituras (MH 127; 1 T 486, 559; CDF 75; 6 T 301). Ésto es "trabajo médico misionero genuino." Cuarto, la última generación glorificará a Dios obedeciendo Su voluntad en los aspectos físicos, mentales y espirituales mediante fe en Cristo. Sus métodos de promover la salud son vindicados. Él puede curarlos a través de la obediencia de las leyes justas y perfectas o mediante un milagro; lo que Él escoga (MM 15–6; CDF 26, 49).

La advertencia contra los médicos espiritualistas, dada en 1882, parece más oportuna ahora (CH 458–9). Así como la palabra "alegre," la palabra "holística" está ahora corrompida. Una palabra nueva tiene que ser elegida para expresar nuestro enfoque sobre el cuidado del paciente, física mental y moralmente.

Ocho remedios naturales contra ocho remedios verdaderos:

Estrechamente relacionado con el problema de lo "natural contra el supernaturalismo" está el problema de los remedios naturales contra el trabajo sobrenatural de Dios por la humanidad. Algunos que trabajan en la educación de la salud han cogido la mala costumbre de llamar los remedios que son presentados por Elena G. de White (vea MH 127), los "ocho remedios naturales." Casi invariablemente, la "confianza en el poder divino" es incluída entre los ocho. Sin embargo, la "confianza en el poder divino" es un remedio sobrenatural. Elena G. de White es precisa en su lenguaje sobre esta referencia. Ella dice: "...– éstos son los **verdaderos** remedios." En el párrafo siguiente ella declara: "El uso de remedios naturales requiere una cantidad de cuidado, etc," pero ella no llama a la confianza en el poder divino un remedio natural. Más adelante, en la página 130, ella declara: "Aparte del poder divino, ninguna reforma genuina puede ser efectuada.... Hasta que la vida de Cristo se convierta en un poder vivificador en nuestras vidas, no podemos nosotros resistir las tentaciones que nos asaltan de adentro y de afuera."

Yo necesito ayuda sobrenatural de Dios. Mis pacientes necesitan la ayuda de Dios; pero si llamo a la "confianza en el poder divino" un "remedio natural," entonces yo conseguiré solamente la ayuda que pueda obtener, para mis pacientes y amigos, del aire puro, la luz del sol, abstinencia, descanso, ejercicio, dieta adecuada y el uso de agua. ¿Por qué? Yo he excluído, por negligencia, los trabajos sobrenaturales de Dios. Además, he tratado la situación como lo hacen los panteístas, como si no hubiera diferencia entre lo natural y lo sobrenatural.

Esos siete remedios naturales son muy buenos. Dios lo ha dispuesto así para que todos puedan tener esos regalos. Ellos provienen completamente de un Dios benéfico. Sin embargo, ellos son tan eficaces en las manos de un ateo como lo son en las manos de un Cristiano. Pero lo que yo más necesito sobre todo es el deseo de **querer cambiar** mi estilo de vida y el capacitador **poder para cambiar**. Yo necesito ésto firme y permanentemente. Es cierto que hay personas con mucha fuerza de voluntad que pueden dejar de fumar y poner en práctica una dieta buena y un plan de ejercicio, pero ésto es una tarea mental y un trabajo penoso. Hay un camino mejor. Es aquí donde la "confianza en el poder divino" entra en el programa.

Algunos de nosotros en esta tierra luchamos mentalmente, no solamente con nuestras costumbres viejas y tendencias que se han acumulado en nuestras mentes durante nuestras vidas, sino también nosotros luchamos con poderes sobrenaturales, "los gobernantes de la obscuridad de este mundo." Agradezcamos a Dios que ha incluído la promesa de ayuda mediante Su poder divino. Nosotros no somos dejados para pelear batalla solamente con las armas naturales, nuestra razón propia y fuerza de voluntad. Tenemos la seguridad de Su ayuda sobrenatural si admitimos nuestra necesidad y Le pedimos.

Capítulo 28

CONCEPTOS PANTEISTAS ENTRAN FURTIVAMENTE A LA IGLESIA

Por siglos, el enemigo de almas ha propagado ideas panteístas, a veces sutilmente y otras evidentemente, a través de los filósofos y autores paganos. Por ejemplo, si uno examina críticamente los primeros trabajos de Wordsworth y de sus contemporáneos, uno encuentra un hilo de ideas panteístas a través de ellos.

Las ideas del panteísmo pueden ser detectadas en los escritos de algunos autores de corrientes ecuménicas, ciertos protestantes evangélicos y algunos católicos. Por más de treinta años nuestra denominación ha aconsejado a nuestros ministros ir a otras instituciones de aprendizaje, ajenas a nuestra fe, para entrenamiento adicional. En estas instituciones de estudio "superior," ellos fueron expuestos a esta filosofía sobrenaturalista de la naturaleza del hombre y del universo. ¿Y por qué no? Ésta es la filosofía predominante en América y Europa Occidental por la cual sus maestros explican la naturaleza del universo. ¿Por qué no deberían esos hombres enseñar lo que ellos creen?

Sin duda, éstos estudiantes Adventistas Del Séptimo Día fueron allí con la idea en mente de que no aceptarían ninguna teoría errónea. Sin embargo, ninguno de nosotros sabe toda la verdad o entiende todo error. El proceso examinador de la verdad y el error requiere de una discriminación más excelente. Los conceptos falsos que ellos rechazaron fueron los que **ellos sabían** que eran falsos. Ellos aceptaron lo que no determinaron ser falso. Es difícil que usted se sumerga en diferentes porcentajes de lodo y salga oliendo como una rosa. Como resultado, nosotros tenemos porciones del error de Babilonia y sus hijas, aceptado por estudiantes Adventistas y traído a nuestras iglesias y escuelas para ser mezclado con la teología Adventista Del Séptimo Día. Es hecho aún más sutil de este modo porque el error entra encubierto en la terminología Adventista, y solamente esos principios más cercanos a la verdad son inicialmente introducidos.

Nosotros reaccionaríamos con consternación si leeríamos en la Biblia que Eliseo hubiera enviado a los hijos jóvenes de los profetas a Nínive para obtener conocimiento adicional, después de que ellos se hubieran graduado de las escuelas de los profetas. Si los sacerdotes jóvenes de Israel hubieran sido enviados a Babilonia a estudiar y a "mejorar la calidad" de su educación en varias cosas, incluso las cosas de Dios, nos parecería extraño a través de nuestro aparato retrospectivo. Sin embargo, ¿no es ésto esencialmente lo que es hecho ahora cuando nosotros aconsejamos a los jóvenes ministros que recientemente han terminado en los colegios Adventistas Del Séptimo Día, ir a las universidades del país, las cuales son dirigidas por iglesias de varias creencias o por organizaciones ateas, para un estudio adicional a lo largo de las líneas teológicas o literarias? ¿Es algún milagro entonces que encontremos varias frases o conceptos de mala reputación, en los sermones y literatura de nuestra denominación?

Tenemos advertencias que no fomentan el entrenamiento adicional en instituciones de enseñanza "superior" del mundo (MM 62; FCE 98-99, 470, 535-6; CPT 15, 45, 497; COL 41). Por supuesto, estas admoniciones tienen que ser balanceadas con la declaración a seguir, del mismo escritor. "Que hubieran fuertes hombres jóvenes, arraigados y fundados en la fe, que tuvieran tal conexión viva con Dios que ellos pudieran, si fuera aconsejado por nuestros hermanos, entrar a los colegios superiores de nuestro país, donde tuvieran un campo más amplio para el estudio y la observación" (5 T 583-4). Desafortunadamente, hemos usado la declaración de arriba para hacer de tales actividades una rutina, cosa casi obligatoria mediante semejante presión e incentivos monetarios.

Varias razones son dadas para considerar el entrenamiento adicional en instituciones no pertenecientes a nuestra fe. Éstas incluyen: asociar con diferentes clases de personas, obtener un campo más amplio para el estudio y observaciones, familiarizarse con los trabajos y métodos de otros, obtener un conocimiento de teología como es enseñado en esa institución, estar mejor preparado para trabajar por la clase culta y enfrentar el error predominante como lo hicieron los eruditos Waldenses (GC 70).

Es interesante notar que los Waldenses tomaron el riesgo calculado de exponerse a las tentaciones, y la inevitable presencia del vicio, para el propósito de evangelización. Quizás su más grande peligro era el encuentro con los "agentes astutos de Satanás" que instaron sobre estos eruditos "herejías sutiles y peligrosos engaños" (GC 70).

¿Hemos sido tan afortunados como los Waldenses, o hemos perdido más de lo que hemos ganado?

La respuesta de Dios al panteísmo:

Tres Personas, el Padre, el Hijo y el Espíritu Santo, actúan como uno en lo que ellos hacen. Ellos son uno en propósito, uno en carácter, uno en mente, pero son tres Personas (MH 422; Ev 615). Los pecadores arrepentidos son bautizados en los nombres de éstos tres seres (Mateo 28:19).

En cambio el impío "piensa, en su insolencia que Dios nunca castiga; su pensamientos equivalen a ésto: no hay Dios en absoluto...' " (Salmo 10:4, Moffatt).

La inspiración también mantiene consistentemente que el universo se compone de un aspecto físico (material) y un aspecto espiritual (moral). Dios creó ambos; ellos coexisten y sin embargo son distintos en naturaleza (cf CPT 16.8; AA 284; MH 414). "En la creación de la tierra, Dios no estaba obligado a la materia pre-existente. 'Él habló y fue hecho;... Él ordenó y todo fue situado'. Todas las cosas materiales o espirituales se levantaron ante el Señor Jehová a Su voz,..." (MH 414.9).

Cuando Dios creó al hombre, Él lo hizo una unidad con una triple naturaleza, — una naturaleza física, mental y espiritual (vea PP 46.9; FCE 57.3). La triple naturaleza del hombre se mantiene en la descripción de su creación (Génesis 2:7) y en la disolución del hombre al tiempo de su muerte (Salmo 146:4; 6:5; Eclesiastés 12:7).

El hombre está bajo la ley en estos tres aspectos. "Quebrantar Su ley física, mental o moral, es colocarse uno mismo fuera de la armonía con el universo, introducir discordia, anarquía, ruina" (Ed 100.1). Estas tres naturalezas son sustentadas por Dios. "Todo el que consagre **cuerpo**, **alma** y **espíritu** a Su servicio, constantemente recibirá una dotación nueva del **poder físico, mental** y **espiritual**" (MH 159.8 énfasis suplido; vea también DA 390.7; Ed 123, 171; AA 284).

"Él ha preparado esta habitación viva para la mente; es maravillosamente hecha, un templo que el Señor mismo ha adaptado para la habitación de Su Espíritu Santo. La mente controla al hombre entero... Todos los órganos físicos son los sirvientes de la mente..." (FCE 426.1).

Los órganos físicos pueden ser mantenidos vivos en el hospital, por medios mecánicos y químicos, por muchos meses después de que la vida mental ha cesado. El cuerpo de una madre puede ser mantenido vivo por semanas después de que su mente está muerta, para preservar la vida de su bebé en la entrañas. La Escritura nos enseña que la vida espiritual y mental dependen de un cuerpo físico vivo, para la existencia. Nicodemo necesitó ser "nacido del Espíritu" antes de que estuviera espiritualmente vivo (Juan 3:3–6).

¿Qué debe ser hecho?

De alguna manera, el panteísmo moderno tiene que ser contrarrestado. Alguien tiene que recoger estos trozos de la teología babilónica, señalarlos por lo que ellos son, y remitirlos a quienes puedan usarlos. Estas sutiles frases panteístas son una maldición para el mundo religioso. Ellas son tanta maldición como las doctrinas acerca de la santidad del domingo, la inmortalidad del alma y la multitud de otros errores.

El profeta Zacarías nos ha enseñado como deshacernos de ellos. Sería bueno, figuradamente hablando, escribir éstos en un rollo, colocar el efa, poner una tapa de plomo en la parte de arriba y enviar el envase con el rollo al país de Sinar (Zacarías 5), a Babilonia y las hijas de Babilonia quienes las originaron. Allí serán apreciadas y serán usadas.

Observaciones finales:

Esta discusión no fue preparada para que uno clasificara a algunos Adventistas o alguna otra persona.

Los que reiteran frases panteístas o están involucrados en esas doctrinas, caen por lo menos en tres categorías. Algunos están, por ignorancia, repitiendo las frases sin entender su sentido, o están participando irreflexivamente con otros más profundamente involucrados en las doctrinas. Algunos están más enredados, de modo que los fundamentos del panteísmo han alterado su presentación de las doctrinas Adventistas Del Séptimo Día, o han causado que no hagan distinción entre lo sagrado y lo común. Tales pueden tener un corazón perfeccto hacia Dios, pero tienen un punto ciego en su campo visual espiritual. Ellos necesitan nuestras oraciones especiales. Algunos son panteístas reconocidos. Sus doctrinas necesitan ser opuestas, pero trátelos a ellos como usted quisiera ser tratado. Las ramificaciones del panteísmo son muy sutiles y engañosas; tenga cuidado para que usted mismo no caiga.

Algunos dicen que es "especulación pensar que el panteísmo será otra vez un problema para nosotros." Amigos, el panteísmo ha estado con nosotros por mucho tiempo. Las doctrinas sobre las cuales se basa la forma espiritualista, están con nosotros ahora. Yo no he presentado algo que no haya visto y oído.

Elena G. de White escribió estas palabras: "*El Templo Vivo* contiene el alfa de estas teorías. Yo sabía que el omega seguiría dentro de poco; y me preocupé por nuesta gente" (1 SM 203.5).

Ella expresa la razón de su preocupación: "Yo he visto los resultados de estas imaginarias opiniones de Dios en apostasía, espiritismo y ideas de amor libre. (Ev 602.8). Apostasía, porque ellos desarrollan una completa ciencia nueva de salvación (1 SM 204.2); espiritismo, porque el universo entero es considerado sobrenatural; y amor libre, porque "amor es Dios" y el cuerpo es considerado santo.

En cuanto a las discusiones del panteísmo, varios puntos en el libro *Evangelismo*, páginas 623–25 merecen énfasis especial.

(1) es mejor no predicar referente al tema del panetísmo.

(2) no es bueno leer citas de autores que escriben estos errores.

(3) La repetición de estos errores ayuda a Satanás a presentar sus falsas teorías a la gente.

(4) La controversia sobre estas teorías espiritualistas solo confundirá las mentes.

(5) Los ministros y maestros que se entreguen al estudio de éstas enseñanzas panteístas corren el riesgo de alejarse de la fe.

(6) Desenmascare estas falsedades sujetándose a la verdad y magnificándola.

En cambio, nosotros hemos sido exhortados a, que cada hombre despierte y trabaje mientras él tenga la oportunidad. Que hable palabras a tiempo y destiempo, y mirar hacia Cristo en busca de estímulo y fuerza para obrar correctamente" (1 SM 195). Los médicos han sido reprendidos por escuchar interpretaciones caprichosas espiritualistas de la Escritura y por permanecer silenciosos (1 SM 195-7). Se nos ha dicho: "Desenmascare los presuntuosos sofismas" (1 SM 196). Los angeles de Dios han sido delegados para venir a nuestra ayuda en este conflicto (1 SM 196).

En el estudio de estas pocas páginas, el autor se ha esforzado por restringir su investigación unicamente a la lectura para verificar que estos sentimientos son verdaderamente como son declarados. Él se ha esforzado en restringir la repetición de las frases erróneas lo suficientemente necesario para desenmascarar la situación. Él no está interesado en entrar en controversia sobre el tema, por las razones arriba mencionadas.

Capítulo 29

ESOS CAMBIOS DRAMATICOS EN EUROPA - EL PANTEISMO COMPONENTE

El 3 de diciembre de 1989, George Bush no pudo reunirse con Mikhial Gorbachev en el barco de guerra ruso en Malta a causa de fuertes vientos. Ésto condujo a un general americano a comentar palabras que estaban cargadas de sentido profético. "Hay otro viento soplando sobre Europa que influye en los eventos del mundo."

Quizás usted se ha preguntado cuál es el significado de los dramáticos cambios políticos y religiosos el año pasado en Europa, Rusia y, más recientemente, en el Medio Oriente. ¿Por qué los países dominados por el comunismo han cambiado su voluntad cruel para gobernar y permitieron que estos cambios ocurrieran? ¿ **Qué "otro viento soplando sobre Europa" podría ocasionar todo ésto?**. ¿Puede usted imaginar que las condiciones actuales se presentarían en el Medio Oriente si Saddam Hussein, de Iraq, hubiera decidido invadir Kuwait hace un año o dos cuando Rusia le suplía armas? Todo ésto ha sido lo más sorprendente y rápido. Muchos han repetido la frase: "Los movimientos finales serán rápidos" (9 T 11).

¿Qué tiene que decir la Biblia en profecía, si tiene algo que decir, acerca de la influencia del ateísmo comunista contra el trabajo del Señor? ¿Cuáles serán los próximos grandes acontecimientos? Nuestro estudio principal se concentrará en los últimos cinco versos de Daniel 11, partes de Apocalipsis 11 y de Apocalipsis 13 y 17.

Para comprender las profecías, necesitamos algunas definiciones. He aquí algunas definiciones necesarias que son aceptadas por estudiantes de la profecía Bíblica.

Tiempo del fin: El período de tiempo desde el final de los 1260 años, tiempo de profecía, en 1798 hasta que Jesús viene. Daniel 12:4.

Rey del sur: Egipto, ateísmo, cuyo principal proponente moderno es el comunismo ateo.

Rey del norte: Babilonia, mujer libertina, unión de la iglesia y el estado, el papado. Jeremías 25:12; 46:13,20,24; Apocalipsis 17:1–5

Usurpador rey del norte: Lucifer — Satanás. Isaías 14:12–14.

Rey Verdadero del norte: Jesús. Salmo 48:1,2.

Edom: Descendientes de Esa£ ⎧ [Islam viene de
Moab: Descendientes de Lot ⎨ Mohamed,
Am¢n: Descendientes de Lot ⎩ descendiente de Ismael.]

Tiendas de su palacio: Tienda de cuartel de un rey cuando él marchaba a la guerra. Otra interpretación de palacio es "ídolo".

Mares: Personas, naciones y lenguas. Apocalipsis 17:15.

Glorioso monte sagrado: Casa de Dios. Isaías 2:2–4; Salmo 48:2; Daniel 2:34,35,44,45; Miqueas 4:1–3.

Mujer Ramera: Iglesia apóstata y sus hijas que siguen sus enseñanzas, Babilonia. Apocalipsis 17:5.

Virgen Pura: Iglesia Verdadera, la esposa de Señor, Santa Jerusalén. Apocalipsis 21: 9–10.

Cuernos: Fuerzas Políticas, o poderes, o reyes. Apocalipsis 17:12.16

Bestias: Gobiernos especiales políticos que trabajan contra Dios.

Fornicación: Unión ilícita entre la iglesia y el estado.

Información de Fondo: Todo el cielo trabaja para preparar la iglesia de Dios para su papel en la "expiación final" del mundo, especialmente para las horas finales. Dios nos ha dado considerables antecedentes históricos y orientación profética para ayudarnos en la gran controversia entre lo bueno y lo malo.

Desde el tiempo de la llamada de Abrahám hasta la primera venida de Jesús, Palestina fue la localidad geográfica para Israel, bajo la protección especial de Dios. Los enemigos de Israel bajo la dirección de Satanás eran Egipto, por el sur, Asiria o Babilonia, por el norte

(Jeremías 50:17) y los vecinos Moabitas, Edomitas y Amonitas, al oriente.

En ese tiempo Egipto y Babilonia eran los dos grandes centros de civilización, uno a lo largo del Nilo, y el otro a lo largo del Tigris-Éufrates. Los egipcios creían en muchos Dioses de **la naturaleza**, la cobra, el Nilo, las ranas, el ganado, etc; mientras que los babilonios creían en muchos Dioses de lo **sobrenatural**. Ambos adoraron al sol. Ambos consideraron que sus reyes eran dioses. [1] Éstos fueron panteístas. [2] Los edomitas eran descendientes de Esaú. Los moabitas y los amonitas eran descendientes de Lot.

Nosotros hablamos del "Espíritu de 1776" en conexión con la fundación de los Estados Unidos de América. Semejantemente, mientras Israel era la **nación escogida**, la gente misma y su principio orientador (o espíritu) podían ser localizados geográficamente. Igualmente, los tres enemigos principales de Israel tenían sus principios característicos (o espíritu) y podían ser localizados geográficamente. Nosotros reconocemos un Israel "espiritual," un Egipto "espiritual," (rey del sur), una Babilonia "espiritual," (rey del norte), y un Edom y Moab "espirituales." [3]

Después de que el Mesías vino, Israel, como una nación, lo rechazó, el "reino de Dios" fue quitado de Israel y dado a otros (Jeremías 31:35–37; Mateo 21:43) "hasta que los tiempos de los gentiles se cumplan" (Lucas 21:24) Israel **como pueblo escogido** no era más que un sitio geográfico. Sin embargo, el "espíritu" del verdadero Israel sería perpetuado, semejentemente, a través del mundo por los judíos y gentiles convertidos. El mensaje de Pablo y los otros apóstoles fue: "Si vosotros sois de Cristo, ciertamente linaje de Abraham sois" (Gálatas 3:29; Hechos 15:6–29). Justamente así, el "espíritu" de Egipto, el "espíritu" de Babilonia y el "espíritu" de todos los vecinos de Israel, que vivían en el desierto, fueron dispersados por todo el mundo.

Ahora, dondequiera que en el mundo haya verdaderos seguidores de Cristo, encontramos al "Israel espiritual". Dondequiera que haya partidarios de los principios panteístas ateos de Egipto, encontramos "egipcios espirituales". Dondequiera que haya partidarios de las enseñanzas panteístas espirituales de Babilonia, encontramos "babilonios espirituales". Si entendemos esta premisa, no cometeremos el error, en el "tiempo del fin," de localizar al Israel de los últimos días, o a sus enemigos, en una específica área geográfica. El conflicto final entre los principios del reino de Dios, los principios del ateísmo egipcio y la religión coercitiva de Babilonia continuarán, a nivel mundial, en la mente de cada persona, en la familia, en la vecindad y en las naciones. Para estar en el ejército correcto, tenemos que entender los principios orientadores del evangelio verdadero, del espíritu de Egipto y el espíritu de Babilonia.

Nosotros deberíamos estar en guardia contra otro error mayor. Los judíos en la época de Cristo habían malinterpretado las profecías de la venida del Mesías. Las profecías que se referían a la segunda venida del Mesías como Rey, ellos las habían aplicado a Su primera venida como sirviente y como sacrificio. Justamente así en nuestra época, algunos pueden malinterpretar las declaraciones que se refieren a Su venida para purificar la tierra al fin de los mil años (Apocalipsis 20:7 a 22:5), y aplicarlas al tiempo antes de los mil años, cuando Él viene a llevar a Su pueblo al cielo (Apocalipsis 19:11 a 20:6; 1 Tesalonisenses 4: 16,17).

En la discusión de Elena G. de White acerca de la Revolución Francesa, en *El Conflicto de los Siglos*, nosotros tenemos importantes evidencias que revelan un segmento clave de la profecía. Cuando Dios vió el momento adecuado para preparar este mundo para los acontecimientos finales, justamente antes del tiempo del fin, Él les dió a los reformadores comprensión especial en las Escrituras. "El espíritu de libertad estuvo con la Biblia" (GC 277). Este espíritu de libertad abriría el camino para la propagación del evangelio; revelaría los dogmas de la fe verdadera y los contrastaría con los de la religión coercitiva. En el proceso, derribaría el despotismo monárquico. Satanás vió la necesidad de combatir la Reforma y este espíritu de libertad, planteando otro poder para luchar contra Dios. Esta nueva "manifestación del poder satánico" era el ateísmo, "Egipto espiritualmente" con el "espíritu del escepticismo y el desafío" contra Dios como los faraones de la antiguedad (GC 269). También tenía el licencioso "espíritu" de Sodoma (ibid.).

Esta manifestación del poder satánico desarrolló, justamente poco antes de 1798, el "tiempo del fin" Bíblico. Al principio del "tiempo del fin" este poder ateo, trabajando en el gobierno francés, atacó no solamente la monarquía sino también la iglesia papal. El Papa fue tomado prisionero. Mediante esta maniobra, Satanás hizo que pareciera como si algo malo (ateísmo francés) atacaba algo bueno (religión papal). La cabeza de la bestia de Apocalipsis 13, que estaba en el poder en ese tiempo, recibió una herida mortal. Apocalipsis 13:3.

Daniel y el "tiempo del fin": Primero, por favor lea Daniel 11:40 a 12:1 en la versión de la Biblia de Reina y Valera y luego lea la versión parafraseada bajo la cual la definición de las palabras o frases ha sido transpuesta por la palabra original.

(40) Alrededor de 1798 el ateísmo contendrá al papado: y el papado se levantará contra el ateísmo como una tempestad, con carros y gente a caballo, y muchas naves; y entrará por las tierras, e inundará y pasará.

(41) El papado entrará también a la tierra gloriosa y muchas provincias caerán; mas éstas escaparán de su mano: Edom y Moab y la mayoría de los hijos de Amón.

(42) El papado extenderá su mano contra las tierras, y el ateísmo no escapará.

(43) Y el papado se apoderará de los tesoros de oro y plata y de todas las cosas preciosas del ateísmo; y los de Libia y de Etiopía le seguirán.

(44) Pero noticias del oriente y del norte atemorizarán al papado y a Satanás, y el papado y Satanás saldrán con gran ira para destruir y matar a muchos.

(45) Y el papado y Satanás plantarán las tiendas de su palacio o ídolo entre la gente en esta tierra y el santuario de Dios en el cielo; mas el papado y Satanás llegarán a su fin y no tendrán quien les ayude.

(1) En aquel tiempo se levantará Miguel [Jesús], el gran príncipe que está de parte de los hijos de tu pueblo; [el período de prueba se cierra] y será tiempo de angustia, cual nunca fue desde que hubo gente hasta entonces; pero en aquel tiempo será liberado tu pueblo.

En esta profecía vemos que el ateísmo se desarrollará y trabajará contra Dios, pero también se opondrá al poder apóstata de la iglesia-estado, otra fuerza importante de Satanás. Luego nosotros vemos un tiempo cuando este poder apóstata iglesia-estado, Babilonia, tendrá un resurgimiento abrumador. Vencerá ese poder ateo. Sin embargo, algunos poderes tales como Edom, Moab y Amón, no serán vencidos por el papado.

Vemos que una iglesia apóstata instalará un tabernáculo del ministerio para el usurpador rey del norte entre las personas en el mundo y el santuario divino donde Jesús ministra (cf. 2 Tesalonicenses 2:4 y EW 55–56). El papado ha hecho ésto, colocando sus sacerdotes en medio del ministerio de Cristo por los pecadores, cuando los sacerdotes oyen su confesión y "absuelven" sin la sangre de Jesús. El papado ha hecho ésto cuando interpone la mediación de María muerta, la madre de Jesús, entre los pecadores y el trabajo mediador de Cristo en el santuario divino. Ellos han colocado varios ídolos en el tabernáculo (tienda) de Satanás. Entre éstos está el ídolo de la hostia, el ídolo del día de reposo (domingo) y la tradición (7 BC 977).

Según la *Nueva Enciclopedia Católica* [4] bajo el tópico, "La Asunción de María" y su propuesto trabajo mediatorio, nosotros encontramos que ha habido un aumento gradual en la creencia en el trabajo "co-redentor" de la "Mediadora" María. El papa Sergio I (hacia el 687 D.C) parece haber comenzado ésto cuando él pagó tributo al aniversario de la muerte de María, y más tarde conmemoró su "asunción". Del 733 al 740 D.C. ella fue referida como "Mediadora". Para el siglo 17, el concepto del trabajo "co-redentor" de María, la madre de Jesús, fue "aceptado generalmente".

La Biblia enseña que la muerte es un sueño (Lucas 11:11–14). Los muertos no saben nada (Eclesiastés 9:5; Salmo 115:17); y sin embargo, nosotros vemos al "rey del norte" propagando el dogma de que no solamente está María, la madre de Jesús, viva, sino que también ha sido llevada al cielo y sirve como una mediadora entre los personas en esta tierra y el Dios del cielo. En realidad, la Iglesia Católica Romana ha conferido a María la autoridad de otorgar perdón al mismo Satanás si él se arrepintiera [5].

La Biblia enseña que "tenemos un gran sumo sacerdote que traspasó los cielos, Jesús el Hijo de Dios…" (Hebreos 4:14) Ningún hombre [o mujer] puede tomar esta posición. Tiene que ser dada a Él por Dios (Hebreos 5:4). Jesús dijo: "Yo soy el camino, y la verdad, y la vida; nadie viene al Padre, sino por mí" (Juan 14:6). El mismo Pedro dijo: "Y en ningún otro hay salvación; porque no hay otro nombre bajo el cielo, dado a los hombres, en que podamos ser salvos" (Hechos 4:12).

No solamente Satanás se propone colocar su ministerio usurpador en su tienda de jefatura, sino que ataca las verdades doctrinarias del ministerio de Cristo en el santuario divino. Nosotros podemos ver ésto por lo que ha pasado dentro de la Iglesia Adventista Del Séptimo Día.

Desde 1955, en conexión con el problema de Walter Martin/ Donald Barnhouse, el libro *Preguntas en Doctrina* y la "Nueva Teología,"nosotros podemos ver sus ataques viciosos contra las dos columnas principales de la fe Adventista– el juicio investigativo y la expiación final. En vez de estas verdades, Satanás ofrece las falsas doctrinas de que "la expiación fue completada en la cruz" y que "Jesús no tomó sobre sí la descendencia de Abraham, sino que tomó el género humano de Adán antes de la caída." Así, ni la victoria sobre el pecado ni la purificación final de la culpa del pecado serán realizadas para la humanidad por el ministerio de Cristo en el santuario divino. [6]

Daniel predijo que el rey del norte "Del Dios de sus padres no hará caso, ni del amor de las mujeres, ni respetará a dios alguno, porque sobre todo se engrandecerá. Mas honrará en su lugar al dios de las fortalezas, dios que sus padres no conocieron..." (Daniel 11:37-38).

El intento de asesinato del Papa Juan Pablo el 13 de mayo de 1981, aniversario de las profecías de Fátima, hizo que él examinara las profecías de Fátima más diligentemente. Ésto lo condujo a tomar seriamente el "Tercer Secreto" de la aparición de Fátima, que Rusia y el mundo debían ser dedicados a la virgen María. Ésto ha hecho que él lo establezca en su "agenda del nuevo orden mundial." [7] Según Malachi Martin, "Él [papa Juan Pablo] espera, más bien, un acontecimiento que partirá la historia de la humanidad, dividiendo el pasado inmediato del futuro próximo. Éste será un acontecimiento a la vista pública en los cielos, en los océanos y en los continentes de este planeta. Ésto involucrará particularmente a nuestro sol humano.... Pero en el día de este acontecimiento, no aparecerá solamente como la estrella principal de nuestro así llamado, sistema solar. Más bien, será visto como la circundante gloria de la mujer [la virgen María]...." [8]

Noticias "del oriente y del norte" harán que él (Satanás) vaya a vencer a muchos (Cf. Apocalipsis 12:17; 1 Pedro 5:8). Satanás tomará el campo de batalla en persona, haciéndose pasar por Cristo, haciendo milagros e imitación de milagros para engañar (2 Corintios 11:14; GC 612, 624). Él apoyará a la mujer ramera (Apocalipsis 17:8-11; 12:17). Él pretenderá ser el "gran médico misionero" (MM 87-8). Sin embargo, él será traído a un fin. Cristo, Miguel, se levantará, lanzará Su incensario del ministerio sacerdotal, cerrará el período de prueba para todos, y vendrá a llevar a Su pueblo al cielo (Daniel 12:1; Apocalipsis 18:8-24).

La bestia del abismo: En Apocalipsis 11, Juan relata una visión de este mismo período de tiempo e identifica la bestia que sube del abismo como un poder ateo, "Egipto espiritual". Nosotros vemos esta misma bestia luego en Apocalipsis 17. En el capítulo 17, sin embargo, la mujer ramera Babilonia, la gran iglesia apóstata, está sentada sobre **la bestia del abismo.**

¿Cómo llega el papado a esa posición de dominación sobre el ateísmo? ¡Teniendo, **para la fase final de la rebelión de Satanás,** una ideología de decepción que es superior a la del comunismo ateo! Es en este aspecto del estudio que un entendimiento de las teorías del panteísmo es de ayuda especial. El rey del sur y el rey del norte representan las dos formas especiales de panteísmo en el arsenal de

Satanás. Ambas formas consideran que el universo es de una naturaleza, una unidad, y niegan la verdad de la personalidad de Dios.

El panteísmo comunista ateo considera que el universo es todo físico o material. Niega a Dios, los milagros y los acontecimientos sobrenaturales. El catolicismo, en cambio, considera que el universo es todo espiritual. Con este dogma enseña que "Dios es la máxima realidad." Ellos creen que un sacerdote puede convertir el pan y el vino en verdadera carne y sangre de Cristo. Ellos sostienen que la habilidad para hacer milagros es una señal de la iglesia verdadera. Cuando el catolicismo se une con el espiritismo y con el falso profeta (protestantismo apóstata) para realizar milagros,(Apocalipsis 13:1-14; 16:13,14), toda la fuerza del panteísmo ateo se derrumbará. La iglesia "se sienta" sobre muchas aguas, que en lenguaje profético significa "personas". Los adherentes del ateísmo cambiarán su lealtad casi en masa y cumplirán las órdenes de la iglesia apóstata, el tipo que considera que el universo es sobrenatural.

Con el panteísmo ateo trabajando como el "rey del sur," y el panteísmo espiritualista trabajando como el "rey del norte," podemos ver el gran conflicto contra el Dios del cielo, como nos lo imaginamos simbólicamente en Daniel 11:40-45. La gente de Dios, Israel espiritual, dondequiera que esté, será atrapada entre estas fuerzas enemigas, como el Israel de la antigüedad fue atrapado entre sus enemigos geográficos del sur (Egipto), sus enemigos del norte (Asiria o Babilonia), y sus vecinos Edomitas y Moabitas.

Por más de cuarenta años este globo ha vivido bajo la sombra de las nubes de la bomba de hidrógeno y huellas de cohetes. Los fusiles, cohetes y la retórica han sido apuntados en dos direcciones principales. Pero ni la civilización occidental ni las naciones comunistas se han atrevido a hacer cualquier cosa que cause el enojo de la otra. El hierro y las cortinas de bambú han sido mantenidas. Los riesgos ocasionales han sido tomados muy cautelosamente por el comunismo para probar la voluntad del antagonista, pero el conflicto se abstiene de usar las armas finales. Ambas facciones temen que la próxima guerra mundial, si llegara, acabe del todo con la civilización. Así, el mundo ha estado en una clase de estancamiento en cuanto a las **armas físicas** se refiere. Los gobiernos ya no pueden usar sus armas mortales para solucionar sus diferencias o para dominar. De ese modo, ellos se vuelven a las armas espirituales.

En Daniel 11:41 nosotros vemos otro grupo en la batalla. Vemos a "Edom y Moab y la mayoría de los hijos de Amón" que "escaparán de su mano." ¿Quiénes son éstos? Éstos son los árabes, la mayor parte de los cuales creen en el Islam, la otra ideología principal que domina la economía y pensamiento del mundo. El Islam fue fundado por un descendiente de Ismael. ¿Dónde se coloca éste con respecto al así llamado "cristianismo" y al comunismo? Ellos rechazan ambos. El orgulloso y coercitivo Islam domina a sus adherentes mediante la crueldad (Isaías 16:6; Jeremías 48:6 a 49:33).

Aunque "Edom, Moab y Amón" escapen del rey del norte, Egipto (ateísmo) no escapará de la mano del rey del norte. Como vemos en Apocalipsis 17, Babilonia (el papado y sus hijas) sin embargo se sienta en la bestia del abismo (comunismo). ¿Cómo sucede ésto? Vemos un gran resurgimiento del interés en las cosas espirituales y religiosas en el mundo comunista, a pesar de todo esfuerzo por eliminarlo de las mentes de millones, durante los pasados setenta años. Las iglesias pueden haber sido cerradas y convertidas en museos; sus ministros y sacerdotes pueden haber sido encarcelados y asesinados; sus escuelas han sido usadas para imponer en las mentes de una generación que no hay Dios, ni vida después de la muerte, ni cosas espirituales; pero cuando llega el tiempo para la confrontación entre Cristo (el Rey verdadero del Norte) y Satanás (el usurpador rey del norte), Satanás tiene que tener como su engaño dominante a los que creen fuertemente en manifestaciones sobrenaturales.

"Las agencias del mal combinan sus fuerzas y se consolidan. Ellas se refuerzan para la última gran crisis. Grandes cambios deben ocurrir pronto en nuestro mundo, y **los movimientos finales serán rápidos** " (9 T 11).

"Los que llevan las riendas del gobierno no son capaces de solucionar el problema de la corrupción moral, la pobreza y el incremento del crimen. Ellos luchan en vano por colocar las operaciones de negocios en una base más segura" (9 T 13).

La jactancia de Nicolae Ceausescu, rígido gobernante comunista, de Romania, era de que aplastaría todo intento por cambiar el tipo de gobierno. Lo que le pasó a él debería servir como una señal a otros líderes ateos, de que sus días están limitados a menos que ellos cambien también.

¿Qué ocasiona los "movimientos finales rápidos"?: En Daniel 11, versículos 44 y 45, nosotros leemos en referencia al rey del norte que "noticias del oriente y el norte lo atemorizarán." Estas noticias harán que él "salga con gran ira para destruir y matar a muchos," para "plantar las tiendas de su palacio entre los mares y el monte glorioso y santo...." La próxima escena es: "llegará a su fin, y no tendrá quien le ayude." Miguel, Cristo, el verdadero Rey del norte, "se levantará..., y será tiempo de angustia, cual nunca fue...." (Daniel 12:1). ¿Quién es el verdadero "Rey del norte"? ¿Quién está detrás del "rey del sur" y el "rey del norte"? ¿Podría ser que una persona, el usurpador rey del norte, se haga pasar por ambos, el rey del sur y el rey del norte? Ésto es potencialmente confuso, pero vemos al usurpador rey del norte en Apocalipsis 12 como el gran dragón rojo.

Isaías nos dice acerca del usurpador rey del norte en el "proverbio" contra el rey "espiritual" de Babilonia. Lucifer, "hijo de la mañana," dijo en su corazón: "subiré al cielo; en lo alto, junto a las estrellas de Dios levantaré mi trono, y en el monte del testimonio me sentaré, a los **lados del norte"** (Isaías 14:13).

El salmista nos dice del Rey verdadero del norte. "Grande es Jehová, y digno de ser en gran manera alabado en la ciudad de nuestro Dios, en su monte santo. Hermosa provincia, el gozo de toda la tierra, es el monte de Sión, a los lados del norte, la ciudad del gran Rey" (Salmo 48:1,2; Vea también Ezequiel 8:14).

¿Cuáles son las noticias del oriente "y las noticias del norte" que son tan importantes? ¿Qué planea Dios hacer para preparar la iglesia para las fases finales de la controversia entre Cristo y Satanás? La historia de la antigua Babilonia nos ayuda a comprender el cuadro y a entender la respuesta.

En la época antigua, Babilonia fue destruída por los ejércitos de Medo-Persia bajo Ciro, quien vino del norte y del oriente (Isaías 41:25 a 42:4; 46:11; Jeremías 50:9; 51:11). Belsasar y sus príncipies tuvieron un gran banquete y bebieron de las vasijas del templo de Dios (Daniel 5:1–4). En la profecía de estos acontecimientos, Isaías menciona a Ciro por su nombre y cita al Señor diciendo de Ciro: Él es "Mi pastor" y "Su ungido[de Dios]" Isaías 44:28–45:1. Ciro y la destrucción histórica de la antigua Babilonia, y la devolución de Israel a su tradición fue dispuesta por Dios para presagiar la destrucción de la Babilonia moderna espiritual y la liberación de la Israel moderna por Cristo, el Rey verdadero del norte (y del oriente), en Su segunda venida (Cf. Apocalipsis 16:12; Isaías 41:2,25,26; 46:1; Apocalipsis 19).

En nuestra época, Babilonia la iglesia apóstata, estará "ebria de la sangre de los santos" y ofrecerá "en la mano un cáliz de oro lleno de abominaciones...," al mundo entero. Estas abominaciones son sus doctrinas falsas que casi todos en el mundo recibirán para su propia condenación (Apocalipsis 17:2–4; 18:3). Pero habrá un grupo remanente de creyentes que rechazan estas abominaciones, que elegirán el camino de Dios, y quienes serán liberados para devolverle su herencia al divino Canaán.

¿Cuáles son algunas de estas "abominaciones" en el cáliz? [9]

Tradición predomina sobre un "Así dice el Señor".

Bautismo de niños en lugar de inmersión de adultos racionales.

Confesión auricular con perdón blasfemo por un hombre.

Penitencia - el hombre trabaja para ser aceptado por Dios, no por fe solamente.

Transubstanciación (la misa) — pan y vino convertidos en Dios.

"Dios es la máxima realidad" — frase que hace de Dios una nulidad.

Pedro llega a ser la "roca" para la iglesia, en lugar de Cristo.

Pedro y los sacerdotes tienen las "llaves," en vez de las Escrituras.

Inmaculada concepción - María, muerta, se hace mediadora.

Invocación de los santos — Los santos muertos se convierten en mediadores.

Inmortalidad del alma - las almas pueden ser sacadas del purgatorio.

Tormento eterno de los malos - la justicia de Dios impugnada.

Extremaunción - el hombre es salvo mediante ceremonia.

Santidad del domingo en vez del séptimo día de reposo del Señor.

En tiempos antiguos, un rey estaba "casado" con su reino (cf. Isaías 54:5–7). Cuando Jesús (Miguel) deja Su trabajo como sumo sacerdote y llega a ser Rey de reyes, Él se "casa" con Sión, Su novia, la iglesia verdadera. Sin embargo, justamente antes de que el "Novio llegue a la boda," Él viene a Su templo como el "ángel del pacto" a purificar a Su pueblo (Malaquías 3:1–5).

Él hace un trabajo por su pueblo para prepararlos para el cielo y para el tiempo de angustia que viene sobre la tierra (vea GC 426). Este trabajo de preparación de Su pueblo incluirá (1) el alejamiento del "ejército del norte" y (2) el derramamiento de "la lluvia temprana y la tardía" de Joel 2:20–32, (3) la afinación y la limpieza descritas en Malaquías 3:1–5, (4) el sellamiento de Ezequiel 9, y (5) la "expiación final" con la eliminación del pecado descrita en Zacarías 3:1–5 y Hechos 3:19. Ésto incluirá los mensajes al mundo descritos por los tres ángeles de Apocalipsis 14 y la repetida llamada del ángel poderoso de Apocalipsis 18.

Así, dos grandes mensajes o movimientos serán enviados del cielo y dirigidos por Dios para la preparación de la iglesia y el mundo, para la venida de Cristo en las nubes del cielo. (1) el "mensaje del sellamiento" para la gente de Dios y (2) la "gran voz" para el honesto de corazón, para que salga de Babilonia, las iglesias caídas, y adore al Dios verdadero. En Apocalipsis 7, el ángel con el sello es visto volando **del oriente** y hablando con una **"gran voz"**. En Apocalipsis 18, otro ángel proveniente del trono de Dios en los lados del norte agrega su "voz potente" a los mensajes de los tres ángeles de Apocalipsis 14. Estos mensajes instan a todos a aprovecharse del plan de salvación. Además de la llamada de estos mensajeros, "**otra voz del cielo**" enfatiza esta invitación final (Apocalipsis 18:1,4).

Desde que el pecado entró a este mundo, nuestro Señor ha ofrecido misericordia sin límite a Sus enemigos en el mundo. Al final del tiempo, de una manera más enfática, el gobierno de Dios y todas Sus formas de tratar con Sus seguidores así como con sus relaciones con el pecado y los pecadores, serán vindicadas. Tanto Su justicia como Su amor y misericordia permanecerán puros ante el universo. A todos les será dada información suficiente para hacer una decisión inteligente.

"Los santos ángeles han sido empleados para dirigir este trabajo; ellos tienen a su cargo **grandes movimientos** para la salvación de los hombres, pero la **proclamación real** del evangelio es realizada por los servidores de Cristo sobre la tierra" (GC 312). Los ángeles vinieron a María, José, los pastores, y hombres y mujeres que estaban preparados para realizar su parte de anunciar varios acontecimientos involucrados en la primera venida del "Mesías". Igualmente, los mensajes que tienen que ver con la preparación de los vivientes y la segunda venida de Cristo, tienen que ser claramente entendidos y dados. La rapidez y la extensión mundial de este mensaje están representados por ángeles "**volando** por en medio del cielo" (Apocalipsis 14:6–12; GC 355–6). ¿Qué noticias traen los mensajeros de Dios?

1. G.S. Goodspeed: *History of the Ancient World,* Charles Scribner's Sons, New York, 1904, pp. 17,27.
2. C. Bonner: *Studies in Magical Amulets Chiefly Graeco-Egyptians*, Univ. of Michigan Press, Ann Arbor, MI, 1950. p. 317.
3. J.C. Haussler: *Syllabus and Guide to Study for Prophetic Interpretation I*, La Sierra Colllege, Arlington, CA, 1959, pp. 38–53.
4. *New Catholic Encyclopedia*, McGraw-Hill, Washington, D.C., 1967, Vol 1:971 ff y Vol 9:356.
5. Alfonsus M. de Liguori, *The Glories of Mary* Quoted in, Me. Walsh, *The Wine of Roman Babylon*, Leaves of Autum Books, Payson, AZ, 1981, p. 143.
6. J. Reich: *The M L Andreason File,* LMN Publishing, St. Maries, ID, 1988
7. M. Martin: *The Keys of This Blood*, Simon and Schuster, New York, 1990, pp. 46–50.
8. ibid. pp. 639–657.
9. M.E. Walsh: *The Wine of Roman Babylon,* Leaves of Autum Books, Paysons, AZ; 1981.

Capítulo 30

NOTICIAS DEL ORIENTE Y DEL NORTE

"**Noticias del Oriente**": Mientras estudiamos las profecías de Daniel y Apocalipsis que se refieren a los movimientos finales, se nos ha dicho que los "reyes del oriente" vienen (Apocalipsis 16:12) y que un ángel "que subía de donde sale el sol sellaría" a los siervos de Dios en su frente (Apocalipsis 7:1-3). El ángel de Ezequiel nueve, debía poner una señal en la frente de los que gimen por la maldad predominante y que no participan en el pecado. Este trabajo de sellamiento se refiere al examen del carácter, y empieza con los carácteres de los "varones ancianos" en el santuario de Dios (iglesia). Es como el Rey que preparó una boda para Su Hijo. Él suministró un vestuario de boda para nosotros, los invitados. Justamente antes la boda, el rey viene a examinar, a investigar, los invitados para ver si usan el manto (Mateo 22:1-4).

Dios nos ha dado otro ejemplo que presagia este trabajo.

En el tiempo de la liberación de la esclavitud egipcia, los israelitas tenían una señal en el dintel y en los postes de las puertas. Los ángeles de Dios debían matar a los que no tuvieran la marca. En Egipto, la marca de la sangre de la pascua y la matanza de los egipcios incrédulos, fue literal. Una condición de la liberación de Israel de la esclavitud egipcia, era que ellos tenían que guardar el día de reposo, el monumento conmemorativo de la habilidad creadora de Dios, y ellos debían permanecer bajo la nube que los guiaba en su liberación. De esta manera, ellos mostraron su confianza en Jehová para protegerlos de todos sus enemigos y suplir todas sus necesidades.

En las escenas finales de esta historia del mundo habrá también una señal, pero estará en la mente, "un establecimiento en la verdad, tanto intelectual como espiritual, para que no sean desplazados" (4 BC 1161). La "señal" exterior visible de este trabajo de gracia será la observancia del verdadero día de reposo del Señor (Éxodo 31:13). La matanza será la pérdida de la vida espiritual, al cierre del período de prueba y la pérdida de la vida física (Ezequiel 9:5–9).

Habrá gente que decidirá dejar que "Dios trabaje en ellos tanto para **querer** [deseo de hacer] como para **hacer** [estar facultado para hacer] Su buena voluntad" (MB 142; SC 47). El pueblo de Dios suplicará para obtener un corazón perfecto hacia Él (PK 591.1; 2 T 505–6). Mientras ellos vivan confiadamente en esta relación, Dios derrama Su Espíritu en la "lluvia temprana" para capacitarlos para realizar **obras justas** (TM 507). Las acciones justas repetidas llegan a ser **hábitos justos** (COL 356). Todos los hábitos justos construyen el **carácter justo** (COL 356). Éste es el **"manto impartido de justicia"** que Dios teje en ellos con el "telar del cielo" mientras están cubiertos con el "manto imputado de justicia" que obtienen de Cristo a través de la fe en Sus méritos (COL 311–2; AA 483.2; DA 312.5;# 1 SM 366.8). Éste carácter **justo** es el "aceite" que las vírgenes sensatas tenían, pero que las necias no tenían (COL 407–8; CG 173.3; TM 234.1). Ésto es la "vestidura blanca" que Laodicea necesita (4 T 88.8). Éste es el "oro probado con el fuego" que los hijos de Leví tendrán (5 T 129; 4 T 89). Dios lo llama "las acciones justas de los santos" (Apocalipsis 19:8); pero los santos se niegan a tomar crédito para ellos mismos (Mateo 25:37,38). Ellos lo llaman "la justicia de Cristo" (PK 591). Como Ud. puede ver, toda gloria por nuestra liberación va al Padre, al Hijo y Espíritu Santo (Judas 25; 2 BC 1035).

Es interesante cómo Dios ha escogido un **tiempo de adoración** en lugar de un **objeto de adoración** como una señal de la obediencia amorosa y la lealtad al Dios Creador. Él escogió y santificó el Sábado como el día de reposo de la creación (Génesis 2:2,3). Él nunca lo ha cambiado (Malaquías 3:6; Mateo 5:17,18). Él señaló que éste debía empezar y terminar al atardecer, cuando la humanidad está despierta y activa, en vez de la medianoche cuando la mayoría de las personas están dormidas. Una decisión consciente debe ser hecha para "guardar bien los límites del día de reposo" (6 T 356). No hay "consecuencias naturales" involucradas si uno está fuera del tiempo del mantenimiento del Sábado por una hora o más, pero hay una violación del compromiso con el Señor del universo. En cuanto se refiere a los seguidores de Dios, lo que pensamos y hacemos en el día de reposo y cuándo guardamos Su día, nos da nuestra respuesta a la pregunta número uno en la gran controversia: ¿Solamente Dios tiene el derecho de decidir lo que es correcto en las todas cosas, o puede cada persona seguir su propia voluntad como Satanás lo haría? ¿Tiene la bestia el derecho de escoger el día?

El gran zarandeo del pueblo de Dios y el sellamiento comenzarán con los que tienen mucho tiempo en la iglesia de Dios (1 Pedro 4:17) y continuarán hasta que los primeros frutos de los vivientes, los 144,000, sean todos sellados (Apocalipsis 7:1–8; 14:1–5; 3 SM 158). Cuando éstos sean sellados, ellos sumarán sus voces a "la gran voz del tercer ángel" y el mensaje se extenderá por todo el mundo a cada uno (EW 271–2). Una gran incontable multitud que también se unirá al Señor, será sellada y trasladada (Apocalipsis 7:9–17; 3 SM 429). Ese grupo posterior, la cosecha principal de los vivientes, permanecerá incontable hasta que todos hayan decidido, porque todos serán invitados desde el más pequeño al más grande. No hay límite para el número de los que podrán ser salvos (Joel 2:20–32; Mateo 22:1–14).

"**Noticias del Norte**": Inmediatamente después de la descripción, en Apocalipsis 17, de la mujer Babilonia (religión apóstata, particularmente Roma papal) sentada sobre la bestia salida del abismo (poderes ateos), nosotros leemos estas palabras. "Después de ésto vi a otro ángel descender del cielo con gran poder; y la tierra fue alumbrada con su gloria. Y clamó con voz potente, diciendo: Ha caído, 'ha caído la gran Babilonia'.... Y oí otra voz del cielo, que decía: 'Salid de ella pueblo mío' " (Apocalipsis 18:1,2,4). Este ángel poderoso une su voz a la de los tres ángeles de Apocalipsis 14 en la llamada culminante para todos los honestos de corazón en la tierra que serán salvos. Su mensaje es una reiteración del mensaje del segundo ángel (Apocalipsis 14:8). La voz de este ángel poderoso, cuando se sumó a la de la iglesia remanente y los ángeles dando los tres mensajes de los ángeles, produce el gran pregón. **Todo ésto procede del cielo, de los lados del norte.**

¿Qué es incorporado en éstas "noticias del norte"?

Mensaje del Primer Angel: Este ángel tiene el "evangelio eterno para predicarlo" en todo el mundo. Cada habitante de la tierra es llamado a "temer" a Dios y darle "gloria". A ellos se les ha comunicado que "la hora de Su juicio [la investigación de los invitados] ha llegado," y que adoren al Creador del cielo y la tierra (Apocalipsis 14:6,7).

¿Cuál es el "evangelio eterno"? Éste fue declarado primeramente a Adán y Eva en el Edén cuando fue dada la promesa de perdón y purificación del pecado (Génesis 3:15). Dios prometió "escribir" odio al pecado y amor a la justicia en el corazón de todos los que desean y piden ésto. Él prometió escribir el conocimiento de Su ley en la mente de los que piden éso (Hebreos 8:10-12). Estas promesas representan el "nuevo pacto" o acuerdo para nuestra salvación (Hebreos 8:8; Jeremías 31:31-34).

Ésto incluye la restauración de la comunicación, a través de Cristo, entre Dios y el hombre (Isaías 59:1-3; 15-21). Incluye el traslado de la culpa y la eliminación del recuerdo del pecado, del corazón (Hebreos 8:12; Hechos 3:19). Incluye el ser "fortalecido con poder, a través de Su Espíritu, en el hombre interior," trabajando en nosotros "mucho más abundantemente de lo que pedimos o entendemos, según el poder que actúa en nosotros" (Efesios 3:15-20). En otras palabras, ésto incluye los **dos regalos:** justificación por fe en Jesús y obediencia por fe en Jesús (Romanos 5:1,2). Ésto incluye inclusive la súplica, el poder venido del Espíritu Santo, aún mientras somos pecadores (Romanos 5:6-11; MB 150).

¿Qué significa "temer" a Dios? Significa reverenciarlo, temerle, adorarlo. ¿Por qué? Él es nuestro Creador, nuestro Rey amoroso y nuestroRedentor. Él tiene derecho a ésto por lo que Él es, tal como está escrito en Sus leyes para el gobierno de Sus súbditos y a causa de lo que Él ha hecho por nosotros.

¿Qué significa "darle gloria"? Como Jesús, nuestro ejemplo, definimos. "darle gloria a Dios es revelar Su carácter en el nuestro propio, y así hacérselo saber. Y en cualquier modo que se lo hagamos saber al Padre o al Hijo, nosotros glorificamos a Dios" (7 BC979). Ésto es lo que Jesús dijo de Su Padre mientras Él estuvo aquí (Juan 17:1-4). Ésto es lo que Jesús quiso decir en Su respuesta a la pregunta de Tomás y Felipe poco antes del Getsemaní (Juan 14:5-11). Dios intenta mostrar al mundo, a lo que se parecen los miembros de la Divinidad, trabajando poderosamente mediante Sus seguidores en la tierra que "están dispuestos a ser hechos dispuestos" (Filipenses 2:5,13; Romanos 12:1,2; Efesios 5:25-27).

"Dar gloria a Dios" también significa atribuírle nada menos de lo que nosotros somos y darle la honra a Dios por todos nuestras buenas obras. Elías, en el Monte Carmelo, tuvo que orar siete veces para que la lluvia viniera. ¿Por qué? Él estaba en peligro de tomar crédito por el gran reavivamiento que fue realizado en Israel ese día. Despues de cada una de las siete oraciones, él se examinaba para ver si probablemente se estaba dando gloria a sí mismo. Cuando él llego a la conclusión de que Dios era todo y él era nada en sus propios ojos y a los ojos de Dios, entonces Dios contestó sus oraciones pidiendo lluvia (2 BC 1035). No mucho después, en una cueva, él se atribuyó crédito a sí mismo cuando le mencionó a Dios cuánto había hecho (1 Reyes 19:10-14).

¿Cuál es el significado de la frase, "la hora de Su juicio ha llegado"? Para comprender ésto necesitaremos estudiar el servicio del santuario en Éxodo, Levítico y Números. En la medida que lo hagamos, entenderemos la limpieza del santuario, comprenderemos más lo que el Mesías hizo en la tierra, y seremos más capaces de seguir Su ministerio como sumo sacerdote en el santuario divino (Hebreos 2:14-18; 4:14-16; 7:27; 8:1 a 9:28).

En los últimos días, los que siguen el ministerio de Jesús en el santuario celestial, suplicarán tener un corazón perfecto, confesarán y abandonarán cada pecado reconocido, se someterán a Dios para trabajar en ellos momento por momento, y suplicarán para que Dios les revele todo su pecado no reconocido (PK 590-591). Toda su culpa de cada pecado reconocido y no reconocido será transferida de ellos al santuario arriba, y sus pecados serán todos perdonados por los méritos de Jesús (GC 480-5).

Al momento de este juicio, la fase investigativa, los nombres de todos los que han creído en Jesús serán presentados en la corte del cielo (GC 483). Si toda su culpa ha sido removida, si han permitido que Dios trabaje en ellos como Él quiso, la comisión "les restaura su herencia eterna" (Hebreos 9:15; GC 483-4; Miqueas 4:8; PK 591). Así, sus pecados irán de antemano a juicio (1 Timoteo 5:24), y el dominio original que Adán perdió será restaurado en ellos (Miqueas 4:8).

Éste "juicio investigativo" y "expiación final" incluirán cuatro beneficios especiales para el pueblo de Dios (GC 480). Primero, el pacto eterno será cumplido en ellos, el cual les dará dos cosas (GC 485). La ley de Dios será "puesta en su mente" para que ellos sepan exactamente lo que Dios quiere que ellos hagan, bajo todas las circunstancias, sin tener a alguien que se los diga. Así, ellos estarán capacitados para acabar con la desobediencia no reconocida, pecados de los cuales ellos han sido anteriormente inconscientes. Segundo, la ley de Dios, de amor, será "escrita en sus corazones" para que ellos sencillamente quieran vivir y hacer todo lo que Dios quiere que ellos hagan (Hebreos 8:10-12). Tercero, el mandato será dado: "borra su registro de pecado, de su corazón" (GC 480-3), "quitadles esas vestiduras viles" (Zacarías 3:1-5; GC 480-3). Y finalmente, ellos recibirán los "tiempos de refrigerio del Señor" (Hechos 3:19; GC 613). El Señor derramará la medida exacta de Su Espíritu Santo sobre ellos (AA 54-5; TM 506-8).

Con estas ventajas, — el trabajo de Dios en el desarrollo del carácter de la lluvia temprana, el conocimiento completo de la voluntad de Dios, el amor perfecto hacia Dios, la remoción de toda culpa y registro del pecado de su corazón y la completa morada del Espíritu Santo en ellos, — estarán capacitados para resistir durante el tiempo de angustia sin un mediador. A ellos se les permitirá ir directamente al Padre o a su Señor para obtener dirección completa y el poder capacitador del Espíritu (GC 613-4).

El templo del alma será purificado para esta última generación, de los que serán trasladados sin ver la muerte, mientras están vivos (GC 490; Levítico 23:27-32). Ellos han enviado sus pecados "ante Su mano para el juicio." La acción final del sumo sacerdote, para purificar el santuario en el cielo, será tomar sobre Él la culpa de cada pecado de toda persona que haya aceptado Su sacrificio y luego colocarlos sobre Satanás (GC 422; Levítico 16:20-24). Por la virtud de Su propia sangre, Él puede hacer ésto por cada persona que cree en Él (Hebreos 9:7).

El Mensaje del Segundo Angel: Cuando las iglesias nominales cristianas rechazaron el mensaje del primer ángel, Dios las rechazó. En el verano de 1844, el mensaje del segundo ángel fue dado: "Ha caído Babilonia" (las religiones falsas y apóstatas) (Apocalipsis 14:8; GC 380-90). Esta llamada fue tomada en cuenta puesto que alrededor de cincuenta mil se retiraron de esas iglesias (SR 364-6). Esos dos mensajes para ese tiempo cumplieron el propósito que el Señor tenía en mente, pero los seguidores de Dios tenían más trabajo para hacer antes de que estuvieran listos para dar el mensaje de ese tercer ángel (Apocalipsis 10:8-11; GC 424-25). Ellos necesitaron entender el servicio del santuario y aplicarlo a los mensajes proféticos y su comprensión del evangelio. Ellos debían haber atendido el mensaje para "medir el templo de Dios, y el altar, y los que adoran en él" (Apocalipsis 11:1,2). Pocos, si alguno de los que daban el mensaje de advenimiento, adoraban a Dios en Su día santo. ¿Cómo podrían ellos dar el mensaje de advertencia del tercer ángel acerca de la adoración de la bestia y del recibimiento de la marca de la bestia (Apocalipsis 14:9-11)?

El Mensaje del Tercer Angel: Después de decirle a la gente en esta tierra acerca del plan de salvación y cómo obtener su herencia del Padre, y después de la llamada dada por el segundo ángel para separarse de las iglesias apóstatas, Dios revela el porqué ellos deben salir. Él tiene que tratar con la rebelión contra Su autoridad y limpiar cada vestigio de pecado de esta tierra. Los que rechazan la oferta de perdón y purificación proveniente de Cristo, tienen que ser condenados a muerte cuando la tierra sea hecha nueva. Ésta no es decisión arbitraria de parte de Dios. Los que adoran la bestia y cumplen sus órdenes, han preferido que la bestia sea su rey. Esta bestia (de Apocalipsis 13:1-10) no es otra que el agente terrenal del usurpador rey del norte. "Este símbolo, como la mayoría de los protestantes han creído, representa el papado que logró al poder, el asiento y la autoridad sostenidos una vez por el antiguo imperio Romano" (GC 439). Ésta es la cabeza que recibió la "herida mortal" cuando, en 1798, el ejército francés puso al Papa en cautiverio, el poder que "lleva en cautiverio va en cautiverio" (Apocalipsis 13:10).

En la última mitad de Apocalipsis 13, nosotros leemos de otro poder de una bestia que sube de la tierra. La otra bestia subía del mar. Mares en profecía Bíblica representan personas o pueblos (Apocalipsis 17:15). Esta segunda bestia sube en el tiempo en que la bestia parecida al leopardo obtiene la herida mortal y sus actividades son reducidas. Los Estados Unidos de America son una nación importante que se levanta en 1798 de una área relativamente inhabitada. Sus dos poderosos principios característicos que le han dado poder para llevar a cabo su papel en las naciones de la tierra son republicanismo y protestantismo. Éste habla por la acción de sus autoridades legislativas y judiciales (GC 442).

En su principio, nuestro país exhibió un tratamiento manso como un cordero, de las oprimidas masas del mundo que buscaron libertad religiosa con la separación de la iglesia y el estado. Pero después de un período de tiempo esta bestia con dos cuernos, mansa como un cordero, cambiará sus características y empezará a hablar como un dragón y empezará a ejercitar la autoridad de la bestia parecida al leopardo (Apocalipsis 13:11,12). Así ambos, la bestia parecida al cordero dondequiera que esté en dominación y la bestia con dos cuernos, para todos los que están bajo su influencia, empiezan a actuar semejantemente y a reforzar sus dogmas religiosos sobre "cada tribu, lengua y nación en la tierra" (Apocalipsis 14:7 — 12,15,16). Serán hechas disposiciones para la exaltación del domingo y la ejecución de otros dogmas religiosos tradicionales, bajo pena de boicoteo económico y finalmente muerte. Tales acciones de las autoridades legislativas y judiciales de los Estados Unidos repudian el principio de nuestra constitución que estipula la separación de la iglesia y el estado. Ésto es lo que restaurará los trabajos de la iglesia y el estado, curará la herida mortal, y hará la " **imagen** de la bestia que tiene la herida de espada y vivió" (Apocalipsis 13:14,15).

"El romanismo en el viejo mundo y el protestantismo en el nuevo, seguirán una pauta semejante hacia los que honran todos los preceptos divinos" (GC 616).

¿Cuál será la señal o "marca" de la que "los moradores de la tierra hacen una imagen a la bestia" y la adoran? Será el honrar "el venerable día del sol" como el día de adoración, en conflicto directo con el día que el Señor ha dado a la humanidad, que es el séptimo día Sábado. No solamente ha cambiado el día de adoración, un acontecimiento pronosticado en Daniel 7:25, sino que el tiempo de adoración ha sido cambiado de puesta de sol o atardecer a la medianoche. Este tiempo de adoración es como una bandera nacional. En las noticias recientes hemos observado personas que viven bajo la protección de "las estrellas y franjas" (la bandera americana), mostrar su desdén hacia los Estados Unidos pisoteando su bandera en el polvo y quemándola. Los que hacen tal cosa no merecen la ciudadanía en esta nación. Similarmente, Dios ha establecido un específico día y tiempo de adoración como evidencia del amor y obediencia a Su gobierno. Alguien que pisotea ese día, o cambia el día y tiempo, está en rebelión contra el Dios del cielo (Isaías 58:12–14). Él promete lealtad al gobierno cuyo símbolo él honra. Observando el Domingo, el cual no tiene autoridad más alta que la bestia parecida al leopardo, en vez del séptimo día Sábado, él muestra desdén hacia el Señor del séptimo día de reposo (Éxodo 20:10; Marcos 2:28) indicando preferencia por el gobierno establecido por Satanás, el usurpador rey del norte. El "hombre de pecado," que reclama haber cambiado el tiempo y día de adoración del Sábado al Domingo, y llama eso una señal o marca de su autoridad, es el papado. Por lo tanto, todo los que entienden ésto y conscientemente lo hacen reciben "una marca en su mano derecha [fuerza de trabajo] o en su frente [asentimiento mental]" (Apocalipsis 13:16; GC 578–9). Los que adoran al Señor, el Creador del cielo y la tierra, con sinceridad, en el tiempo que Él especifica, reciben el sello de Dios en sus frentes (Apocalipsis 7:2,3; GC 640).

Capítulo 31

LOS MOVIMIENTOS FINALES SERAN RAPIDOS

Estos dos movimientos, la venida del ángel de Apocalipsis 18 (versos 2 y 4) proveniente del Rey verdadero del norte en el cielo y este ángel de Apocalipsis 7 proveniente del oriente, que sella para cerrar el trabajo de Dios en la tierra, ¿"lo alarmarán [al usurpador rey del norte]"? Satanás irá con "gran furor" a engañar y destruir, yendo inclusive a diferentes lugares de la tierra "como un ángel de luz," "haciéndose pasar por Cristo" diciendo cosas agradables, realizando milagros, y comenzando falsos restablecimientos religiosos, aún haciendo descender fuego del cielo delante de los hombres (2 CO 11:14; 6 BC 1105-6; Apocalipsis 13:13; GC 624).

Habrá un "corto tiempo de angustia" que vendrá sobre la tierra justamente antes de que termine el período de prueba para todos (EW 85). Es durante este tiempo que, el gran pregón será dado cuando problemas de sequía, inundación, huracanes, terremotos, anarquías, crímenes de varios tipos y dificultades financieras presionarán al mundo. Nosotros podemos ver qué tan fácil y rápidamente el problema económico puede venir sobre el mundo entero, por los acontecimientos recientes producidos por la invasión de Iraq a Kuwait. No hay necesidad de combate real de las tropas, sino solamente un estancamiento. Los economistas se dan cuenta qué tan desvastador sería si el empate entre los líderes iraquíes y el resto del mundo durara por solamente un año. ¿Es éste el tiempo cuando la "apostacía nacional" terminará "solamente en ruina nacional," o será más tarde? (Ev 235); sin embargo, los santos ángeles contendrán los "cuatro vientos de la contienda." No solamente la contienda política y militar serán refrenadas, sino que también los elementos de la naturaleza, terremotos y tempestades, serán tenidos bajo control hasta que los siervos de Dios sean sellados (Apocalipsis 7:1; TM 444).

Algunas frases de Elena G. de White (9 T 11-17) nos dan un vistazo de este tiempo:

"El Espíritu de Dios está gradualmente, pero seguramente, siendo apartado de la tierra"

"Las calamidades en la tierra y el mar, el perturbado estado de la sociedad, las alarmas de guerra, son siniestras."

"Las agencias del diablo están combinando y consolidando sus fuerzas. Ellas se están reforzando para la última gran crisis. Grandes cambios deben tomar lugar pronto en nuestro mundo, y los movimientos finales serán rápidos."

"Audaces robos ocurren frecuentemente.... Robos y asesinatos son cometidos en todas partes. Hombres poseídos de demonios quitan la vida de hombres, mujeres y niños pequeños."

"En las grandes ciudades hay multitudes viviendo en pobreza y desgracia, casi desprovistos de comida, albergue y vestido...."

"Otros, en las mismas ciudades..., gastan su dinero en... licor, tabaco y otras cosas [como drogas] que destruyen los poderes del cerebro, transtornan la mente y degradan el alma."

"Los que sostienen las riendas del gobierno no son capaces de solucionar el problema de la corrupción moral, la pobreza, el pauperismo y el incremento del crimen. En vano luchan por colocar las operaciones de negocios en unas bases más seguras."

Cuánto más claro podría alguno describir los titulares semanales de las noticias en los últimos pocos meses. Mientras estas condiciones aumentan en severidad, se promoverán fervores religiosos para persuadir a los gobiernos de aprobar leyes morales. Ésto significará la unión de la iglesia y el estado. Su causa puede ser buena, pero su medios para obtenerla están equivocados. Las tradiciones y las leyes del hombre se sobrepondrán a las leyes de Dios. Apocalipsis 13 nos muestra que el Protestantismo en America (la bestia con dos cuernos) se unirá con el papado (la bestia con siete cabezas) en el viejo mundo para forzar a todas las personas a someterse bajo pena de sanciones económicas y finalmente la muerte (GC 615-6). El gran punto convergente será el día Sábado, la señal de la autoridad de Dios (GC

615). Esta imagen de la bestia y esta marca de la bestia, la ley del domingo, será formada antes de que termine el tiempo de prueba (7 BC 976).

Satanás ha tratado de confundir al mundo trabajando con disimulo y cambiando los poderes con los cuales él trabaja. La iglesia de veras ejerce control sobre "la bestia que era, y no es, y será" (Apocalipsis 17:8). Nosotros no tenemos que nombrar todas las siete (u ocho) formas de reinos que Satanás ha dominado mediante la mujer babilónica. El ateísmo, la bestia que "que fue y no es [en la época de Juan], y que subirá del abismo" al tiempo del fin, ha sido usado por Satanás para luchar contra Dios y Sus seguidores verdaderos como lo hizo el antiguo Egipto (GC 273). Pero el Egipto espiritual, rey del poder del sur, también hace guerra contra la mujer babilónica (el aspecto de la iglesia), aún para darle al poder papal (aspecto gubernamental) una herida mortal. Esta cabeza gubernamental atea continuará por poco tiempo (Apocalipsis 17:10).

Notamos más adelante que todos aquellos en la tierra, cuyos nombres no están en el Libro de Vida, se "asombrarán" cuando vean la bestia que era y no es, y será." Estas frases corresponden a la descripción de la bestia de Apocalipsis 13:1–10. Esta bestia "era" como Babilonia. No era en la época de Juan, y "será" como el poder político papal desde el 538 al 1798 D.C. Ésos se asombrarán cuando la vean resurgir después de que la herida mortal es sanada.

Una declaración semejante necesita ser considerada en este contexto. La "bestia que era, y no es, es también el octavo; y es de entre los siete, y va a la perdición" (Apocalipsis 17:11). Lo que se parece a una nueva (el octavo) bestia, no es de veras una bestia nueva del todo. Es una en la cual el espiritualmente poder ateo es unido al resurgido "rey del norte" poder papal.

Cualquiera que sea la forma, sea la bestia o la mujer babilónica, irá en perdición como está descrito en Apocalipsis 17:8; y 18:8.

Probablemente no es sensato ser dogmático acerca de la identificación de las siete fases gubernamentales de la bestia con las siete cabezas. Sin embargo, mi primera opción para las ocho bestias mencionadas en Apocalipsis 17:11 con sus cabezas, son respectivamente como se muestran por consiguiente. Mi razón más fuerte para incluir a Egipto, es que el rey del sur (ateísmo egipcio) juega un papel más importante en los últimos seis versos de Daniel 11.

"Caída"	1. Egipto "era" — los amos de los esclavos ateístas-panteístas de Israel
"Caída"	2. Asiria tomó las diez tribus en cautiverio
"Caída"	3. Babilonia tomó a Judá en cautiverio, pero muchos de éstos regresaron
"Caída"	4. Medo-Persia - Satanás por medio de Amán casi destruyó a Israel
"Caída"	5. Grecia - humanismo infiltrado en el sacerdocio de Israel proveniente de Alejandría
"Es"	6. Roma pagana - Introdujo el Mithraismo y persiguió a los Cristianos
"No es"	7. Roma papal – religión coercitiva que dominó al mundo civilizado...
"y será"	... y martirizó a los cristianos. Recibió una herida mortal por obra de la octava bestia, ateísmo, pero luego resurge después de que se sana la herida.
"era"	8. Egipto "espiritual" ateo– traído de nuevo
"no es"	poder para trabajar contra Dios y la Biblia por un
"sube del abismo"	"corto tiempo" en el tiempo del fin. Este poder da la herida mortal a la séptima bestia, pero mientras la herida mortal se sana continuamente, la bestia "es" por un "corto tiempo".

El escenario esta completamente listo. Los actores principales están en su lugar. Hasta la fecha de hoy, el papado domina la situación en Polonia, Checoslovaquia, Alemania Oriental y Romania. Los líderes comunistas polacos previeron esta venida, hace alrededor de cuatro años. Cuando buscaron algunas armas para contrarrestar el brote del poder papal, ofrecieron imprimir a costa del gobierno cerca de 200,000 copias del libro, *El Conflicto de los Siglos* por Elena G. de White. Ellos percibieron que ese libro enseñaba doctrinas poderosas contra su enemigo número uno, el papado, pero ese plan no protegió su causa.

La jerarquía papal siempre ha expresado objeción a la democracia porque los gobernantes sacan sus leyes de los gobernados. Su preferencia ha sido por el gobierno de "reyes" y dictadores. Las masas son forzadas a obedecer las reglas de los poderes más altos. Actualmente, nosotros escuchamos muchas voces en las recientemente liberadas naciones en Europa que piden "democracia". Queda por ver cómo y por quién el gobierno será hecho en estas nuevas "democracias".

En este estudio, las evidencias Bíblicas indican que las últimas fuerzas persecutoras serán dominadas por un poder de la iglesia apóstata, la mujer ramera. En la escena europea, diez "cuernos," fuerzas políticas, recibirán poder y autoridad y cada uno a su vez da éstos a la bestia parecida al leopardo de Apocalipsis 13. La bestia parecida al leopardo, de Apocalipsis 13, también recibirá apoyo político, como es mostrado en Apocalipsis 17, del poder ateo de la bestia que sube del abismo. La bestia con dos cuernos, de Apocalipsis 13, ejercitará todo el poder de la bestia parecida al leopardo de Apocalipsis 13, le dará aliento a esa bestia, y hará que el mundo entero haga una imagen (Apocalipsis 13:12–16).

En resumen, los poderes en Europa apoyarán al papado. Las fuerzas comunistas serán "convertidas a la religión" y apoyarán al papado. Los Estados Unidos de America brindarán su apoyo económico y político al papado. Así, tenemos un breve bosquejo de lo que Satanás usa para hacer guerra contra nuestro Señor y la iglesia remanente.

¿Cuál es el escenario siguiente para el pueblo de Dios y el mundo? "Los movimientos finales serán rápidos" (9 T 11). La iglesia remanente sufrirá el zarandeo (1 T 179–84). Las falsas teorías y el rechazo del mensaje de Laodicea causarán el zarandeo (TM 112; EW 270). **Esté preparado para "cada tendencia doctrinal" que podría engañar a los mismos elegidos (RH 01-11-87).** Estudie la Palabra de Dios como nunca la ha estudiado antes (Ed 126). "Por tanto, nosotros también, tendiendo en derredor nuestra tan grande nube de testigos, despojémonos de todo peso y del pecado que nos asedia, y corramos con con paciencia la carrera que tenemos por delante, puestos los ojos en Jesús...." (Hebreos 12:1,2). Ahora es el momento de despertar del sueño y dejar que el Espíritu Santo llene "nuestras lámparas" y construya un carácter justo en nosotros (COL 411-2).

"Es en una crisis que el carácter es revelado.... Así, ahora una repentina y no buscada calamidad, algo que pone al alma cara a cara con la muerte, mostrará si hay alguna fe verdadera en las promesas de Dios... El gran examen final viene al cierre del período de prueba de la humanidad, cuando será muy tarde para que las necesidades del alma sean abastecidas" (COL 412).

Mientras el Espíritu de Dios es retirado de los que rechazan el plan misericordioso de Dios para la salvación, los impíos se volverán cada vez peores (MH 142–3; 5 T 208–213; 9 T 11–18). Satanás y sus fuerzas de lo malo serán liberadas. No solamente su influencia sobre la humanidad será permitida, sino que su control sobre las fuerzas naturales será más grande para que se incrementen las inundaciones y sequías, huracanes y terremotos y desastres de varios tipos (9 T 13; GC 590). El pueblo de Dios será mirada como la causa, "un Mardoqueo en la puerta," de todas estas calamidades (5 T 450; EW 85; 9 T 13). La fase inicial de los últimos juicios de Dios empezará en esta tierra. Éstos culminan en las siete últimas plagas. Un llamdo será hecho para una ley nacional del domingo (GC 604–12).

El pueblo de Dios estará "suspirando y clamando" a causa de las condiciones en la iglesia y a causa de la maldad de la humanidad (GC 611; 5 T 209–13). Ellos darán el gran pregón del tercer ángel (GC 609–612). También, "Los resultados temerosos de la imposición de las prácticas de la iglesia por la autoridad civil, las incursiones del espiritismo, el cauteloso pero rápido progreso del poder papal — todo será desenmascarado" (GC 606). Mientras muchos dejarán la iglesia durante el zarandeo (EW 270–1; 4 T 89), un "gran número se pondrá al lado del Señor" (GC 612). Todo ésto solo enfurecerá a los enemigos de la justicia (GC 614), sin embargo serán mantenidos en custodia hasta que el último mensaje de advertencia sea completado (GC 611).

"Por miles de voces, sobre todo el mundo, la advertencia será dada. Serán realizados milagros, los enfermos serán curados, y señales y maravillas serán evidentes a los creyentes. Satanás también trabaja con maravillas, inclusive haciendo descender fuego del cielo delante de los hombres (Apocalipsis 13:13). Así los habitantes de la tierra serán comprometidos a tomar su posición" (GC 612).

"Temerosas visiones de un carácter sobrenatural serán pronto reveladas en los cielos, en señal del poder de la realización de milagros de los demonios.... Surgirán personas pretendiendo ser el mismo Cristo, y reclamando el título y adoración que le pertenecen al Redentor del mundo. Ellos harán maravillosos milagros de curación y manifestarán tener revelaciones del cielo contradiciendo el testimonio de las Escrituras" (GC 624).

"Como el acto supremo en el gran drama de decepción, Satanás mismo personificará a Cristo. La iglesia, por mucho tiempo, ha pretendido mirar la venida del Salvador como la consumación de sus esperanzas. Ahora el engañador hará parecer que Cristo ha venido. En diferentes partes de la tierra, Satanás se manifestará a sí mismo entre los hombres como un ser majestuoso de deslumbrante resplandor, pareciéndose a la descripción del Hijo de Dios, dada por Juan en el Apocalipsis. Apocalipsis 1:13–15." (GC 624)

Varios grupos trabajan por razones políticas o económicas por un "Nuevo Orden Mundial" bajo algún control central. Éstos incluyen organizaciones tales como la Comisión Trilateral, el Consejo de Relaciones Extranjeras, la futura Sociedad Mundial y el Instituto Aspen de Estudios Humanistas, Transnacionalistas e Internacionalistas, así como el comunismo Marxista Leninista.

Es asombroso cuántas de las principales religiones del mundo buscan la venida de un líder mundial. Todos esperan que su "Salvador" establezca su dominio en esta tierra, basado en su religión. La mayoría de protestantes y católicos esperan ver a "Jesús" regresar e instalar Su reino en esta tierra. Los judíos buscan al Mesías. Los Musulmanes, Hindúes y Budistas esperan el regreso o reencarnación de un profeta. "New Agers" simpatizantes de la "Nueva Era" buscan a Maitreya, su "cristo".

La Iglesia Adventista Del Séptimo Día es la única que enseña que durante segunda venida de Cristo, Él no pondrá pie sobre esta tierra, sino que vendrá en las nubes del cielo, destruirá a los impíos mediante el resplandor de Su venida, levantará los justos muertos, y llevará a todos Sus santos con Él al cielo (1 Tesalonicenses 4:15–18; Apocalipsis 19). Luego, después de mil años en el cielo, Cristo y los santos volverán a esta tierra, bajarán la Nueva Jerusalén, y levantarán a los impíos para su juicio final; y entonces Cristo recreará la tierra (Apocalipsis 20 y 21).

Satanás desea hacer parecer que inclusive la Iglesia Adventista Del Séptimo Día espera que Cristo establezca Su reino en esta tierra cuando venga próximamente. En Abril de 1959, un grupo de pastores que reclaman seriamente que son Adventistas Del Séptimo Día, se reunió en Waco, Texas, para esperar que Cristo regresara, abriera el camino para ellos volver a Palestina y los capacitara para proclamar el gran pregón. Alrededor de quince familias de un grupo secundario, llamado los Davidian Adventistas Del Séptimo Día, en realidad se fue a Palestina en anticipación de estos acontecimientos. La pintura artística especial de la segunda venida de Cristo impresa en la cubierta de la edición de Agosto de 1990 de la revista "Ministerio" debió también conducir a la gente a pensar que los Adventistas Del Séptimo Día han cambiado su teología y ahora creen que Jesús viene la próxima vez a instalar Su reino en esta tierra.

Oremos fervorosamente para que Dios reuna los trabajadores necesitados alrededor del mundo en este tiempo de paz relativa, para enseñar las verdades especiales para ésta época. Tenemos un corto tiempo disponible para terminar este trabajo antes de la "crisis terrible" que debe seguir pronto (5 T 463).

Cuando el mensaje del tercer ángel termina, y el ángel que sella regresa y anuncia que su trabajo está hecho, entonces Jesús se levanta y termina Su trabajo de mediación. Él levanta Sus manos y dice: "está hecho"(GC 613). De Dios puede entonces ir directamente al Padre así como a Jesús en busca de luz, dirección y poder (GC 614). El pueblo de Dios sufrirá tentación y pruebas, pero Dios los mantendrá perfectamente libres de pecado (GC 620). La justos no pecarán, ni siquiera de pensamiento, porque Dios los ha preparado para la expiación final para soportar como Jesús lo hizo (GC 623).

Satanás provocará el "gran" tiempo de angustia final (Daniel 12:1; GC 614). La iglesia apóstata será toda adornada (Apocalipsis 17:4–6) y trabajará (fornicará) con los gobiernos de la tierra para conseguir que se haga su voluntad. Ella hará ésto a través de cualquier sistema gubernamental que pueda. Hará ésto controlando los ciudadanos de esos gobiernos, ésto es, "sentándose sobre muchas aguas" (Apocalipsis 17:1,15). Cuando los poderes de los diez cuernos tenían coronas en sus cabezas, sus gobernantes eran monarquías aún sujetas al poder de la iglesia (Apocalipsis 13:1). En la época de la fase final, los diez cuernos (poderes) recibirán autoridad por un corto tiempo y entregarán su poder y autoridad para realizar la voluntad de la iglesia, hasta que ellos vean la ramera por lo que ella es (Apocalipsis 17:12–16). Durante esta fase final, "hasta que se cumplan las palabras de Dios," los cuernos están sin coronas, no monárquicos en carácter (Apocalipsis 17:17).

A los ojos de muchos el rey del sur, el comunismo ateo, ha mostrado ser incapaz de proveer las comodidades y necesidades de vida, la utopía. Edóm, Moab y Amón representando el Islam, manifestarán confiar en su Dios cruel y serán incapaces de ayudar al mundo sin un Salvador. En el último remanente de tiempo el rey del norte, Babilonia (el papado) y sus hijas, protestantismo apóstata, serán incapaces de proveer las necesidades espirituales del mundo. Satanás y sus agentes se desmenuzarán ante la gran montaña del Señor (Daniel 2:44,45). Él y todos sus ayudantes "llegarán a su fin, y no tendrá quien les ayude" (Daniel 11:45; Apocalipsis 18:8–24).

Note que durante este "gran tiempo de angustia," provocado por Satanás, después del cierre del período de prueba, Dios derramará las siete últimas plagas (Apocalipsis 15:5 a 16:21; GC 627–32).

Entonces, gloria, aleluya, el pueblo de Dios será liberado (GC 634–52). Cuando ellos vean su Mesías, su Cristo, su Rey viniendo en las nubes del cielo con miles de santos ángeles, ellos dirán: "He aquí, ÉSTE es NUESTRO Dios, Le hemos esperado, y nos salvará: ÉSTE es el Jehová a quien hemos esperado, nos gozaremos y nos alegraremos en su salvación" (Isaías 25:9).

Capítulo 32

SECUENCIA DE LOS PRIMEROS FRUTOS DE DIOS

El reino de Cristo fue representado en miniatura en el monte de la transfiguración (DA 422). Moisés representó a todos los que morirán y serán resucitados. Elías representó a todos los que serán trasladados sin ver la muerte ni siquiera una vez. Si podemos mantener estos dos grupos principales en nuestro pensamiento, podemos entender mejor la cosecha de los santos como es dividida más adelante entre los primeros frutos y los subgrupos de la cosecha principal. Jesús es el representante y primer fruto de todos los santos a causa de la singularidad de Su naturaleza divina-humana (1 Corintios 15:23). Él sufrió la segunda muerte por cada uno; una cosa que nadie más en el universo haría.

La ceremonia de los primeros frutos: La descripción de la ceremonia de los primeros frutos en Levítico, divide la ceremonia en dos partes. La primera parte sucedió en el tiempo de la Pascua, y la segunda parte cincuenta días más tarde en Pentecostés.

El 14 del primer mes, el cordero de la pascua era sacrificado, y una porción de un campo de cebada era marcada, pero el grano no era cortado. En épocas antiguas el grano era atado en bultos y dejado para madurarse posteriormente. En la mañana antes del Sábado, el día 16 del primer mes, tres hombres escogidos cortaban las atadas gavillas de cebada en la presencia de testigos y las juntaban en una gran gavilla. Ésta era mecida delante del Señor como la "gavilla por primicia de los primeros frutos" en la mañana después del Sábado (Levítico 23:9–11). Junto con éste mecimiento era ofrecido un cordero de un año, con su holocausto (Levítico 23:12). El resto de la cosecha, la cosecha principal no debía ser usada para comida hasta que ésto fuera hecho (Levítico 23:14).

La segunda fase de la ceremonia de los primeros frutos tomaba lugar cincuenta días más tarde. En ese tiempo, la "ofrenda del nuevo grano" era realizada. En esa ceremonia, dos panes, hechos del primer grano de la cosecha, eran mecidos ante el Señor junto con los animales prescritos para un holocausto, una ofrenda de expiación y una ofrenda de paz (Levítico 23:15–21).

La cosecha de los que mueren en el Señor: Cuando consideramos estos servicios por los que mueren en el Señor, podemos ver más claramente qué les sucederá a esos santos. Cuando Jesús murió, se abrieron las sepulturas de los primeros frutos de los santos que dormían. En la mañana del primer día, Cristo se levantó, el prototipo de los primeros frutos. Luego Él sacó de las sepulturas a los primeros frutos de sus santos que dormían. (1 SM: 304). Ellos fueron mecidos delante del Señor," como lo fue en esta tierra cuando ellos fueron a la ciudad y aparecieron a muchos (Mateo 27:53) y proclamaron: "Cristo se ha levantado de la muerte y nosotros nos hemos levantado con Él" (1 SM 305). Éstos habían sido "colaboradores de Dios y quienes al costo de sus vidas habían admitido el testimonio de la verdad" (DA 786).

Las declaraciones en su contexto en *El Descado de Todas las Gentes*, página 786, y luego en las páginas 832–33, sugieren que los primeros frutos de la muerte ascendieron con Cristo cuando Él lo hizo, después de Su resurrección y luego otra vez con Él desde el Monte de los Olivos. Por lo menos sabemos que ascendieron del Monte de los Olivos con Cristo para ser presentados al Padre como evidencia de Su victoria sobre la muerte y la sepultura (1 SM 306).

Es interesante seguir las escenas en el cielo cuando Jesús ascendió después de Su resurrección. La primera súplica que Cristo hace a Su Padre revela lo qué está en primer lugar en Su mente. Antes de que Él acepte la adoración de los ángeles, pide al Padre por nosotros, "Si se cumple Tu justicia, aquellos que me has dado, quiero que donde yo estoy, ellos estén también conmigo" (1 SM 307). ¿Cómo podemos no amar a alguien que nos ama de esa manera?

Después de la ascensión de los Olivos, fue realizada la ceremonia en la cual Jesús fue introducido en su oficio como sacerdote y rey. Este acontecimiento debe ser comparado con la ceremonia de los siete días en la que Aarón y sus hijos fueron separados para su sacerdocio (Éxodo 28 y 29). Al final de la ceremonia en el cielo, Cristo "recibió toda autoridad en el cielo y en la tierra, y fue el ungido sobre Su pueblo (AA 38–39).

Durante el período de tiempo inmediatamente después de que Cristo los dejó en los Olivos, los discípulos se prepararon para la venida del Consolador. Ellos se preparaban alabando y bendiciendo a Dios en el templo, inclinándose en oración para repetir Sus garantías, extendiendo más alta la mano de fe, humillando sus corazones en arrepentimiento verdadero, confesando su incredulidad, recordando las palabras que Cristo les había dicho justamente antes de Su muerte, orando con intensa sinceridad para obtener aptitud para enfrentarse a los hombres, alejando todas las diferencias entre ellos, acercándose más y más a Dios, examinando sus corazones profundamente, implorando al Señor por la unción del espíritu para la salvación del alma y reclamando ese poder que Cristo había prometido (AA 36–37).

Con esta ceremonia en el cielo, Cristo fue instalado como sacerdote y rey, y los primeros frutos de la muerte fueron instalados en sus posiciones como sacerdotes y reyes junto con Él (Apocalipsis 1:6; 1 Pedro 2:5). Así, la segunda parte de la ceremonia de los primeros frutos, la "ofrenda mecida" de los panes ante el Señor, fue completada en el cielo. La cosecha principal de los muertos fue así asegurada para ocurrir en el tiempo apropiado, Su segunda venida (1 SM 305–6).

La cosecha de los que serán trasladados : De manera semejante es definida la cosecha de los que serán trasladados sin ver la muerte. Nosotros esperamos ver un subgrupo con los primeros frutos y un subgrupo con la cosecha principal de los santos que serán trasladados. ¿Hay otro grupo que sea llamado los primeros frutos que será salvo?

El único otro grupo llamado los primeros frutos y que cabe en la descripción de algunos que serán trasladados, es el de los 144,000 (GC 649). Nosotros leemos acerca de ellos en Apocalipsis 7 y 14. En Apocalipsis 7 leemos de los 144,000 en el tiempo del sellamiento, y en la última mitad del capítulo leemos de una "gran multitud, la cual nadie podía contar" que también estará ante el trono (Apocalipsis 7:9). Esta Escritura podría estar refiriéndose a todos los salvos de todas las épocas, los que serán resucitados así como los que serán trasladados sin ver la muerte, pero el contexto y la descripción sugiere un grupo que atraviesa por el tiempo de angustia al fin del mundo. Elena G. de White se refiere a ellos un poco diferentemente de los "millones, de todas las épocas" alrededor del trono de Dios (GC 665). Además, ella usa los textos de Apocalipsis 7:14–17 para describir lo que los 144,000 atravesarán (GC 649).

Puesto que los 144,000 son llamados los primeros frutos "de entre los vivientes" y serán trasladados, ésta "innumerable multitud" de Apocalipsis 7 tiene que referirse a la cosecha principal de los vivientes. Esta creencia es reforzada por la ceremonia de los primeros frutos que define la cosecha incluyendo a algunos que serán seleccionados más temprano que otros, y cumple un propósito especial, así como una compañía de la cosecha principal. Hay, por lo tanto, una situación paralela entre los que serán representados por Moisés y los que serán representados por Elías.

	Grupo de Moisés	Grupo de Elías
Primeros Frutos	Fueron resucitados	Nunca mueren
	Declararon un Jesús ascendido	Dan el "gran pregón"
	Ascendieron con Cristo	Trasladados en la segunda venida
	Número no dado	144,000
Cosecha Principal	Duermen hasta la segunda venida	Nunca mueren
	Millones de todas edades	"Innumerable multitud"
	Quienes participaron en el trabajo de Dios	Testificaron a favor de Dios en el tiempo de angustia

Los primeros frutos en el grupo de Elías son señalados, por la descripción de Elena G. de White, como los que pasan por el zarandeo (EW 270–1). Los que han pasado por el zarandeo fueron descritos mediante varias frases, como:–

- tuvieron una doble compañía de ángeles guardianes cerca de ellos,
- fueron vestidos con armadura, de la cabeza a sus pies,
- Se movieron en orden exacto,
- Sus semblantes brillaron con la luz y gloria del cielo,
- habían obtenido la victoria,
- y los ángeles malos no obtuvieron poder sobre ellos.

Este grupo dió entonces el gran pregón del tercer ángel, y muchos más se unieron a sus filas.

En el trabajo de sellamiento, los ángeles fueron conducidos a empezar su trabajo "por mi santuario" (Ezequiel 9:6). Ellos comenzaron con los "ancianos que estaban delante del templo" (Vea 5 T 210–4). Para la última generación, éste es un tiempo solemne. Dios ha prometido que "cada mancha" será removida de nuestro manto de carácter (5 T 214). Él promete entonces mantener también ese manto puro e inmaculado durante la eternidad (5 T 216). No tenemos la promesa de que los que pertenecen a la iglesia, quienes han tenido luz, permanecerán en la iglesia, pero se nos asegura que a otros que no han tenido la oportunidad de ver la verdad para nuestro tiempo, se les permitirá unirse a las filas de los que serán sellados. El primer grupo parece ser un número literal de 144,000, pero Dios no ha puesto un límite a los que se unirán después del sellamiento de los primeros frutos. Él deja ese subgrupo "incontable" para que todo el que venga a Él pueda ser salvo.

Podemos estudiar acerca de los 144,000, pero no debemos especular simplemente cuál persona estará en ese grupo (7 BC 978). Dios hará la elección. Algunos que han muerto debieron ser vistos "**con** los 144,000" (2 SM 263), pero éso no tiene que ser interpretado para significar que algunas personas resucitadas ayudarán a completar ese número. La ceremonia de los primeros frutos nos ayuda a entender esto claramente.

Capítulo 33

CONCLUSION Y LLAMAMIENTO

En conclusión consideremos que lo que nuestro estudio nos conduce a creer será las necesidades de los que atravesarán por el tiempo de angustia. En este libro hemos mirado la preparación de los santos para resistir, a partir de varias analogías diferentes que los profetas han descrito en las Escrituras y el Espíritu de Profecía. Ahora resumiremos esta preparación, pero no necesariamente en el orden que ocurre.

Los que serán trasladados sin ver la muerte necesitan:

–Nacer otra vez por adopción en la familia del Señor. Sus nombres tienen que estar escritos en el Libro de la Vida si van a obtener su herencia.

–Consagración Completa a Dios; aceptación del Salvador como el Gobernante único de su corazón; todos sus talentos y sus bienes terrenales dedicados a Su servicio; un corazón perfectamente santificado.

–Un amor hacia Dios y lo que Él representa porque éso no necesita recompensa.

–Un aborrecimiento de Satanás y lo que él representa (GC 670.4); un odio tan grande al pecado que ellos mejor morirían antes que pecar.

–Toda su culpa de pecado removida de ellos al santuario en el cielo.

–Un conocimiento experimental, mediante participación real, del poder de Dios para mantenerlos alejados del pecado (5 T 221.4); saber el secreto del éxito mediante la práctica (DA

667.5; PP 509.2); no satisfechos con solamente la teoría de la verdad (GC 426.6).

–Hábitos de pensamiento para vencer el mal; un hábito de volverse a Dios para obtener fortaleza, venciendo habitualmente por estos medios cada propensión conocida y tendencia a lo malo (MH 454.1).

–Una actitud de vigilar los sentidos, las avenidas del alma;no exponer la mente a la tentación, mas de lo que sea absolutamente necesario para cumplir su trabajo para Dios (3 T 476.6; 1 BC 1087-8).

–El registro mental del pecado borrado del corazón, puesto que ésto puede (1) originar una tentación o (2) ser una respuesta a una tentación del mundo por la vía de los sentidos o tentaciones directas del diablo (MB 116.7); todos los cuadros sucios en los "corredores de la memoria" del corazón cubiertos y borrados; todas las propensidades y tendencias a pecar vencidas y expiadas (GC 623.1).

–El completo derramamiento del Espíritu Santo, no solamente la "sinceridad" del Espíritu. Ellos tienen que ser conducidos continuamente por el Espíritu, lo cual denota que tienen que seguir la dirección del Espíritu (MB 150).

–La ley de Dios escrita en sus corazones y grabada en sus mentes en su totalidad, como Adán y Eva la tenían antes de la caída.

–Un conocimiento inteligente del estudio de las Escrituras y del Espíritu de Profecía, del ministerio de Cristo en el cielo, de los acontecimientos proféticos venideros, y de lo que Dios espera de ellos en cooperación con Él. Ésto es relativo a su edad, capacidad mental y acceso a la Palabra imprimida.

Los hijos de Israel fueron esclavos en Egipto. Ellos tenían severos capataces. Además, el Faraón asesinaba a sus hijos. Sin embargo, poco después de su liberación, ellos murmuraron frecuentemente contra Dios y quisieron regresar. *¿Tendría que permitir Dios que la vida en esta tierra llegara a ser tan insoportable o inexcusable hasta ese punto, antes de que quisiéramos salir de aquí?* Rápidamente se está poniendo de esa manera! Cada semana nos trae nuevas indicaciones de la inhumanidad del hombre, del hambre y de desastres. ¿Cuánta más contaminación de aire, agua y comida tendremos que tolerar?

Se dijo de Nicodemo: "No estuvo tan impresionado por la necesidad del nuevo nacimiento como por la manera de su realización" (DA 173.4). *No nos atranquemos ahora en la discusión sobre los* mecanismos de como occurre esto, que no nos damos cuenta que necesitamos ser librados del pecado y sus efectos sobre nosotros, y todas las medidas que han sido tomadas para nuestra salvación en el orden de Dios.

Niños y adultos fueron a la tierra prometida. Jesús vivió desde la infancia hasta la edad adulta sin pecado. Él nació con el Espíritu habitando completamente en Él. Él también heredó nuestras enfermedades a través de María (DA 117.3; RH 04-05-06). La ley de Dios fue escrita en Su corazón y en Su mente. A pesar de Su edad, Él sabía exactamente lo que Su Padre esperaba de Él mientras estaba en esta tierra. Él hizo la voluntad de Su Padre mediante el poder que está disponible para nosotros. "Él había guardado los mandamientos de Su Padre y no había pecado en Él, que Satanás usara a su ventaja" (GC 623.4). Si los miembros de la iglesia remanente de Dios cooperaran y estuvieran dispuestos a desprenderse de cada pecado cuando es revelado a ellos, Dios los preparará y los ayudará a resistir durante el tiempo de angustia sin pecar y sin un mediador (Judas 24, 25).

Quizás no creemos que Jesús puede mantenernos alejados del pecado. Nosotros miramos a través de nuestro Jordán y decimos: "¿Cómo podemos nosotros alguna vez vencer esos gigantes pecados de Jericó? ¡Las paredes, las normas son muy altas; no vemos cómo podemos hacerlo! O quizás subimos a nuestra pequeña ciudad de tentación de Hai y pensamos: 'puedo vencer esta pequeña prueba por mi nuestra fuerza propia. No necesito pedirle ayuda a Dios.' "

¿Por qué no comprobar los métodos de Dios y depender de Su juicio? Enoc y Elías vivieron sin ver la muerte.

Quizás no estamos seguros de que el cielo es un lugar real hecho de verdaderas cosas materiales y verdaderas cosas espirituales (MH 414.9; GC 674–5). Quizás pensamos que la vida en este planeta no es muy difícil; usted solamente tiene que adaptarse a ella. Nosotros actuamos como si tuviéramos miedo de soltar las cosas tangibles en esta tierra hasta que la muerte nos mira fijamente en la cara. **Por consiguiente** nosotros sabemos que no podemos conservar la vida para siempre, creamos o no en la vida eterna.

El cielo está hecho de verdaderas cosas espirituales y verdaderas cosas materiales, y el Creador, nuestro amoroso Redentor, está allí (GC 674–6). Su primera súplica cuando ascendió al cielo, antes de permitir homenaje de Sus ángeles acompañantes, nos dice lo que estaba predominantemente en Su mente. Su primera súplica fue: "aquellos que me has dado, quiero que donde yo estoy, ellos estén también conmigo" (GC 501.9; 5 BC 1150; DA 834; 1 SM 307). ¡Amor tal como ése es casi más allá de la comprensión!

Por fe habrá algunos santos que no saborearán la muerte, que serán sellados, que recibirán todos los beneficios de la expiación final mientras están vivos y que vivirán por el poder morador del Espíritu en ellos, a través del gran tiempo de angustia, sin pecar. **Solamente por fe** ellos responderán a la súplica del Espíritu Santo, se arrepentirán, nacerán otra vez y recibirán los beneficios de la justicia imputada. **Solamente por fe** se apartarán para el santo uso respondiendo al Espíritu Santo. **Solamente por fe** ellos responderán al Espíritu Santo y pedirán juicio y poder para obedecer a Dios en cada cosa. **Solamente por fe** ellos comprobarán que las leyes de Dios son justas y buenas y pueden ser cumplidas por las facilidades dadas por medio de la justicia impartida.

Ellos convendrán que Dios es vindicado (PP 68.8). Él puede señalarlos y decir: "Aquí están los que guardan los mandamientos de Dios, y la fe de Jesús" (Apocalipsis 14:12). Los santos pueden decir: "**Éste** es **nuestro** Dios, **Le** hemos esperado, y nos alegramos en Su salvación" (Isaías 25:9).

"Cuando el carácter de Cristo sea perfectamente reproducido en Su pueblo, entonces Él vendrá a reclamarlos...." COL 69

RECONOCIMIENTOS

El espacio no permite reconocimiento a todos los que han guiado, durante años, mi entendimiento de los temas en este libro. Sin duda incluiría a mis padres, maestros y colegas que, a través de los años, han estado interesados en discusiones teológicas. Ante todo, una acción de gracias debería ir a la Biblia y al Espíritu de Profecía. Me he esforzado bajo la dirección del Espíritu Santo para comparar honestamente las referencias disponibles y omitir todo vestigio de mi entendimiento propio. Sin embargo, reconozco que soy todavía un principiante en estos temas. Queda sin embargo mucho más por entender claramente.

Especial agradecimiento debería ser dado a la Señora Lyda England por su revisión del manuscrito y a mis tíos, Wesley Crane y Carl Anderson, por sus sugerencias y estímulo.

We'd love to have you download our catalog of titles we publish at:

www.TEACHServices.com

or write or email us your thoughts, reactions, or criticism about this or any other book we publish at:

TEACH Services, Inc.
254 Donovan Road
Brushton, New York 12916

info@TEACHServices.com

or you may call us at:
518/358-3494

www.ingramcontent.com/pod-product-compliance
Lightning Source LLC
Chambersburg PA
CBHW070546160426
43199CB00014B/2397